アルスター長老教会の歴史

スコットランドからアイルランドへ

松井 清
Kiyoshi Matsui

慶應義塾大学出版会

はじめに

二〇一四年九月、イギリスからの分離独立の是非を問うスコットランドの住民投票の結果が広く世界の注目を集めたが、このことを契機に、改めてイギリスという国家の国制を確認した向きも少なくないのではないだろうか。

イギリスの正式な国名は連合王国（United Kingdom）であり、連合王国とは、グレイト・ブリテン島のイングランド、ウェールズ、スコットランドの三地方と、海を挟んだアイルランド島の東北部に位置する北アイルランド、これら四つの、それぞれが自治議会と自治政府をもった独立性の強い地方がイギリス国王の下に連合した立憲君主制の国家ということである。そして、いささか乱暴な言い方になるが、グレイト・ブリテン島の三地方は宗教・宗派的にはプロテスタントが多いが、北アイルランドはプロテスタントとカトリックが人口の上で拮抗し、二〇世紀後半になって、この地方の帰属の問題をはじめ双方の住民の政治的利害が衝突するようになり、激しい暴力とテロ行為の応酬によって多くの犠牲者を生み、この地方の悲惨な過去が再現されることになった。いわゆる北アイルランド紛争である。

筆者が最初に北アイルランドに滞在したのは一九九八年の春から夏にかけての半年間であった。四月に「聖金曜日の和平合意」が調印されたものの、七月のオレンジ会のパレードをめぐる衝突、八月にはIRA分派によるオーマーでの爆弾テロなど、北アイルランド紛争が終結に向けて一歩を踏み出しながらも、依然として暴力とテロ行為が繰り返された時期であった。滞在中、現地の人々からよく聞かされたことは、過去三〇年間の紛争の過程で約三五〇〇人近い死者が出たが、その大半は、双方の過激な武装組織のメンバーであって、かれらの暴力やテロの応酬による犠牲者なのである。一般の北アイルランド住民は、少し無骨であるが誰も紛争など望んでおらず、ごく一部の地域以外ではプロテスタントもカトリックも宗派の違いを越えて良好な社会関係を維持している、といった類の話であった。おそらく間違いではないであろう。ただ、社会的、歴史的な現象としての紛争には現地の人々が思っているのとは違った背景があるのかもしれない。紛争の原因を一部の過激な集団の思想や行動に帰してしまうのは正しいであろうか。

北アイルランド紛争は、この地方の帰属に関するイギリスとアイルランドの領土紛争、資本家階級と労働者階級の階級闘争、イギリスの植民地主義に対するアイルランド人の解放運動、双方の住民のアイデンティティやエスニシティをめぐる紛争など、さまざまな側面をもっているが、やはりプロテスタントとカトリックという二つのキリスト教徒の間の宗教紛争という側面を無視できないはずである。もちろん宗教紛争と言っても、紛争の当事者であるカトリックとプロテスタントがそれぞれのキリスト教の神学や教義の正しさを主張して敵対しているわけではない。ただ、双方の指導者の中に、ごく一部ではあっても、相手を教義的に異端と考え、お互いに接触や妥協を毛嫌いし、和平に向けての一切の努力にも耳を貸さないような神父や牧師がおり、そうした聖職者の影響を無視できないのである。かれらはアルスター（北アイルランド）をどのように考え、聖書のどの部分に基づいて、あるいは、どのような神学や教義に依拠して自分の行動を正当化しているのだろうか。

筆者は、この紛争の一方の当事者であるプロテスタント住民について調査に従事するようになり、数年前に『北アイルランドのプロテスタント——歴史・紛争・アイデンティティ——』（彩流社、二〇〇八年）を公刊したところであるが、本書は、このようなプロテスタントの中から長老派と呼ばれる改革派（カルヴァン派）の牧師や教会の動向に焦点を当て、かれらの先祖が一七世紀の初めにスコットランド南西部からアイルランド北東部のアルスター地方（北アイルランドにほぼ該当）に定住してから今日に至るまでの約四〇〇年の歴史を素描したものである。具体的には、ジョン・ノックス以来のスコットランド長老教会の影響を強く受けた草創期を経て、一八世紀には内部の分裂と再統合の時代を経験しながら、福音主義とリバイバル（信仰覚醒運動）の一九世紀に自らのアイデンティティを確立し、さらに「アイルランド自治」の問題と「北アイルランド紛争」の時代を経て今日に至るアルスター長老教会の歴史を論じている。

本書の用語について少しだけ触れておきたい。まず「アルスター長老教会」という言葉についてである。それは必ずしも正式な名称ではなく、その本来の名称である「アイルランド長老教会」（Presbyterian Church in Ireland）を用いるべきかもしれない。しかしながら、アイルランドには、南部を中心に同じような名称の、イングランド系の長老教会の組織があり、両者を邦語で区別するのが難しく、そして何よりも、このスコットランド系の長老教会の組織は今日でも圧倒的にアルスター地方に偏って分布している、このような理由から、本書は「アルスター長老教会」という名称を採用し、随時、文脈に応じて「アルスター長老教会」（アイルランド長老教会）と補記することにした。言うまでもなく、この教会が誕生し発展した時期、アイルランドはまだ南北に分断されていなかった。

「アルスター長老教会」という名称だけでなく、「アルスター長老派」（Ulster Presbyterian）や「アルスター長老主義」（Ulster Presbyterianism）という言葉も使用している。前者は「アルスター長老教会」以外の長老主義に立脚する教会を包摂した言葉であり、後者は、アルスター長老派の教義・教説や組織の理念などを指している。

コングリゲーション（congregation）という言葉も訳語の選択に迷った言葉である。同じ信仰をもつ人々の集まる集会や礼拝の場所という意味であり、信徒集会とか各個教会という訳語も考えたが、やはり「会衆」を採用し、文脈上、信徒集会や各個教会という言葉も補足して使うことにした。

アルスター長老教会は、アイルランド全体ではカトリック教会、アングリカン（聖公会）のアイルランド教会に次ぐ規模であるが、アルスター地方ではカトリック教会に次ぎ、プロテスタント教会としてはアイルランド教会を上回る最大の教会である。イギリスやアイルランドの長老派や長老教会に対する関心はきわめて限られており、管見したところ、わが国ではアルスター長老教会の歴史について類書が見当たらないように思われるので、北アイルランド問題への宗教的背景の一つの側面に論及することで今日の北アイルランド紛争の理解を深める一助となることを願って公刊することにした。なお、本書はアルスター長老教会に所属する牧師などの言動が中心となっているが、筆者はキリスト教学やイギリス史を専門とする者でなく、本書の記述に思わぬ誤解や生半可な表現がふくまれていることを危惧している。ご教示をお願いしたいが、このことを断った上で、宗教史の研究としてではなく、あくまで社会学的な歴史研究として読んでいただければ幸いである。

目次

はじめに　i

序章　アルスターとスコットランド……1

1　アルスターとスコットランド　1
2　アルスター植民　6
3　改革派と長老派　14
4　ノックスとスコットランド宗教改革　20

第I部　形成期のアルスター長老教会

第一章　アルスター長老教会の誕生……33

1　プレスコパリアンの時代　33
2　ブレアとリヴィングストン　40
3　シックス・マイル・ウォーターのリバイバル　50
4　最初の長老会　54

第二章　アルスター「契約派」……63
1　「契約」という思想　63
2　「厳粛な同盟と契約」　68
3　「抗議派」と「決議派」　74

第三章　「非国教徒」というアイデンティティ……81
1　クロムウェルの時代　81
2　王政復古と長老派　84
3　デリーの包囲　89
4　アルスター・シノッドの成立　92

第Ⅱ部　分裂と統合の時代のアルスター長老教会

第四章　「古い光」と「新しい光」……99
1　「理性の時代」　99
（一）Ｂ・ホードリとバンガー論争　101
（二）ソルターズ・ホールの論争　103
（三）トーマス・イムリンの事件　104
2　ジョン・アバーナシと第一次署名論争　105
3　「分離派」と「改革長老派」　113

第五章　ユナイテド・アイリッシュメンとオレンジ会……125
1　ユナイテド・アイリッシュメンの蜂起　125
2　「至福千年王国」を夢みた変革　134
3　長老派とオレンジ会　137

第六章　ヘンリー・クックの時代……147
1　アリウス主義論争――第二次署名論争　147
2　政治と宗教　156
(一)カトリック解放　157
(二)国民教育システム　159
(三)アイルランド教会の非国教化　160
(四)連合撤回運動　162
3　教会総会の成立　164

第七章　福音主義とリバイバル……171
1　福音主義の定着　171
2　一八五九年のリバイバル　177
3　長老派の職業と教育　186

第八章　アイルランドのナショナリズム……197
1　アイルランドのナショナリズム　197
（一）カレン大司教とカトリック教会　197
（二）「青年アイルランド党」　199
（三）「借地権同盟」と「独立アイルランド党」　200
（四）アイザック・バットと「自治連盟」　201
（五）パーネルとグラッドストン　203
（六）文化的なナショナリズム　204
2　「アイルランド自治」と長老派　205

第Ⅲ部　二〇世紀のアルスター長老教会

第九章　北アイルランドの成立……217
1　ネ・テメレとマッキャン家の事件　217
2　「アルスターの契約」　221
3　「北アイルランド」の成立　229

第一〇章　モダニストとファンダメンタリスト……239
1　異端論争――アーネスト・デイヴィ教授の場合　239
2　W・P・ニコルソン　245
3　イアン・ペイズリー　248

第一一章　北アイルランド紛争とアルスター長老教会……263
1　エキュメニズムと反カトリシズム　263
2　アルスター長老教会の現在　272
結びにかえて　281
引用・参考文献　297
索　引　304

グレート・ブリテンおよび北アイルランド連合王国
（イギリス）とアイルランド共和国
スコットランド
北アイルランド
アイルランド島
アイルランド
共和国
イングランド
ウェールズ
アイルランド島の地方と州
濃い色の６州：北アイルランド（アルスター地方９州のうちの６州）
太線：地方の境界　細線：州の境界　点線：国境
ドニゴール
アルスター
デリー
アントリム
ティロン
ファーマナ
アーマー
ダウン
モナハン
キャバン
コナハト
ダブリン
レンスター
マンスター

アルスターの地名

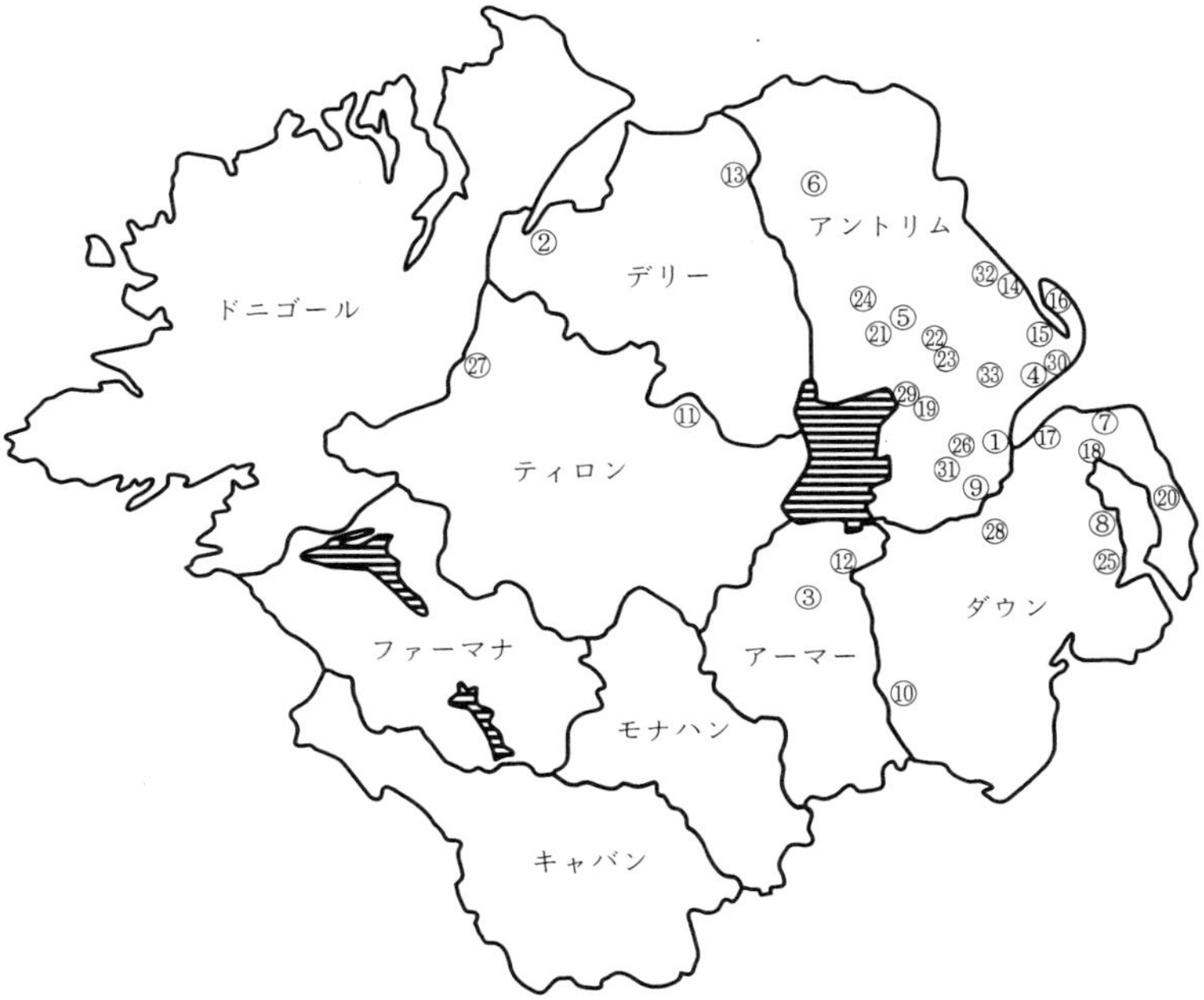

①　ベルファスト (Belfast)
②　デリー (Derry)
③　アーマー (Armagh)
④　キャリックファーガス (Carrickfergus)
⑤　バラミナ (Ballymena)
⑥　バリマニ (Ballymoney)
⑦　バンゴール (Bangor)
⑧　キリンチー (Killinchy)
⑨　リスバーン (Lisburn)
⑩　ニューリー (Newry)
⑪　クックスタウン (Cookstown)
⑫　ポータダウン (Portadown)
⑬　コーレイン (Coleraine)
⑭　ラーン (Larne)
⑮　バリカリ (Ballycarry)
⑯　アイランドマギー (Islandmagee)
⑰　ホリウッド (Holywood)
⑱　ニュータナード (Newtownard)
⑲　テンプルパトリック (Templepatrick)
⑳　バリウォーター (Ballywater)
㉑　アントリム (Antrim)
㉒　ケルス (Kells)
㉓　コナー (Connor)
㉔　カリバッキー (Cullybackey)
㉕　キルリー (Killyleagh)
㉖　ダンマリー (Dunmarry)
㉗　ストラバン (Strabane)
㉘　ヒルスバラ (Hillsburgh)
㉙　アホグヒル (Ahoghill)
㉚　キルロート (Kilroot)
㉛　ライルヒル (Lylehill)
㉜　カーンキャッスル (Cairncastle)
㉝　シックス・マイル・ウォーター (Six Mile Water)

序章　アルスターとスコットランド

1　アルスターとスコットランド

海岸線の景観が美しい北アントリムの海岸から、晴れた日には遠くスコットランドの島嶼部を望むことができる。ここアルスターからスコットランドまでノース海峡は狭いところで一二マイルにすぎない。アイルランドと言えば、一二世紀以来、長らく侵略と支配を受けてきたイングランドとの関係が深いわけであるが、アルスターに関しては、スコットランドの方が至近であり、古くから双方の住民の往来が続いていたようである(1)。

ごく簡単にアルスターとスコットランドの関係を中心に振りかえってみると、ローマ軍は紀元一世紀後半にはペニン山脈の北部に達し、今日のイングランドに相当する地域の大部分を支配するようになった。ローマ帝国は、先住のケルト系住民を「ブリトン人」(Britons) と呼び、この島をブリタニア (ブリテン島) と名づけ、その大半を約四〇〇年間にわたってローマの属州として維持することになった。ただ、ブリテン島の三分の一を占め、「カレドニア」と呼ばれるようになった今日のスコットランド方面には、やはりケルト系と言われている「ピクト人」(Picts) が住みついており、ローマ軍の北上を阻んでいた。五世紀以降、ヨーロッパ大陸におけるゲルマン諸民族の移動にともなってローマ帝国の権勢が後退し、ローマ軍もブリテン島から撤退するようになると、それに代わってゲルマン系のアングル人やサクソン人がブリテン島に現れ、ブリテン島東北部に侵出したアングル人は、やがて七世紀末から八世紀前半にかけてイングランド北部からスコットランド東部のロジアン方面にかけて「ノーサンブリア王国」(Kingdom of Northumbria) を樹立するようになった (富田、一一―一二頁)。

スコットランド西部方面に目を向けると、「(古) ブリトン人」と「スコット人」という二つのケルト系民族の動きが注目される。まず、この地方にローマ時代より居住していた「ブリトン人」の場合であるが、今日のグラスゴー北西部を拠点として南下し、クライド湾からソルウェイ湾にかけてのスコットランド南西部に支配を拡大し、「ストラスクライド」(Strathclyde) という王国を形成している。この王国は、ノース海峡の沿岸部を支配下におさめ、一時はイングランドのカンブリア方面を併呑しつつ、一一世紀に今日のスコットランドの原型である中世スコットランド王国 (アルバ王国) に併合されるまで持続した。

もう一つは「スコット人」(Scots) の場合で、アイルランド島北部のアントリム北部が出身地と言われるこの民族は、四世紀から五世紀にかけてノース海峡を渡ってスコットランドのアーガイル (Argyll) 地方と、その島嶼部やヘブリディーズ諸島に領土を拡げ、ノース海峡を挟んで「ダルリアダ」(Dalriada) という王国が出現することになった。[2] スコットランド (スコット族の国) という名前をもたらすことになった、このアイルランド系スコット人の王国も、一時、スコットランド南西部のギャラウェイやローランド方面にまで版図を伸張したようだが、広くハイランド地方から東北部を支配していた先住のピクト人と激しく覇権を争いながらも、やがて両者は統合の道を選び、八四三年前後に「ダルリアダ」出身のケニス・マカルピンがピクトの王を兼ねて、前記の「アルバ王国」が出来上がった。[3]『教会史』で有名なベーダは七三一年時点の状況を以下のように記しているとのことである (図0-1参照)。

現在ピクト人はアングル人と平和な関係を保っている。ブリタニアに居住するスコット人は自己の領域に満足

図0－1　スコットランドの民族（8世紀頃）

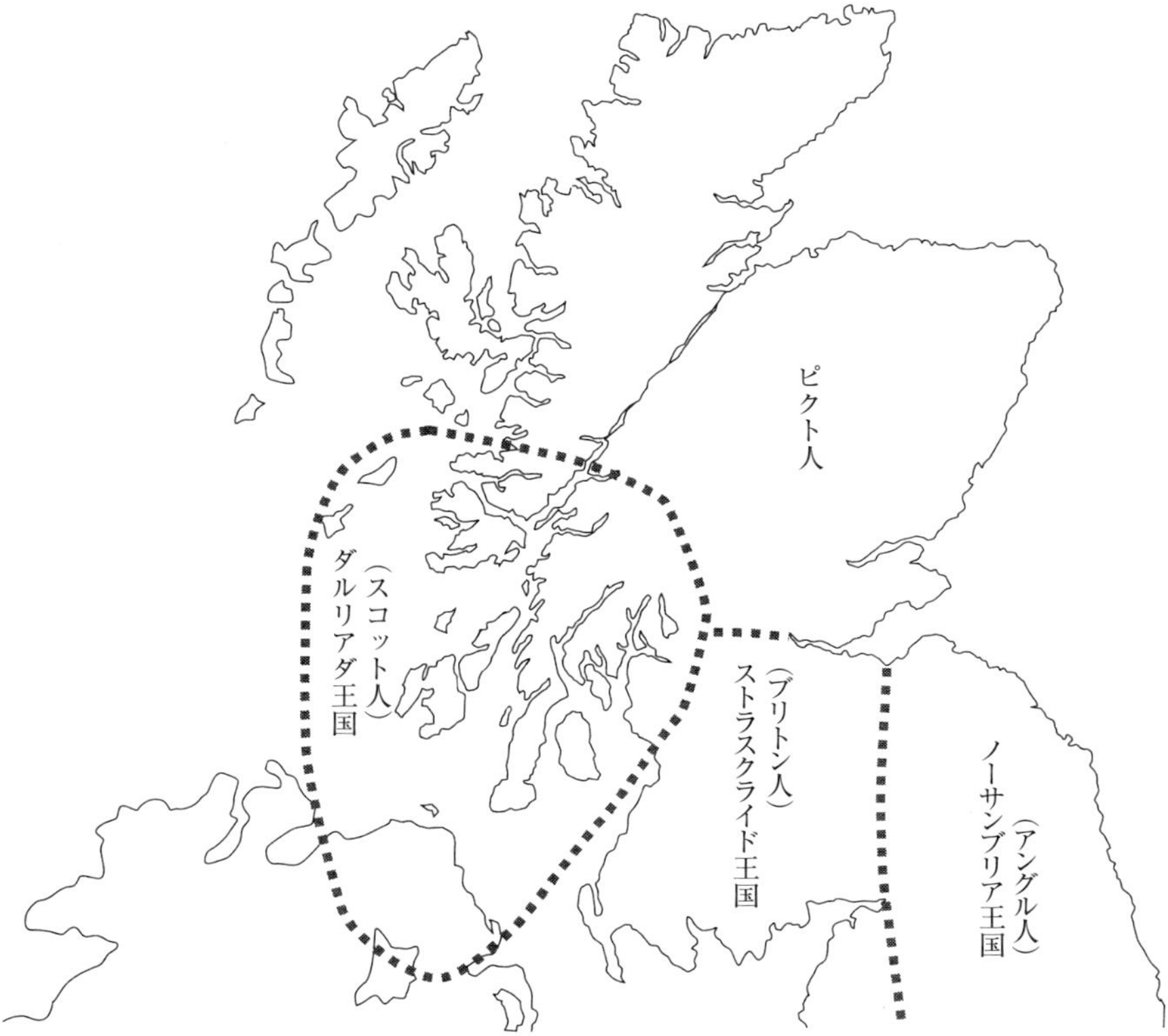

し、アングル人にたいしてなんら敵意をいだいていない。ブリトン人は、一部では独立しているが、各地でアングル人に服している（飯島、一九九一年、一二六頁）。

アイルランドやスコットランド方面に定住することになったケルト系の民族を一般に「ゲール」と言い、その言語を「ゲール語」（Gaelic）と呼ぶが（水之江、五四頁）、スコットランドのゲール語（ケルト語）は「ダルリアダ王国」の建国によって五世紀以降にアイルランドからスコットランドに移植された。一時は広く低地スコットランドの東部方面にまで語圏が及んだようであるが、アングル人の定住とゲルマン系の言葉や方言が浸透するようになると、ゲール語は高地スコットランドや南西部方面で使用されるだけになった(4)。

言語の移植だけでなく、ダルリアダ王国の成立によるアイルランド系人口の移住はキリスト教（ケルト・キリスト教）のスコットランドへの伝播をともなうものであった。聖パトリックがアルスターに戻ってきたのは四三二年のことと言われ、やがてアルスター南部のアーマーを拠点に各地に修道院を建設してアイルランドにキリスト教が広まることになった。パトリックの弟子で、アルスター西部ドニゴール生まれのコロンバヌスは、五六三年にスコットランド西部のアイオナ島に修道院を創設し、そこから広くブリテン島へのキリスト教の布教が始まった。このようにキリスト教の布教も、アルスターとスコットランドとの人の移動があって可能となったことは疑いないところである。

八世紀末になると航海術に優れたスカンディナヴィア出身の北方人（ヴァイキング）が南下を始め、九世紀末にはオークニー諸島やシェットランド諸島、それにスコット人ゆかりのヘブリティーズ諸島、さらにはスコットランド沿岸部の一部を占領するようになった。アルスターとスコットランドにまたがるダルリアダ王国は崩壊し、ノーサンブリア王国にも支配権を確立するようになった（富田、一一頁）。そして北方人もしだいにゲール化し、一一世紀にはノルマン征服王朝によってイングランドを支配したアングロ・ノルマン人がスコットランドにも進出するようになって、今日のスコットランド人というネイションの民族（人種）的組成が確定したようである。

ところで、その後のアルスターとスコットランドの関係について注目したいのは、アントリムとアーガイル地方（高地スコットランド）との関係であって、それは、従来のスコットランド人による襲撃や略奪に代わり、双方の交易や軍事協力を中心とする形に発展し、人の往来は中世期以降も絶えることはなかったのである。たとえば、一三世紀の後期には、高地スコットランド人の傭兵である「ギャログラス」(galloglass) がアルスターのケルト封建氏族オドンネル族に招かれて定住を続け、その子孫に当たる「レッドシャンク」(redshanks) も一五世紀後期からアルスター氏族の季節的な傭兵としてアルスターとスコットランドを常時往来していた (Smout *et al.* : 77)。さらに重要な事実としては、アーガイル地方を出身地とするマクドネル一族（the MacDonnell）の場合であり、この一族は一四世紀から王族の婚姻を通じてアントリムに土地を所有しており、スコットランドでの圧迫を受けるようになった一五世紀の終わりにはアントリム北部へ移住し、この地をスコットランドのテリトリーとして支配することになった（Buchanan：58）。かれらはアイルランド語と同類のゲール語を話す人々であり、アルスター東部のアントリム州を中心に定住するようになり、やがて世代を経て通婚が進み（Campbell：8）、先住の住民と区別がつかなくなった。(5)

スコットランドとアイルランドがそれぞれ別個の地域的アイデンティティを確立するのは一二世紀後半以降にアングロ・ノルマンのイングランドがアイルランドへ侵入してからであり、双方が別個の政治権力を意識するようになるにはさらに時間がかかったと言われている（Stewart, 1977：35）。ただ、アルスターの場合には、高地スコットランドや西部地方との間に長い人的な移動の歴史があり、前記のように中世期のアルスターにはスコットランド系住民のコロニーが形成され、一六世紀の終わり頃まではアルスターと一部の高地スコットランド地方の間には類似した文化が共有されていたと想像しても不思議ではない。しかも、このような類似性は、やがて高地スコットランドのゲール語が南西部にも波及し、南西部の住民もしだいにゲーリックな文化や伝統に染まるようになると、アルスターとスコットランド西部一帯の生活様式は大差ないものへ変化していたようである。住宅の造り、屋根や壁の素材、耕作の方法、家畜の飼い方、農耕器具や道具の使い方、土地所有の形態、集落の形状、そして婚姻、家族、生活習慣、祭りなど、わずかな違いはあっても、双方の住民の「民俗文化」（folk culture）はほとんど同様となった。

いずれにせよ、近代以前のアルスターは、ごく少数の港湾町を除いて長らくイングランド王権の影響から取り残された、アイルランドの四つの地方の中で最も古代ケルトのゲーリックな文化と伝統的制度を維持してきた地方であった。そこには「アルスターにはアイルランド人の中でも最も未開な（uncivil）なアイルランド人が住んでいた」（Bailie, 1976：2）と評される一面もあったが、球形の城砦、塚、オガム文字（古アイルランド語の碑文用文字）、ドルメン遺跡、円塔、ケルト十字架なども多く、古代ケルトに由来する地名や史跡にも事欠かない。住民の多くは、スコットランドの高地や南西部地方の住民と同じようにゲール語を話し、宗教的にはケルト・キリスト教会とともに生活する、ローマ教会にも忠実なカトリック教徒であった。

このようなアルスターの社会の仕組みは一七世紀を通じて大きく変容する。次節で述べるように「アルスター植民」を通じて「植民者は一七世紀の終わりまでにアルスターの姿を一変させた」（Stewart, 1977：23–24）のである。住民のエスニックな構成、土地所有の形態、政治的忠誠は大きく変化し、これまでとはまったく異なるブリテン（イギリス）の制度と文化が強制されることになった。旧来のゲール封建領主に代わって新しい支配階級が生まれ、先住のアイルランド人は土地を奪われ貧困な農夫や雑役夫に没落した。カトリックのケルト・キリスト教会は経済基盤を失うようになり、植民者のプロテスタンティズムというキリスト教が持ち込まれ、アングリカンの「アイルランド教会」が国教とされた。ゲール語（アイルランド語）に代わり英語が公用語となって、アルスターはほかのアイルランドの地方と同様に、名実ともにイギリスの植民地となった。

2　アルスター植民

「九年戦争」として知られるケルト諸部族の最後の組織的反乱が鎮圧されたのち、反乱を率いたアルスター地方の二人のケルト封建領主、ヒュー・オニール（Hugh O'Neil）とロリー・オドンネル（Rory O'Donnell）は、イングランド王室によって爵位を与えられて懐柔され、一時はイングランドへの恭順を示しているかにみえたが、一六〇七年、スペインの援助による再起を期してか、突如、二人はヨーロッパ大陸へ逃亡してしまう。いわゆる「伯爵の逃亡」（Flight of the Earls）として知られる事件である。一六〇三年の「同君連合」（union of crowns）によってイングランド国王となったジェイムズ一世（スコットランドではジェイムズ六世）が、二人の逃亡によって没収したアルスターの広大な土地への植民事業を「国策」として開始するようになったのは一六〇九年、多くの書物はこの事実をもって今日の北アイルランド紛争をもたらした起点とみなしている。(6)

後出の図0-3（二二頁）で確認してほしいが、「アルスター植民」は没収したアルスターの九つの州すべてを対象とはせず、アントリムとダウンの二州は除かれている。「アルスター植民」に数年先行して、この地方の開発は、ジェイムズ・ハミルトン（James Hamilton）とヒュー・モンゴメリー（Hugh Montgomery）という二人の、ともにスコットランド南西部出身のレアード（爵位のない貴族）に委ねられ、すでに順調に進展していたからである。それにモナハン州も、同地のケルト氏族が「九年戦争」に加担しなかったこともあって、いったん没収した土地を「降伏と再受封」（surrender and re-grant）の政策に基づいて返還し、「アルスター植民」の入植の対象地から除かれることになった。

かくして「アルスター植民」はアルスター内陸部の六州が舞台となったが、これら六州における耕作可能な良地の総面積は五〇万三四五八エーカ（イングリッシュ・エーカ）であり、「植民計画はこれを三二の「バロニー（男爵領）」（baronies or precincts）に分割し、さらに各バロニー内部をそれぞれ一〇〇〇、一五〇〇、二〇〇〇エーカの総数二二一の「エステート（農園）」（estates or proportions）に細分し、これらを単位として、ブリテン国王が次の三種の人々に分与することにした」（松川、一九頁）。（一）イングランド人でアイルランド在住の「国王の従僕」（Servitor）、（二）デリー（ロンドンデリー）州の開発を委託された「ロンドン市のカンパニー」、（三）土地を分与されて植民事業の中核となった「植民請負人」（Undertakers）。

「アルスター植民」の中心となったのは全体の四分の一近くの土地を譲与された（三）の植民請負人であった。(7) かれらは、イングランドとスコットランドの「諮問委員会」（Privy Council）によって選抜されている。元軍人、法律家、行政官など、資金力のある中産階級出身者が多かったが、請負人となる資格はプロテスタント（国教徒）であること以外はとくに制約はなかった（Campbell : 10）。

一六〇三年の即位に際してジェイムズ一世は自分がグレイト・ブリテンの王であること周知させる目的もあって、この植民事業を「明確にブリテンの事業として推進」（Armitage, 2000 : 57＝七三頁）することに固執した。国王の顧問官、フランシス・ベイコンは一六〇九年に「アイルランド植民に関する所見」（*Certain Considerations Touching the Plantation in Ireland*）を国王に献呈し、アルスターへの植民事業をブリテン島の連合（ユニオン）に次ぐ、すぐ下の弟（second brother）であると述べ、連合と植民を相補的プロセスとして考えるよう提案し、さらに「よく連合したイングランド、スコットランド、アイルランドは、あなた（最高の価値をもつ）以外のいかなるプリンスも自分の王冠に着けることのない三つ葉（terfoil）である」などと論じている（Spedding : 116 ; Maley : 173–174）。デイヴィッド・アーミテイジによれば、このことの証左はイングランドの請負人に計八万一五〇〇エーカ、スコットランドの請負人に計八万一〇〇〇エーカと、ほぼ同等の土地を分与したことに表れており（Armitage, 1997 : 44–45）、また、「アルスター植民は統一的ブリテン君主国を創出するというジェイムズの決意の中では最も実り多いものであった」（Armitage, 2000 : 58＝七四—七五頁）。

ただ、この植民事業には別の目的もあった。小野功生によると、一六一〇年三月二一日のイングランド議会での演説でジェイムズ一世は、アイルランド人（ゲール人）を「部分的には彼ら自身の野蛮さと文明の欠如のために、また宗教の腐敗のために、簡単にたきつけられて反乱を起す人々」と呼び、「アルスター植民」の目的が、そのような人々を文明化させるとともに、それ以上に、「イングランド、スコットランド、アイルランドの三国の利害が複雑に交錯するアルスター地方に、新しい『ブリテン人』（イギリス人）を導入して、「アイルランドのゲール人とスコットランドのゲール人のあいだに安定した緩衝地帯を創り、両者を分断しようとする試みでもあった」（小野、二〇〇六年、一三八頁）と言われている。そのような目的もあって、アルスターと歴史的に関係の深かった高地スコットランドや島嶼部の人々は、かれらのカトリック信仰からアイルランド人と連携しかねないという危惧もあって排除され（Maley : 172）、やがて入植者はスコットランド南西部のプロテスタント（長老派）が多数を占めるようになった。

スコットランド系入植者のアルスターへの移住は「初めはゆっくり、その後弾みがつき、一七世を通じて持続した」（Gailey : 4）と指摘されている。この経過については別の機会[8]にやや詳しく論じたことがあるので繰り返さないが、要点だけを記しておけば、

（一）入植者についての一連の研究[9]は、ほとんど異口同音に、植民当初、イングランド系もスコットランド系も、入植者の数は予想外に少なく、かれらが増加するのは一六二二年前後になってであった（Robinson, 1984 : 30）。スコットランド系の入植者に関しては一六三〇年代中頃に初期のピークを迎え、その数は二万人から三万人に達していたようである。

（二）一六四一年に勃発した「アルスターの反乱（カトリックの反乱）」によって、数年間、アイルランド東北部は混乱状態に陥った。多数の入植者が殺され、それ以上に多くがアイルランドを離れることになったが、スコットランド系の人口は一六五〇年代になると、動乱によって離れた帰還者もふくめて再び膨らむようになった。一六六〇年代から七〇年代にかけて、その頃のアルスターの総人口は約三五万人程度であり、そのうちスコットランド系は約六万人であったと推定されている（Macafee : 86）。

（三）名誉革命期、アイルランドを舞台とする二人の国王の戦火がオレンジ公ウィリアム（ウィリアム三世）の勝利によって終結すると、スコットランドからの移住に拍車がかかった。実際、一七世紀最後の一〇年間に起こったスコットランドからの移住は一六五〇年代を凌駕する規模に達していた。スモートらは、スコットランド人がアルスターに移住し、一六九〇年代のスコットランド系移住者は四万人から七万人であったと考え、「一六五〇

年から一七〇〇年にかけてスコットランドからの移住人口は六万から一〇万という範囲に落ち着く」と述べている（Smout *et al.*: 87–88）。

一八世紀に入っても、しばらくスコットランド人のアイルランドへの移住は続くが、その規模は前世紀の規模には達せず、一七〇七年の「議会連合」（union of parliaments）によって、スコットランド人のイングランドへの移動も多くなってきた。そして、それ以上に顕著になってきたことは、スコットランド人が移住先を北アメリカに向けるようになってきたことであり、それと並行してアルスターも「アルスター・スコッツ」（Ulster-Scots）の北アメリカ移住の中継地という性格をもつようになってきた。

ところで、時期は前後するが、すでに一七世紀においてもスコットランド人の入植は、移住者がダイレクトに請負人の経営する農園に招き入れられるパターンよりも、アルスターの主要な港に到着した移住者が、そこで情報を入手してから入植地の農園を決めるパターンが顕著になっていた。さらに、入植者の中には経済的な待遇や労働条件に不満をもつ層も現れるようになり、入植者の移動も頻繁に生じるようになると、かれらがどこの農園に定住するのかは、たとえば「イングランド系請負人の農園にはイングランド人の入植者が、スコットランド系請負人の農園にはスコットランド人の入植者が」といった当初の植民計画どおりには進展しなくなったのである（Robinson, 1982: 34–35; Robinson, 1984: 111–127）。このような事情を前提として、イングランドとスコットランドの入植人口は一七世紀前半のアルスターにおいて空間的にどのような分布を示すことになったのか。歴史地理学者フィリップ・ロビンソンは、一六三一年の「点呼台帳」（muster rolls）という資料に記載されている、植民請負人や従僕が自分の農園に入植させた者の姓名を、スコットランド系の姓とイングランド系の姓とに分け、かれらの分布を図0–2のように図示している（Robinson, 1982: 19–47）。

図0－2　イギリス人入植者の分布（1631年）

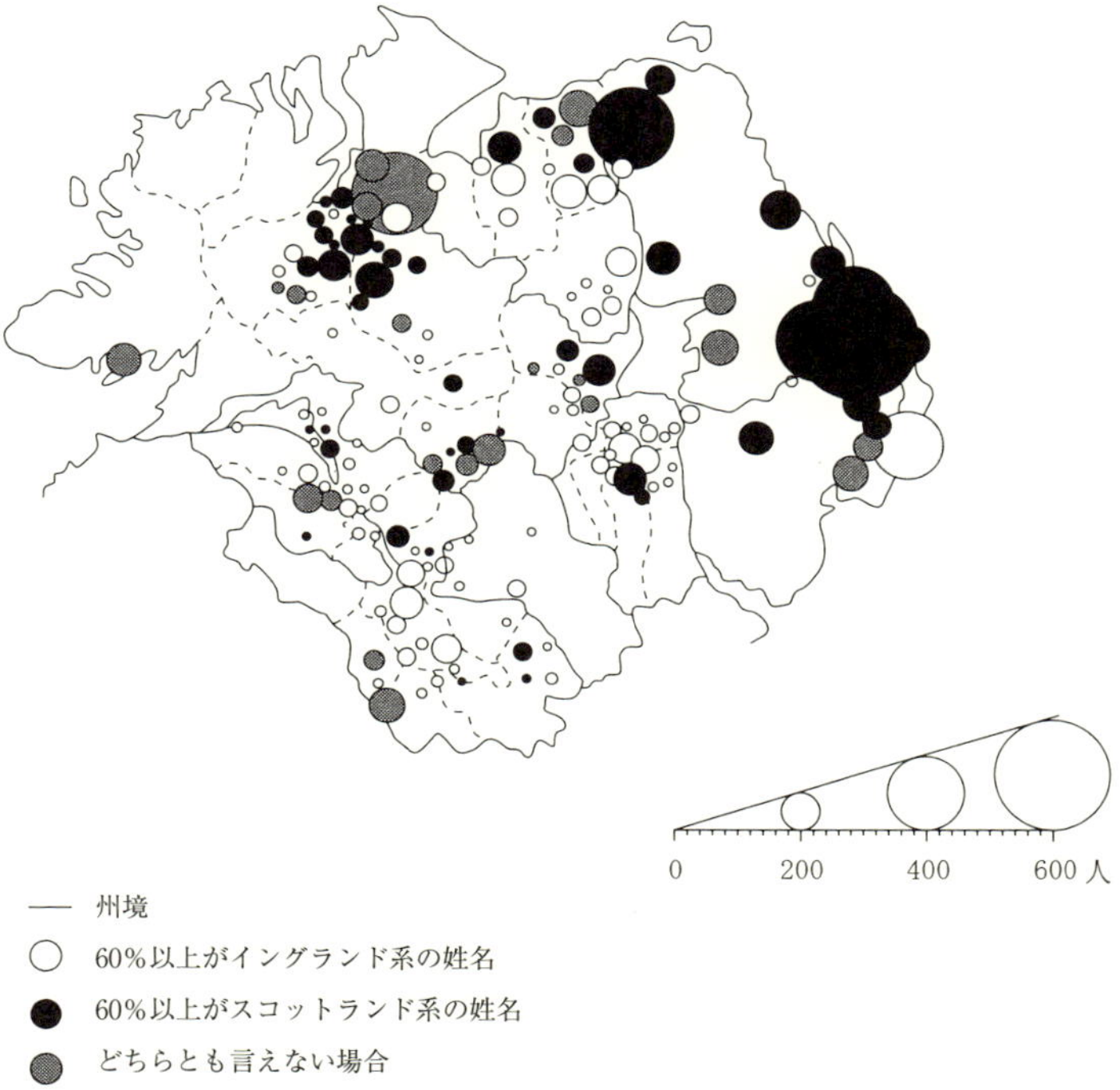

注：原資料となる1631年の「点呼名簿」は北アイルランド公文書館（P.R.O.N.I）所蔵。
出典：Robinson, 1982, p.32.

　スコットランド系の植民請負人に指定された入植地を示した次頁の図0-3とこの図0-2とを比較してほしいが、図0-2においてスコットランド系の姓をもつ人口が集中している地域は、ダウン州北部、アントリム州南部、デリー州に接するアントリム州北部、それにロンドンデリー市を流れるホイル川流域のドニゴール州北東部の盆地などである。両者を見比べると、スコットランド系の人口は、植民計画によってスコットランド系の請負人に指定された地域に多い傾向を指摘できなくもない。ただ、スコットランドに近いアントリムとダウンの二つの州に圧倒的に集中していることは見誤るべくもなく、一七世紀前期においてもアルスター東北部へのスコットラン

図0－3　スコットランド系植民請負人の入植者（1609年）

出典：Clarke, Aiden with R. Dudley Edwards, 'Pacification, plantation, and the catholic question, 1603–23' in Moody *et al.* (eds. 1976), p.198より作成。

ド人の集中が進んでいたことは明白なのである。ちなみにイングランド系の姓名をもつ人口は、概してキャバン州などアルスターの南部一帯に広く分散しており、図0-2ではやや識別が難しいが、具体的地名で言うと、ベルファストに流れ込むラガン川の流域に沿ったアーマー州北部、ティロン州のクロッハー盆地、ファーマナ州南部などである。ロンドン・カンパニーに分与されたロンドンデリー周辺にイングランド系の人口も分布していることは、この図に見るとおりである。

一七世紀から離れるが、ロビンソンは二〇世紀のアルスターのエスニックな居住分離を図示しているので、それを次の図0-4に示しておこう。この図は、二〇世紀のスコットランド系住民の居住地域を、姓名（スコットランド系の名前）、宗教（長老派）、方言（アルスター・スコッツ語）という三つの変数の相関の度合にしたがって濃淡を図示したものである。この図にみるスコットランド系人口の居住地域は、先の図0-2でみた一七世紀のスコットランド系人

図0－4　スコットランド系住民の分布（20世紀）

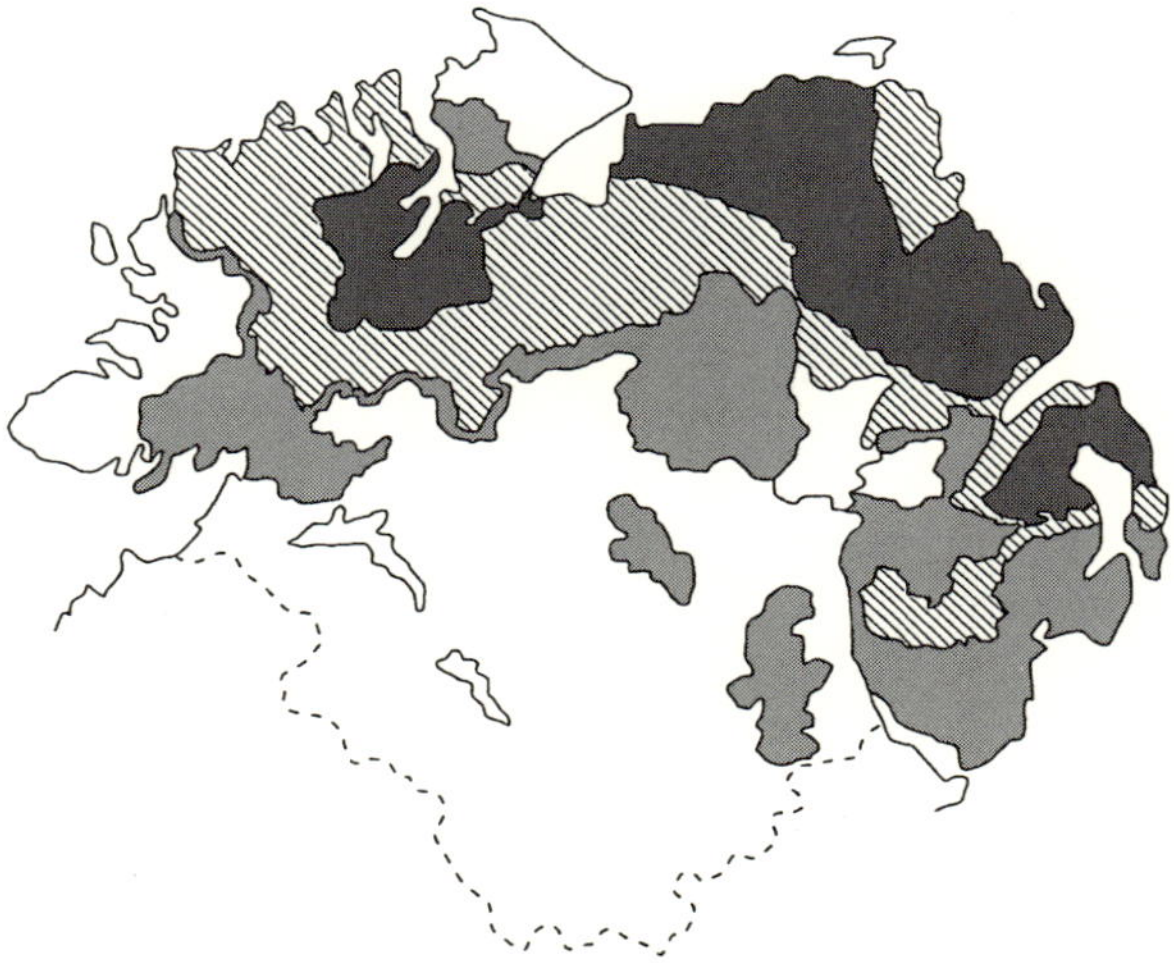

3つのインデックスが相関する地域
(a) スコットランド系の姓名
(b) 長老派
(c) アルスター・スコッツ語という方言

2つのインデックスが相関する地域

1つのインデックスだけが当てはまる地域

出典：Robinson, 1982, p. 22.

口の濃淡とほとんど重なっている。この図では、その濃淡は示されていないが、内陸部を中心とする空白の部分はスコットランド系よりもイングランド系の、宗教的にはアングリカンの「アイルランド教会」系のプロテスタントが多い居住地域となっているわけで、これら一連の図によって想定できることは、イギリス系住民の居住分布は一七世紀前半から二〇世紀にかけてほぼ一貫したパターンを示しているということであり、スコットランドからの入植人口は、その後の内部移動をふくめ、先住のアイルランド住民を駆逐しながらアルスター東北部一帯に集中を続け、他の地域には展開する傾向をみせなかったのである。

ロビンソンによると、スコットランド系もイングランド系もイギリスから移住した入植者は一つのコミュニティの中で土着のアイルランド人を支配するのではなく、入植者のコミュニティはアイルランド人と交わることがなく、当初からお互いに閉鎖された二つのコミュニティを形成することで隔絶していた。「多くの地域において入植者の社会構造はアイルランド人から独立して十分機能することが可能であった」（Robinson, 1982 : 39）とされ、この点で、スコットランド系入植者の社会構造はより徹底しており、イングランド系の入植者に比べてアイルランド人とのセグリゲーション（分離）はより顕著であった。一七世紀以降のプロテスタントの入植者と先住アイルランド人との間の居住分離がアルスターの社会構造の隅々に固定される過程で、スコットランド系の移住者は、かれらに土地を奪われ、かれらに敵意を隠さない多数のカトリック教徒という異教徒に包囲された自分たちのテリトリーの中で、どのように自分たちのアイデンティティを確立し、宗教的自由を希求しようとしたのか。次の節では、長老派というかれらのプロテスタンティズムの特徴について触れておきたい。

3　改革派と長老派

マルティン・ルターの宗教改革によってプロテスタントの人口はヨーロッパ大陸の北半分に広がっていくが、ルターの改革の基本と方向は踏襲しながらも、キリストの使徒たちの時代の原始教会を理想として、より純粋で簡素な教会の姿を追求し、教義や礼拝様式の面でも、より徹底した改革を求めるプロテスタントの神学者や聖職者が現れるようになってきた。かれらは「ルター派」と区別されて「改革派」と呼ばれ、その中で最も影響力ある理論を提示したのはスイスのジュネーヴを拠点として活動したジャン・カルヴァン（一五〇九―一五六四）であった。かれの神学は『キリスト教綱要』（一五三六）に結実している。

改革派の神学なり教説として広く知られているのは予定説（predestination）であろう。この教説はカルヴァンが最初に唱えたわけではなく、アウグスティヌスなどの神学にも認められるとのことであるが、たとえばブライアン・

ウィルソンはカルヴァンの予定説について「もしも神が自ら創り給うた被造物に対して絶対的な優越性を本当にもち続けているとしたら、神はあらゆることを予定しているに違いない。そこには、一人一人が最後に救済されるのか、それとも劫罰を受けるのかということも含まれるとカルヴァンは推論する。そのうえ、絶対的な優越性が意味するのは、神がこの世の始まりから、誰が救済され、誰が地獄へ堕ちるのかを承知しているということである」（Wilson, 1999 : 59–60 = 一〇八頁）と解説し、ジョン・ヘセリングは、「永遠の昔から、神は自由に、またその恵みのみによって、人に関わりなく、キリストにあって救わんとされる聖徒たちを予定し、また前もって選ばれた」（Hesselink : 38 = 七〇頁）というハインリッヒ・ブリンガーの言葉を紹介している。

予定説を中核とするカルヴァンのプロテスタンティズムを支えている要素は、英語圏ではしばしばTULIP（チューリップ）の頭文字五語で記憶されることもある（Baillie, 2008 : 32 ; Hesselink : 89 = 一四四—一四五頁）。すなわち、

（一）「全面的堕落」（Total depravity）人間が神に背いたアダムの末裔であるかぎり、誰しもその「堕落」から免れえない。

（二）「無条件の選び」（Unconditional election）神は、その絶対的主権を行使して無条件に、特定の人間を救いに、特定の人間を破滅に選んでいる。

（三）「限定的贖罪（Limited atonement）イエス・キリストの十字架上の贖いの死は、救いに選ばれた聖徒のためであって、すべての人間のためではない。

（四）「不可抗的恵み」（Irresistible grace）人間は神の恵みや予定に絶対に逆らえず、選ばれた人間は神の恵みを拒否できない。

（五）「聖徒の堅忍」（Perseverance of the saints）神によって救いに選ばれた人間は、その救いは永遠に失われずに、

かりに一時的に信仰が後退しても、その恵みの状態からけっして離れることはなく、最後まで信仰を堅忍する。

これら五つの命題に代表される正統派のカルヴィニズムに対して、オランダの神学者、ヤーコブス・アルミニウス（一五六〇―一六〇九）は、とくに「限定的贖罪」に関して、神の救いに対する人間の意思や自由の役割を肯定的に評価し、キリストの贖罪は選ばれた特定の人間のためではなく、すべての人間のためのものである、と説く「普遍的贖罪」を主張して厳格なカルヴィニズムに対抗しようとした[10]。アルミニウス主義の神学は、当初はイングランドなどで忌避されたものの、一七世紀前半のイングランド国教会の教義の中に浸透し、やがて一八世紀のメソディストの台頭を理論的に支える教説として大きな働きをすることになる。ただ、後述のように、スコットランドやアルスターに関して言えば、そこでのプロテスタンティズムの主流は、終始、厳格な正統派のカルヴィニズムを擁護する傾向が強かったようである。

いずれにせよ、プロテスタントは聖書が神の言葉であることを疑わず、神はひとり子キリストを十字架上で死なすことで人間の罪を赦し、このことを信じる人は救われると考える。しかるにローマ・カトリック教会は「特定の大義に金を払ったり、特定の教会を訪れたり、特定の場所に特定の巡礼をしたりすること」（Brown, 2002：46＝七〇頁）を勧め、天国への道は、キリストの苦しみと死によってではなく、教会の推奨する人間の有徳な業によって成し遂げられると説いている。聖書の文言の解釈を一義的に押しつけ、ローマ教皇は神と人間の間を媒介していると豪語し、ローマ教会の外では人間の救済はない、などと主張しているローマ・カトリック教会は根本的に間違っているのである。

改革派の教会や集会所では、祭壇と説教壇が中央に位置するようになり、牧師の説教と聖書朗読が礼拝の中心となった。カトリック教会では週一回のミサにおいてパンとブドウ酒によって信者たちにキリストの犠牲を再現するように仕向けるが、プロテスタントにとってミサは偶像崇拝に等しく、堅信、告解、塗油、叙階、結婚などの秘蹟（典礼）も、カトリック教会が聖書とは無関係に創作したものにすぎず、人間の救済には無用なものである。ルターにならってカルヴァンが、聖書を通じてイエス・キリストに典拠が由来するものとして認めたのは洗礼と聖餐の二つだけであった。より急進的な改革派の間では、礼拝の簡素化をさらに推進し、平信徒が即興で説教したり、聖餐もことさら強調されなくなったりする傾向も現れた（Wilson, 1999 : 62＝一一三―一一四頁）。

数々の典礼や儀礼様式の変化と同様に、あるいはそれ以上に改革派にとって重大な問題は、教会の運営形態・職制である「教会統治」（church government）の改革であった。教会統治の形態は、（一）カトリック教会の司教制や聖公会の主教制に代表される聖職者のみが運営に当たる「監督制」（episcopacy）、（二）会衆派のように聖職者による統治を排除し信徒による直接的な運営を目指す「会衆制」（congregational）、そして（三）教会の運営を聖職者である牧師と信徒代表である長老が共同して行う「長老制」（presbyterian）の三種に大別される。現実にはさらに多様な形態があると説明されるが（松谷、二〇〇七年、三四一頁）、聖書に基づく教会のあり方に最も近いものとして、カルヴァンが推奨していたのは（三）の「長老制」による教会統治であった。

「長老主義（プレスビテリアニズム）」は改革派の神学的な伝統の一部」（McKim : xiv＝一六頁）と言われ、アングロ・サクソン系の教会ではしばしば改革派と長老派は同義にみなされる傾向すらあるが、厳密に言えば、「改革派」という言葉が「神の言葉によって改革された」という意味合いをもっているのに対し、「長老主義」とか「長老派」という言葉は、このように教会統治に関する言葉であり、その語源は長老（presbyter or elders）を意味するギリシア語の *presbyteros* に由来する。具体的には図0-5に示すように、教会組織の末端の会衆（各個教会）は、その平信徒の中から選出された治会長老（複数）と牧師――牧師も教誨する長老である――によって教会の規律や裁判機能を行使するカーク・セッション（kirk session）を有し、牧師はカーク・セッションの議長を務める。このカーク・セッションの牧師と治会長老（複数）が代表となり、一定の地理的範囲内にある同様の代表者が集まって「長老会」（presbytery）を

図０－５　長老主義の組織

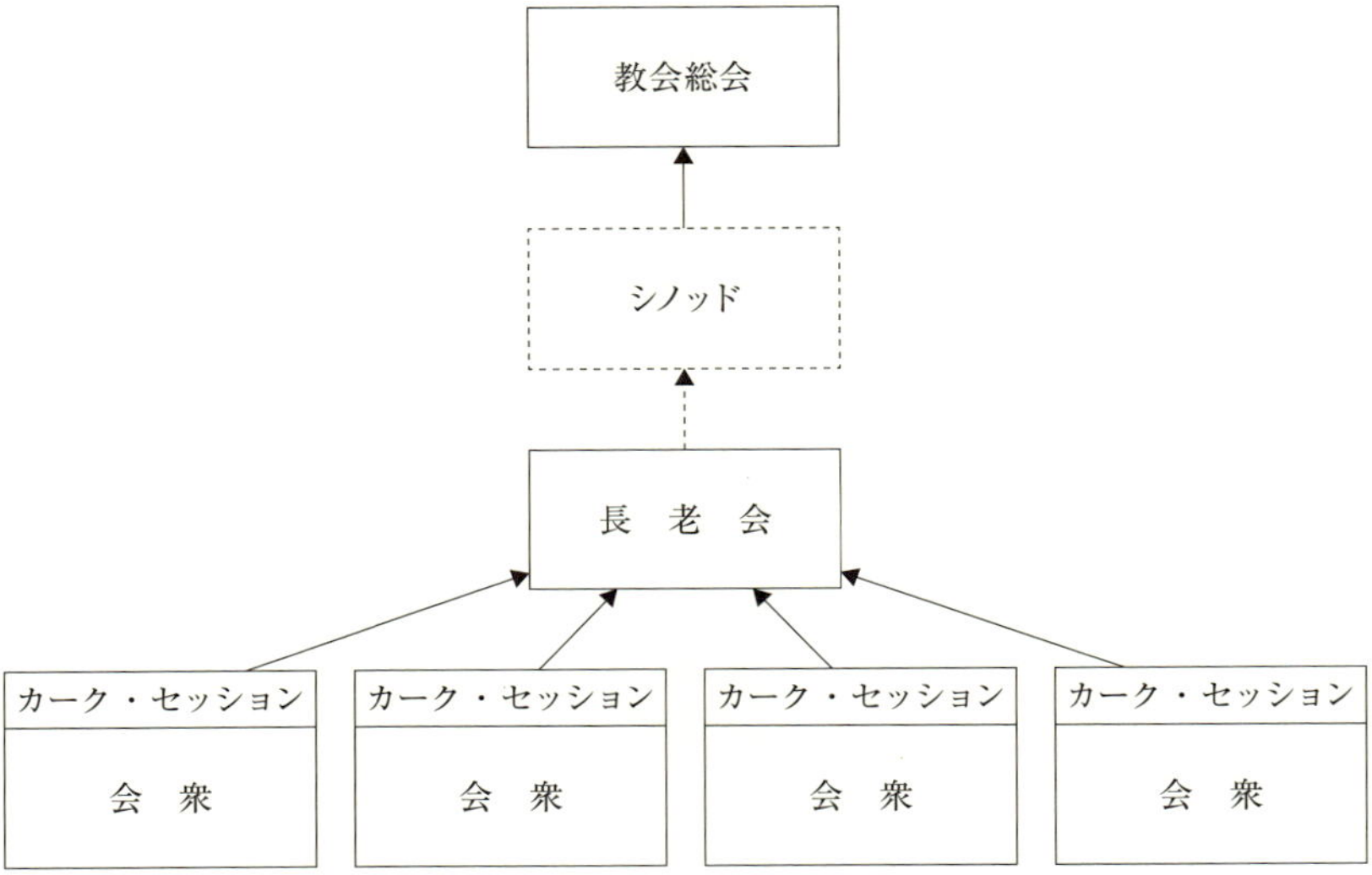

構成する。そして個々の長老会から選出された代表者（牧師と長老）が集まって特定地方のシノッド（地方総会）を構成し、さらに地方総会からの代表が共同して全国（全体）を統括する「教会総会」（General Assembly）を構成することになる。教会の意思決定は下から上に向かってなされる。各個教会を小会、長老会を中会、シノッドを大会、教会総会を総会と呼ぶことがある。

会衆（各個教会）は直接自分たちで牧師を選ぶことはないが、長老会（中会）の用意した牧師の中から指名（call）して決定する。毎年の「教会総会」の議長（moderator）は全国の長老会の指名により決定するが、任期一年で毎年交代し、執行権のない名誉職に近い。端的に言って、長老主義の教会においては、牧師と一般の信徒とは対等の関係にあり、その組織は下からのボトムアップの意思決定を重視する。組織の規模が大きくなっても上部の権力が固定化するのを警戒し、カトリック教会のローマ教皇を頂点とする位階制支配やアングリカン（聖公会）やメソディストの教会にみられる主教制支配のような、上からのトップダウンの組織を敬遠するのである。

長老派をふくむ改革派のプロテスタンティズムの特徴の一つは「聖書主義」である。それは、誰でも聖書をひもとき、聖書の文章や文言を自分なりに自由に解釈することができるということである。聖書には、われわれの知るべきことが誰にでも理解できるように平易に書かれている。この目的もあって宗教改革期にヨーロッパの地方言語への聖書の翻訳が盛んになったわけであるが、一方において、聖書の字句、文言はさまざまに解釈され、翻訳されて間違った理解がなされる恐れがないわけではない。聖書に対する個人の確信と良心を尊重しながら、特定の者に聖書の解釈を独占させない、という難題に関して、正しい解釈と教説を表明することが重要性を帯びてくる[11]。宗教改革期のヨーロッパの多くの教会は、このような背景の下に、従来からの神学的な論争に決着をつけるためにも、自分たちの考える正しい聖書理解への標準を「信仰告白」（confessions）という形で編纂するようになった（Erskine : 50）。「聖書はなにしろ膨大かつ複雑な書物なので、個人の信者に対してであれ教会に対してであれ、かれらの解釈の手がかり（clue）がなければ、聖書理解の意味のある指針を提供できない。信条もしくは信仰告白が、まさにその役割を果たすのである」（Hesselink : 14＝三七頁）。

イギリスやアイルランドの長老派にとって、このような聖書理解への重要な標準となるものがイングランド市民革命（ピューリタン革命）期に開催された「ウェストミンスター神学者会議」（Westminster Assembly of Divines、一六四三―四七年）において作成された「ウェストミンスター信仰告白」（Westminster Confession of Faith）と大小二つの「教理問答」（Catechism）であった。当時の「イングランド教会」の教義や礼拝様式の革新のために作成されたものであったが、今日でも世界の長老教会をはじめ多くのプロテスタントの教会が自分たちの聖書理解の標準として採用している。スコットランド教会（長老派）では「スコットランド信条」に代わり採用され、アルスター長老教会も自分たちの信仰基準として採用している[12]。

「ウェストミンスター信仰告白」は全体で三三章から成るが、その第二五章「教会について」の六で、「主イエス・

キリストのほかに、教会のかしらはない。どのような意味ででもローマ教皇は教会のかしらではない。その反対にかれこそは教会においてキリストとすべての神と呼ばれるものとに反抗して自分を高くするところの、かの非キリスト、不法の者、滅びの子である」と断じている。[13] アルスターの場合は、カトリック教徒のアイルランド人に包囲された入植者のキリスト教という性格もあって、ローマ教皇を「反（非）キリスト」（Anti-Christ）とみなして反カトリックの感情を煽り、この「信仰告白」を「高度に政治的、党派的文書として解釈する傾向が一部に根強く見られた」（松谷、二〇〇七年、一二二頁）と指摘されている。

アイルランド人を標的とする反カトリック主義は、かつてはイングランドやスコットランドでも広く流布していた社会現象であったが、今日では、その政治的意味をほぼ喪失し、またカトリック教徒に対する差別的な行動や言動も影を潜めるようになってきた。しかし、アルスター（北アイルランド）では、反カトリックの感情なり行動は一部の排他的なプロテスタントに終わらず、依然として、プロテスタントのコミュニティの中に残存しており、良好な地域社会関係の樹立を妨げる弊害となっていることは否定できないようである。[14] そのことの背景に「ウェストミンスター信仰告白」の規定があると考える向きもあるが、この信仰告白がアルスター長老教会の歴史に占める位置はけっして小さくなく、事実、それへの聖職者の同意・署名の是非をめぐって内部に深刻な対立が生まれたことは本論において詳述する。

4　ノックスとスコットランド宗教改革

カルヴァンがスイスのジュネーヴを拠点に実践した改革派のプロテスタンティズムは、北フランスやオランダを経てイングランドやスコットランドへ、そして一七世紀になるとピューリタンの移住もあって新大陸アメリカへ広がっていくが、カルヴァンの神学と思想は、政治的かつ宗教的に強力な指導者を必要としていたスコットランドで、かれの盟友ジョン・ノックス（John Knox）に継承された(15)。スコットランドの宗教改革とプロテスタンティズムは、その点で、カルヴァンの影響を強く受けるようになったが、それればかりでなく、ノックスの場合——かれの神学思想をやや一面的に強調しすぎるかもしれないが——は、自分の政治的行動の規範を求めて、繰り返し旧約聖書に立ち返る姿勢をみせ、カルヴァンには希薄だった終末論や黙示録的な歴史観が濃厚に認められることになった（Kyle : 454）。

ノックスにとっては「旧約聖書の最古の部分も、そのままかれの時代に妥当性を持つ言葉であった」（リード、五八頁）と言われ、「スコットランドの改革者は何よりもまず聖書の人であった。それゆえ、かれの黙示録的思想の究極的な原点は聖書、とりわけ旧約聖書という預言と歴史の書に根差して」（Kyle : 453）おり、「ノックスは、自分自身をモーゼ、イザヤ、エレミヤ、エゼキエル、ダニエルらを一体化させた人物に重ねあわせ、旧約聖書のドラマがスコットランドに再現していると考えていた」（Kyle : 455）と評されている。

特に彼が依拠したのは旧約聖書であった。彼は聖書の言葉を狭く解釈したのであろう。ノックスの内奥ではキリストの福音よりもヘブライの預言者たちの言葉が重く響いている（飯島、一九七六年、三三八頁）。

ノックスは、旧約聖書の「契約の民」という概念を基礎として、教会と国家の関係についても議論を発展させている。教会を契約の民の場として語る一方で、この概念を、教会にのみ限定せず、イングランドとかスコットランドのような一国家が、イエス・キリストを国家の最高支配者とする、改革された正しい宗教に帰依した教会を受け入れるならば、「その国家は、神の配剤により、イスラエルに与えられたと同じ『契約の民』としての地位を神により授与される」（リード、六一頁）。スコットランドに帰還したノックスは、カルヴァンがジュネーヴという一つの都市で遂行したことをスコットランドという一国全体において実施しようとしたのである。スコットランド人は「最も勝れた改革教会」（リード、六二頁）をもっている。その理由は、スコットランド人が「契約」概念を重視しているからである。イエス・キリストを最高支配者とする国家は、国王や臣民が改革教会を受け入れているか否かについて全責任を問われるが、いまや「契約の民」はまったく自由に振る舞う権利を保障されるようになり、その結果、かれらの生活の全局面において神に仕えるべく義務づけられている（リード、六三頁）。

ジョン・ブルーアによると、ノックスは、カルヴァンの神の「予定」という観念を一六世紀中頃のスコットランドの国内事情にリンクさせることでカルヴィニズムにねじれ（twist）を与えた。カルヴァンの「義なるもの（the righteous）による統治」という観念は、ノックスにおいては、スコットランドの君主をはじめ、あらゆる種類の絶対主義の打倒を意味したが、さらなるねじれは、カルヴィニズムを「契約」と関係づけたことから生じた（Brewer and Higgins : 24–25）。スコットランドでは、予定説は、その曖昧さ（ambiguity）のために人気を失っており、それに代わる選択肢の一つとしてカルヴィニズムの中に「契約」の観念が導入されるようになり、旧約聖書以来の土地や政治の概念とも結びつくことになったのである（McManners : 289）。

旧約聖書に由来する「神と神の民との契約」という考え方は、比較思想の分野にも大きな意味をもつ概念であるが(16)、とくにスコットランドおよびアルスターのプロテスタンティズムの歴史の中で決定的な重要性をもっており、このことは第I部第二章で論じることになるが、議論をスコットランドの歴史に戻して言えば、一五五七年、ノックスらの改革派の指導者は、改革された長老主義のスコットランド教会を国教化（国定教会化）するために神と契約を結んだ（Brewer and Higgins : 25）。長老教会としてのスコットランド教会（国教会）は二年後に実現するが(17)、ノックスの死後、エピスコパル（監督制＝主教制）を奉じる主教派の巻き返しに危機感を抱いた過激な長老派の牧師や貴族——のちに「契約派」（カヴィナンター）と呼ばれるようになる——が中心となって、一五八一年に「国王の契約」——文章が否定形で書かれているので「否定信条」とも呼ばれる——を実現し、国王の権威を認める代わりに、改革された「真の宗教」を守り、臣民の政治的自由を保障させようとした。契約派の指導者、アンドルー・メルヴィルが国王ジェイムズ六世を、国王といえども「神の愚かなる僕」と称したことは有名である。

しかしその後、イングランドの国王を兼ねてイギリス国王となったジェイムズ一世は、長老制の教会という考えを嫌悪するようになり、スコットランド教会にもイングランド教会と同じ主教制を復活させることに執心するようになった。さらにジェイムズ王の子、チャールズ一世の時代になって、スコットランドにもカトリック教会のそれらに似た礼拝様式や祈禱書が導入されようとしたので、契約派の貴族や牧師たちに指導されたスコットランド人は「改革された真の宗教」の保持を求めて一六三八年に「国民契約」(National Covenant) に署名して抗議し、さらにピューリタン革命期の一六四三年には、イングランドの議会派との間で締結された「厳粛な同盟と契約」(Solemn League and Covenant) に署名して親カトリックの国王や王党派に対抗しようとした。これ以降、契約派 (covenanter) とは「国民契約」と「厳粛な同盟と契約」という二つの「契約」文書に忠実であろうとした長老派を指すことになるが、とくに後者の「厳粛な同盟と契約」は、そうした一部の過激な長老派の信仰上の、あるいは政治的なアイデンティティの典拠ともなった。それは、神の言葉と改革された最良の教会の例にしたがって共通の信仰告白、教会統治、礼拝様式、教理問答によってスコットランド、イングランド、アイルランド三王国の宗教の統一を実現し、ローマ教皇を奉じる偶像崇拝のカトリック、大主教、主教、監督といった高位聖職制をイギリス諸島から一掃することを謳っていた。

その後の歴史については本論の叙述に譲ることにするが、スコットランドとアルスターの関係について付言しておくと、「アイルランドにおいてイングランドもしくはスコットランドからの出身者とその子孫が総人口に占める割合は、一六〇〇年には二%のみであったが、一七〇〇年には二七%となった」(Cullen, 1981 : 15, 勝田、一五三—一五四頁) と言われ、この二七%の多くをアルスター地方のプロテスタントが占めていたことは間違いない。たしかにアイルランドの南部には一六世紀後半のイングランドの一連の植民政策や布教活動によってアイルランド入りしたプロテスタントもいたが、「すでに一六四〇年当時のアルスターにおいてスコットランド人はイングランド人を四対一で上回っていた」（Akenson：108）という見解もあるから、一七世紀のアルスターで多数派を形成していたのは、イングランド系ではなくスコットランド系の長老派のプロテスタントであったことも疑いないところである。

いずれにせよ、ジョン・ノックスによってスコットランドに移入された改革派のプロテスタンティズムは、それから半世紀後の一七世紀初頭、「アルスター植民」とともにスコットランドからアルスター地方に移植されることになった。「プロテスタントのアルスター」（Protestant Ulster）という観念はかなり古くから成立していたのであり、その中核はアルスター東北部に定住することになった借地農のコミュニティであり、主教制が復活したスコットランドを嫌ってアルスターに福音宣教の場を求めるようになった改革派の長老主義を信奉する牧師たちであった。かれらの間には、一六四三年に、その後の発展の基礎となるアイルランド最初の「長老会」（Presbytery）が誕生し、一六九〇年には五つの長老会を統括する「アルスター・シノッド」（Synod of Ulster）が成立している。

注

（1）　ここでの記述は、青山吉信編『世界歴史体系　イギリス史1』山川出版社、一九九一年、木村正俊・中尾正史編『スコットランド文化事典』原書房、二〇〇六年、富田理恵『世界歴史の旅　スコットランド』山川出版社、二〇〇二年、リチャード・キレーン（岩井淳・井藤早織訳）『図説スコットランドの歴史』彩流社、1994＝二〇〇二年、などを参照している。

（2）　「ダルリアダ王国」の成立によって、同じケルト系の言語であるが、アイルランド・ゲール系の言葉がスコットランドに波及するようになった。スコットランドという名前だけでなく、スコットランドの地名や王の名前などもアイルランドからの移住者によってもたらされたという。なお、この時代のブリテンではアイルランド人はScottiという名で知られ

(Buchanan : 58)、さらに中世になってもアイルランドの男性を表す言葉はラテン語では Scotus であった (Stewart, 1977 : 34)。

(3) その後のスコットランドの略史に触れておくと、「アルバ王国はうちつづくノース人の来襲に持ちこたえ、かえってノーサンブリア王国の支配を脱したアングル人の地ロジアンに、食指をのばした。一〇世紀末までにロジアンがアルバ王国に服属した。さらに一〇一八年にアルバ王国のマルカム二世(一〇〇五—一〇二四年)は、イングランド王カヌートの命を受けた軍にイングランドとの国境に近いカーラムにて勝利し、長い目で見れば、この戦いがアルバ王国の南の国境線を確定することになった。一方、ロジアンの西南に位置したブリトン人の王国ストラスクライドは、カーラムの勝利に貢献したにもかかわらず、一〇三四年のダンカン一世(一〇三四—一〇四〇年)即位時に、血統を口実にアルバ王国に併合されてしまう」(富田、一三—一五頁)。

(4) グレイト・ブリテン島とアイルランド島から成るイギリス諸島のケルト語について、青山吉信の研究などを参考に述べておけば、そこでのケルト語は歴史的に大きく二つに分けられる。ブリテン島のケルト語はブリトンまたはブリソン (Brittonic or Brythonic) 語群に属し、アイルランドのケルト語はゴイデル (Goidelic) 語群に属する。音韻上の違いから前者は「Pケルト」(P-Celtic)、後者は「Qケルト」(Q-Celtic) と呼ばれる。「Pケルト」の歴史的な語圏はブリテン島の西側、つまり、コーンウォル、ウェールズ、カンブリア、スコットランド南西部に至る地域であって、具体的には、コーンウォル語、ウェールズ語、カンブリア語が該当し、フランス・ブルターニュ地方のブルトン語 (Breton) も「Pケルト」であった。他方、アイルランドのケルト語 (ゲール語またはアイルランド語) やマン島語 (Manx) とともにスコットランドのゲール語も後者の「Qケルト」である。スコットランドの先住民族ピクト人の言語については不明な点が多いようであるが、太古の昔にさかのぼれば、スコットランドはおろかブリテン島全域で「Pケルト」がしゃべられていた時代があったはずである。

いずれにせよ、一〇世紀以前のスコットランドにおいて、「ストラスクライド王国」のブリトン人は南西沿岸部のギャラウェイ方面の住民とともに「Pケルト語」をしゃべり、かれらの北方のダルリアダ王国のスコット人は、同じケルト語でも「Qケルト」をしゃべっていた。一般に、ゲール語と呼ばれるのは「Qケルト」のケルト語である場合が多いが、五世紀以降にアイルランド系のスコット人がスコットランドにもたらしたのは「Qケルト」のゲール語であった。なお、ヴァイキング来襲の時期あたりから、スコットランドとアルスターの人の移動は、これまでとは逆方向となり、「ギャログラス」や「レッドシャンク」のアルスター移住などもあって、その後のアルスターのゲール語は、従来とは逆にスコットランドのゲール語の影響を受けるようになった。

さらに「Ｐケルト」について付言しておけば、その後、アルスターやアーガイル方面のゲール語（Ｑケルト）に圧倒され、その使用圏はしだいに局所化されたようである。ケネス・ジャクソンはこの動きがすでに一一世紀から起こっていたと指摘している（Jackson, 1955：88）。一七世紀の「アルスター植民」にはスコットランド南西部からの入植者が多かったが、一六世紀前後にこの方面で話されていた口語はＱケルトのゲール語であることは疑いなく、この地方がすでに「Ｐケルト」から「Ｑケルト」へと変化していたことは明らかである。

（5）一三九九年にモー・マクドネル（Mor MacDonnell）がグレン地方の女性相続人であったマージョリー・ビセット（Margery Byset）と結婚してアントリムに土地を相続した。マクドネル一族の絶頂期は一五五〇年代で、ジェイムズ・マクドナルドではバリキャッスル（Ballycastle）からグレナーム（Glenarm）までの海岸線を占有していた（Morgan：14）。

（6）北アイルランド紛争（あるいはより広く北アイルランド問題）については、英語圏が中心であるが、じつに夥しい数の書物が出版されている。宗教、エスニシティ、階級、文化といった概念をふまえて、そもそも北アイルランド紛争とはどのような性格の紛争なのか、あるいは、植民地主義やポスト植民地主義などの歴史的展開の中で現在の北アイルランド社会はどのように規定されるべきなのか、などをめぐって、それらの書物の主張はさまざまであるが、そうした違いを越えて、多くの書物が北アイルランド紛争の歴史的起点を一七世紀初頭の「アルスター植民」（Ulster Plantation）に求めている点ではほぼ一致しているようである。今日のプロテスタント住民とカトリック住民の間の分断と対立は、イングランドとスコットランドから大量の入植者が定住を開始するようになった「一七世紀に種がまかれた」（Robinson, 1984：Preface xxv）とか、「今日アルスター問題の始まりは一七世紀の、とくにその一〇年代に固定されたとみることができる」（Stewart, 1977：23-24）とか言われるように、アルスター植民は、この地方の住民を植民者と先住ゲール系住民とにはっきりと二分するようになり、そこに宗教の違いという要因を重ねることになった。

（7）やや煩瑣となるが、植民請負人に課せられた条件は、①地代として一〇〇〇エーカにつき五ポンド六シリング八ペンスを王室に納入すること。②一〇〇〇エーカにつき三〇〇エーカは私有地（demesne）となるが、残りの七〇〇エーカには三年以内に一二〇エーカを保有する永代借地農（fee farmers）を二家族、一〇〇エーカを保有する定期借地農（leaseholders）を三家族、残りの一六〇エーカには四家族以上の農夫（husbandman）、職人（artificer）、日雇農夫（cottager）を入植させること。③二〇〇〇エーカを譲与された者は三年以内に塁壁をめぐらせた囲い地（bawn）の中に石造りの家屋を建築すること。④一五〇〇エーカの請負人の場合はレンガ造りでもよく、一〇〇〇エーカの場合は囲い地だけでもよい。⑤三年以内に一八歳以上の堅強な男性を――イングランド人でもアイルランド在住スコットランド人（inland Scottish）でもよい――を一〇〇〇エーカにつき二四人、家族数で言うと最低一〇家族を入植させること。⑥借地農には防御上の理由から囲い地の周辺に家を建てさせるようにすること。⑦請負人は武器を保有し臨戦状態にしておくこと。⑧請負人は宗教的に国教徒であり、国王至上権を認め国王への忠誠を宣誓する者であること。⑨請負人は五年間アイルランドに在住するか代理人を住まわせること。⑩土地をアイルランド人や忠誠を宣誓しない者に譲渡してはならないこと、などである（松川、一一九頁、Robinson, 1984：63–64；Moody *et al.*：197–200）。なお、植民請負人の中には各領域で一名例外的に三〇〇〇エーカを分与された有力者もあったが、多くは二〇〇〇エーカを超えないこととされた。請負人の農産物は七年間関税なしで輸出することができ、生活必要品は五年間無関税で輸入できることになっていた（Robinson 1984：63–64）。

（8）　松井清「『アルスター植民』と居住分離の成立――一七世紀アルスターにおけるスコットランド系入植者――」『明治学院論叢』第六六〇号、『社会学・社会福祉学研究』第一一〇号、二〇〇一年、五七―一一七頁。

（9）　アルスター植民に関する研究書としては、引用・参考文献に示したように、T・W・ムーディの『ロンドンデリーの植民』（一九三九年）、パーシヴァル－マックスウェルの『ジェイムズ一世治世下のアルスターへのスコットランド人の移住』（一九七三年）、レイモンド・ギレスピーの『植民時代のアルスター』（一九八五年）、フィリップ・ロビンソンの『アルスター植民』（一九八四年）などが代表的な研究業績である。ただ、これらの著作は、いずれも特定の地方に焦点を当てた研究であって、アルスター全体の人口に関する推定は乏しく、最も緻密な分析を展開しているパーシヴァル－マックスウェルの著作も、スコットランド系の入植者に焦点を当てている関係でイングランド系の人口をふくめたイギリス人の入植者の人口移動にはあまり言及していない。

（10）　宇田進にしたがって、アルミニウス主義をカルヴァン主義と対比してみると、カルヴァンの（一）「全面的堕落」に対してアルミニウスは、「人間は自分の力でイエスに救いを求め、回心のために備えることができる」とする「部分的堕落」、以下同様に、(二)「無条件の選び」に対して、「神はあらかじめ誰がキリストを信じるかを見ておられ、その予知にもとづいて信じるものを天国へ運ぶことを決めている」とする「条件的な選び」、(三)「限定的贖罪」に対して、「キリストの贖いは、かれを拒むものをも含むすべての人のためである」とする「不特定の贖罪」、(四)「不可抗的恵み」に対して、「ひとを救おうとする神の恵みに抵抗し、ひとはそれを拒むこともできる」とする「可抗的恵み」、(五)「聖徒の堅忍」に対して、「救われたものが堕落し滅びることもある」とする「相対的保証」、という主張となる(宇田、九三―九四頁)。

(11) 異端説をめぐる神学的な論争に決着をつけ、正しい聖書理解を導くために、古くは「使徒信条」、「ニカイア信条」、「カルケドン信条」などがあったが、宗教改革期になってもルター派は「アウグスブルグ信仰告白」を採択して意思統一をはかっている。

(12) スコットランドではウェストミンスター信仰告白は、一六四七年に教会大会で信仰基準として採択された。クロムウェルの共和政を経て王政復古が起こると一時破棄されたが、名誉革命により再制定された。「しかし、この間スコットランド教会は決議派(Resolutioners)と抗議派(Protesters)との激しい対立、契約派(Covenanters)の武装蜂起、殺戮時代(Killing Time)と言われる契約派への未曾有の弾圧、迫害の時代が続き、全体としては、ウェストミンスター信仰告白の研究と注解に力を注げる時代ではなかった」(松谷、一九九二年、一一三頁)。

(13) 「ウェストミンスター信仰告白」の翻訳は、日本基督改革派教会大会出版委員会編(一九九四年)と村川満・袴田康裕訳(二〇〇九年)の二種ある。ここでは前者(九一頁)を採用している。

(14) たとえばジョン・ブルーワーらの近作『北アイルランドの反カトリシズム』が雄弁に論じているように、「契約」という思想は、単に神学上の概念に終わるものではなく、宗教や宗派の違いということが大きな意味をもっている社会においては、そこでの人間関係を理解する上で、とりわけ「他者」を認識する場合の社会学的な分析概念としても有効性をもっており、北アイルランドにおいては、この神との「契約」に基づく一種の「選民思想」が「反カトリック主義」という近代的意味を獲得して以来、カトリック教徒とのいっさいの関係を絶つことを要求するような一部のプロテスタント住民の政治行動を今日的に支える機能を果たすことにもなっているのである。

(15) 一五五三年七月にカトリックのメアリ女王(メアリ・テューダー)がイングランドの王位を継承することになると多

くのプロテスタントの指導者が大陸に亡命した。当時イングランドで活動していたノックスもその一人で、翌五四年には二度ジュネーヴに滞在し、カルヴァンやブリンガーと親交を結んでいる。

(16)　このことは「契約」という考え方に内在する「条件つきの忠誠」という概念に着目し、そこから北アイルランドのロイヤリストの歴史的伝統にメスを入れたデイヴィッド・ミラーの先駆的労作『女王の反逆者』（一九七八年）や、パレスチナ紛争、北アイルランド紛争、それに南アフリカのアパルトヘイト体制の比較宗教社会学を展開しているD・H・エイケンソンの『神の民』（一九九二年）などをみれば明らかである。後者においては、これら三つの紛争の一方の当事者であるユダヤ人、ユニオニスト、アフリカーナ（ボーア人）の三者が、それぞれシオニズム、スコットランド長老主義、オランダ改革派と宗教・宗派は異なっていても、かれらが、いずれも旧約聖書に由来する「神の民」という自己規定の伝統を共有している「契約の人々」であるとみなすことで、かれらの「約束の地」をめぐる紛争の歴史的背景と現代的意味が分析されているのである。

(17)　飯島啓二は「真の意味での長老派教会は、宗教改革より約二〇年後の一五八〇年前後、アンドルー・メルヴィルの活動の下に、はじめて成立したと考えられる」（飯島、一九六二年、二二九頁）と考え、「ジョン・ノックスの影響下に成立した教会は、教会制度の観点よりみて、長老派教会と呼ぶにふさわしくなく、むしろ、エピスコパシーへの傾斜をふくむものであったといえる」（飯島、一九六二年、二五〇頁）と指摘している。その理由は、長老派教会組織の特徴である（一）牧師の間に完全な平等の事態が出現していること、（二）教会集会（または教会法廷）のヒエラルヒーが存在すること（具体的にはカーク・セッション、長老会（プレスビテリー）、シノッド、教会総会の四種のヒエラルヒー組織がまだノックスの時代の教会には認められないからであり（飯島、一九六二年、二三〇頁）、本格的な長老主義の教会は一六世紀末のアンドルー・メルヴィルの時代をまたねばならない。

第Ⅰ部　形成期のアルスター長老教会

第一章　アルスター長老教会の誕生

1　プレスコパリアンの時代

アルスター長老主義（Ulster Presbyterianism）は一六世紀の宗教改革を経たヨーロッパのプロテスタンティズムの一端に位置し、プロテスタンティズムの中ではカルヴァン派の改革教会の系列に属している。聖パトリックの布教に起源をさかのぼるとされるアイルランドの初期キリスト教の伝統とのつながりを否定することはないが、もとよりアイルランドの土壌から生まれたものではない。それは、一六世紀半ばのジョン・ノックスの宗教改革に始まり、その世紀末にアンドルー・メルヴィルによって確立されたスコットランド長老主義を継承し、アルスター植民の過程で低地スコットランド方面から入植した移住者の霊的生活を司る聖職者とともに、主にアイルランドの東北部アルスター地方へと移植されるようになったものである。爾来、「政治と宗教」あるいは「国家と教会」の関係を軸に長老制と主教制の対立が展開するスコットランドの近世・近代史と密接に連動した歴史を示すことになるのは以下の記述にみるとおりである。

そこでまず、アルスター植民が始まった一七世紀初頭についてであるが、この時期、スコットランドの教会には、一六世紀末にいったん確立をみた長老主義に代わって、国王の任命する高位聖職者（プリラシー）を中核に置く主教制（エピスコパシー）の復権を求める勢力が盛り返し、内部に長老主義に傾倒する牧師を抱えつつも、教会統治の形態は「公然たるエピスコパル・チャーチ」（飯島、一九六七年、五一頁）となっていた。その若き日、一五八〇年に「王の契約」（King's Covenant or Confession）に署名し、一時は反カトリックの立場を鮮明にしていたジェイムズ六世――イングランドとの同君連合（一六〇三年）によってジェイムズ一世となる――であったが、やがて王権神授説にとりつかれるようになり、すでに一六世紀の終わりをまたず、「国王も教会では神の僕にすぎない」とする長老派の主張とブリテンの君主制は両立しないと考えるようになっていた。「メルヴィルの挑戦のうちに、国王王権への脅威をよみとったジェイムズ六世は、エピスコパシーのうちに、換言すれば、国王によって任命される主教らの高位聖職制のうちに国王の教会支配の可能性を見出し、エピスコパシーをもって国王権の一支柱としようとした」（飯島、一九六七年、四一―四二頁）のであり、スコットランド教会の教会総会――長老教会の最高意思決定機関――の権力を抑え、おりから台頭してきた教会内部の穏健派と連携して主教制の回復に執心するようになった。その執念は実を結び、一六一〇年にはスコットランド教会にもイングランド教会と同様の主教制が再現することになった（第一エピスコパシー）。

もっとも、この第一エピスコパシーの成立によって長老派の牧師が一掃されたわけではなかった。その後もスコットランド教会の形態は、穏健派の支配下、「いわばエピスコパシーと長老制度との二重体制」（飯島、一九六七年、四九頁）が続くことになるのであるが、一六一五年にスコットランド教会をイングランド教会に近づけようとした「パースの五箇条」（Five Articles of Parth）が定められ、エピスコパルな聖餐式への改変、教会節の遵守、礼拝でひざまずくことなど、カトリック色の濃い礼拝様式が復活するようになると、それらを聖書に由来するものとは認めず、ローマ教会の教皇教（Popery）にほかならないとみなす長老派の牧師の中には、海で隔てられているとはいえ至近なアルスター地方に福音宣教の場を求める者も現れてきた。ジェイムズ一世が国策として号令をかけた「アルスター植民」が始まるのは一六〇九年のことであるが、それをまたずに、すでにアルスター地方の東北部ダウン州やアントリム州などにはスコットランド系の借地農が入植しており、なかには長老主義に共感するプロテスタント住民も少なくなく、長老派の牧師を受け入れる土壌は用意されていたのである。

アルスター植民の開始とともに、イングランドからも少なからぬ数の借地農がアルスター南部を中心に入植するようになったが、多数を占めていたのはアルスター東北部に入植したスコットランドからの移住者であり、この期の植民入植者をふくめ一七世紀を通じて大量にアルスター入りするスコットランド系の人々とその子孫は、のちに北アメリカへ移住した者をふくめ「アルスター・スコッツ」(Ulster Scots) と総称されることになるが、かれらは、前世紀のヘンリー八世の改革によってアイルランドの国教とされ、当時の支配階層の宗教であった「アイルランド教会」(Church of Ireland)(1) に所属するイングランド系の人々(ニュー・イングリッシュあるいはアングロ・アイリッシュ)と、社会の下層を構成する多数のカトリックの先住アイルランド人との中間に位置することになり、カトリックに比べれば恵まれていたとはいえ、長老派の教会に属するかれらは、同じプロテスタントでありながら、アイルランド教会系の人々からさまざまな不利益と迫害を甘受することになった。

入植者の中には借金踏み倒し、不法者、スキャンダルまみれの者なども少なくなく、アルスター入りした牧師たちの多くは、このような神を畏れない不道徳で貧困な入植者の間で神の福音を説くことに奮闘する一方、あくまで国教会体制にコンフォーム(帰順)することを拒み、非国教徒(dissenters)としての不利益を甘受しながらも、多くが改革派として自分たちの信仰を貫くことになる。いずれにせよ、アルスター長老主義とその教会は、このようなアルスター・スコッツの宗教として形成、発展をみることになるわけだが、牧師にとっても一般の信徒にとっても、海で隔てられているとはいえ、アルスターとスコットランドは意識の上では延長線上の同じ空間であり、一七―一八世紀を通じてアルスターあるいはアイルランドの長老教会は、依然としてアルスターにおけるスコットランド長老教会の延長という性格を色濃く残しつづけるのである。

スコットランド教会の中に長老主義の制度が最終的に確立されるのは一七世紀末の名誉革命期になってである。それまでの約一五〇年間、スコットランドでは主教制と長老主義とが激しく対抗し、一方が他方を圧倒し、両者が一挙に入れ替わるような振幅の大きな歴史を辿ることになった。ただ、アルスターに関して言えば、少なくとも一七世紀の初期においては、スコットランドで「エピスコパシーと長老制度との二重体制」が続いたこともあってか、考えようによってはやはり奇妙なことに、国教とされていたアイルランド教会の寛容さの下に、むしろ対立よりも宥和の時代が持続していた。スコットランド長老教会を離れてアルスター入りした牧師はアイルランド教会の教区で庇護を受け、非国教徒であるかれらに対する偏見が強い場所はあったものの、多くの場合はアイルランド教会の主教によって改めて選任され、アイルランド教会の教区で活動することを許された。かれらは主教制を認めて無理やりアイルランド教会にコンフォームする必要はなく、その俸給も「一〇分の一税」(tithes) から支払われていたのである。(2)

レイモンド・ギレスピーによると、「アルスターにおいてスコットランド系長老派の牧師は、その任職の正当性をほとんど問われることなく、アイルランド教会の聖禄 (cure) を受けることができた。このような長老主義に傾倒しながらも教会統治の組織をもたない集団は、自分たちを内部から規律を課したアイルランド教会内のヴォランタリー団体 (Voluntary Association) と考えるのが最適であろう」(Gillespie, 1995 : 11) と指摘しているが、その一方において「パースの五箇条」が公布される以前には、長老派の牧師が「共通祈禱書」(Book of Common Prayer) を使用していたり、会衆の前で公的に執行されねばならない洗礼を私的に行っていたりする例も指摘されており (Gillespie, 1989 : 160)、アルスター入りしたスコットランド系の牧師が長老教会の原則を厳格に追求していたわけではなかったようである。

一九世紀の歴史家、W・T・ラティマーは、この時期のアイルランドのプロテスタンティズムについて「プレスビテリアンとエピスコパリアンとは、教会統治の問題についてそれぞれ別個に判断する権利を留保しながら、共通の神学に立脚した一つの宗派として統一されていた」（Latimer : 36）と述べているが、スコット・ピアソンは、一六〇三年から一六三〇年までのアルスターの宗教事情の特徴について、それを「プレスコパリアン」（Prescoparlian）という用語で呼んでいる（Pearson, 1947 : 2）[3]。言うまでもなくプレスビテリアン（長老制）とエピスコパリアン（監督制＝主教制）を合成した言葉であるが、フィンレイ・ホームズも、一つの教会においてエピスコパシーとプレスビテリアニズムとが宥和していた時期の教会の特徴を指す言葉としてピアソンの命名を採用しているが（Holmes, 2000a : 17）、このような命名が可能であった理由には、まず何よりも、当時のアイルランド教会が、教会統治の形態としてエピスコパシーをとっていたとはいえ、その教義においてカルヴァン主義の影響を強く受けていたという事実が挙げられよう。

まだ独自の信仰告白（Confession of Faith）を確立するに至らなかったアイルランド国教会は、一六一五年に、ダブリンのトリニティ・カレッジの神学教授でのちにアイルランド教会の主教座のあるアーマーの大主教（Primate）に就任するジェイムズ・アッシャー（James Ussher）の下で、一〇四箇条から成る「アイルランド箇条」（Irish Articles）を制定している[4]。この箇条（信仰告白）は、イングランドのピューリタンが一六〇四年のハンプトンコートの会議で空しくも採用を求めて実現しなかった「ランベス九箇条」と同様の文言を擁し（Reid, vol.I : 94）、スコットランドやアイルランドの長老教会の教義上の基準となる「ウェストミンスター信仰告白」の土台となったと言われている。イングランド国教会が採用した一五六三年の「三九箇条」（Thirty-nine Articles）にも影響されているが、それと比べても、予定説の厳格な踏襲をはじめ、聖書中心主義、神の絶対主権、人間の無力と神の恵みによる救い、安息日の遵守、長老による牧師叙任の正当性、洗礼と聖餐式（主の晩餐）以外のサクラメントの拒絶などの点で、さらには「改革派の信仰告白の中でローマ教皇を罪人（man of sin）と宣言した最初のもの」（Gribben : 46）と指摘されているように、ローマ教皇を「反キリスト」と規定している点においても、いっそう改革派の立場を鮮明にしていた。いずれにしても、長老主義を信奉する牧師にとって当時のアイルランドは必ずしも居心地の悪い場所ではなかったのである。

新しい箇条はその教理問答と同様に著しくカルヴァン主義的であり、その言外の意味において、長老による聖職者の叙任の正当性を認めていた。アイルランドの教会はその形体においてはエピスコパルであったが、その教説においてはプレスビテリアンであり、単なる方便以上に強力にエピスコパシーを唱導する意見はなかった。アイルランド国教会は使徒伝承の教義を拒否することで、いまや強力にプロテスタントの教会であったから、アイルランドにやってきた幾人かのスコットランドのプレスビテリアンの牧師を迎え入れ、かれらは聖職者として認められた（Latimer : 31）。

ところで、このような教義や教会統治の問題とともに、長老派の牧師のアルスターへの移動に拍車がかかった背景には、同じスコットランド人といった一種のエスニックな要因も介在していた。当時のアルスターの主教区は図1－1にみるとおりである。この時期、アイルランド教会の主教の中には、ラフォー・デリー・クロッハーの主教区を管轄していた主教デニス・キャンベル（Denis Campbell）や、かれのあとを継いだジョージ・モンゴメリー（George Montgomery）など、スコットランド人の主教は少なくなく、かれらの中には長老主義がいったん確立していた一六世紀末期のスコットランドで叙任された者も多く、アイルランド教会の主教となったあとも、主教制が舞い戻ったスコットランドで迫害を受けるようになった牧師や見習牧師に同情的な視線を送りつづけていたようである。一六一〇年にラフォー主教区の主教となったアンドルー・ノックス（Andrew Knox）もスコットランド人であり、ことのほか熱心にスコットランド出身の牧師がアイルランド教会の教区で聖禄を得るのに援助を惜しまず、かれらの叙任の際にはわざわざ長老派の意に適った折衷的な儀式をアレンジしていたと言う。

図1－1　アイルランド教会の主教区（アルスター）

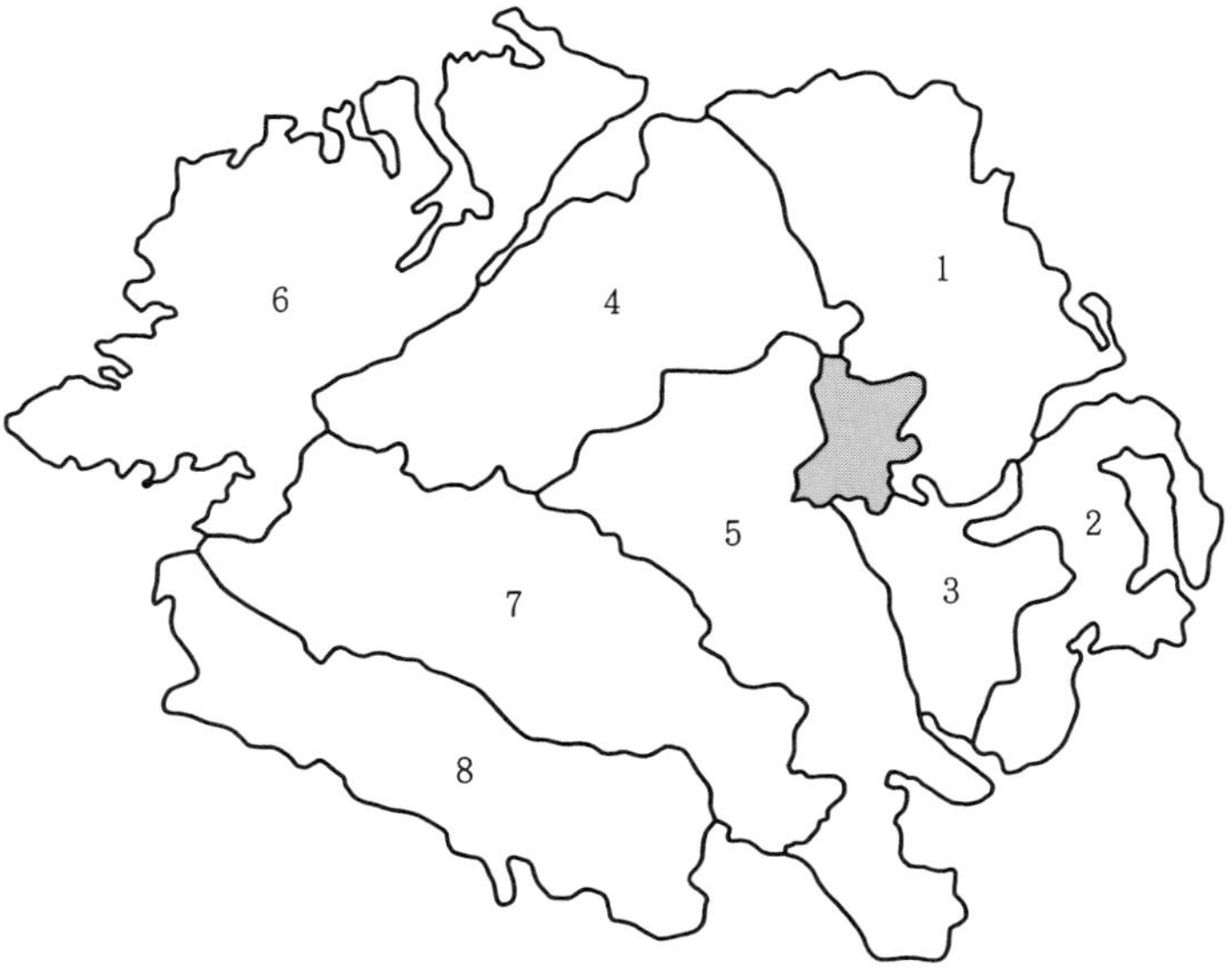

1. コナー（Connor）
2. ダウン（Down）
3. ドロモア（Dromore）
4. デリー（Derry）
5. アーマー（Armagh）
6. ラフォー（Raphoe）
7. クロッハー（Clogher）
8. キルモア（Kilmore）

出典：Akenson, p.110.

のちに一転して長老派の牧師に厳しい態度をとることになるダウン・コナー両主教区の主教ロバート・エクリン（Robert Echlin）もセント・アンドルーズ大学出身のスコットランド人で、当初はスコットランド出身の長老派の牧師を容認する姿勢を示していた。ちなみに、前述のアッシャー大主教はスコットランド人ではないが、長老派の牧師たちからは、教会規律の上でエピスコパシーとプレスビテリアニズムの妥協を容認した人物として尊敬され（Brooke：24）、「主教ではあるが神聖な人物」（Reid, vol.I：159）と敬意を集めていたのである。

さらに後述するように、スコットランド系の長老派牧師の中には、バリウォータの牧師ジェイムズ・ハミルトン（James Hamilton）が、後述するロバート・ブレアやジョン・リヴィングストンのパトロンともなったダウン州の同名の領主の甥に該当したり、アルスター長老主義の歴史を最初に記録に残したカーンカッスルの牧師パトリック・アデイア（Patrick Adair）が、ミッド・アントリムの地主ロバート・アデイアの甥――のちに義理の息子となる――であったように（Holmes, 2000a : 16）、アルスターの貴族や地主層と縁戚関係のある者も少なくなく、こうした要因も、かれらの移住を促進する背景となっていたことは間違いない。そして、さらに重要なことは、当時のアイルランド教会には精力的で優秀な牧師が不足していたという点であり、とりわけ、アイルランド語のできる牧師は必要とされ、おなじゲール語系の言葉に通じているという点で、イングランド人よりもスコットランド人の牧師の方が歓迎されたようである（Holmes, 2000a : 15）。

2　ブレアとリヴィングストン

パーシヴァル-マックスウェルの『ジェイムズ一世期のアルスターにおけるスコットランド系移住者』によると、ジェイムズ一世の治世（一六〇四―一六二五年）に、アイルランド国教会の聖職者としてアルスターで任職されたスコットランド人の牧師は非定住者をふくめ計六四名を数え、スコットランド出身の主教の下で聖禄を得た者も計四九名いるとされている（Perceval-Maxwell : 268 : Appendix F）。かれらの大部分は長老派の聖職者と推測され、前述の「パースの五箇条」（一六一八年）が議会の認可を得た一六二一年以降になって、かれらのアルスターへの移住がさかんになるが、最初にアルスター入りしたのはエドワード・ブライス（Edward Brice or Bryce）という人物であった。

かれは一五九五年にスコットランドのダンバートン長老教会によって叙任され（Leith : 4）、スターリングシャーで活動していたが、一六〇七年、当時のグラスゴー大主教、ジョン・スポティスウッド（John Spottiswood）の人事――スポティスウッド自身がクライズデールのシノッドの議長を兼ねる人事――に反対したことから睨まれ（Reid, vol.I :

98)、同郷者の先住しているアルスターへの移住を決意し、一六一三年からベルファストの北方三〇キロ、キャリックファーガスとラーンの中間に位置するアントリム州のバリカリ（別名ブロードアイランド）および隣接のアイランドマギー方面で宣教することをエクリン主教に認められ、六年後には昇進して近辺のキルロート教会の受給有資格聖職者（prebendary）に任職されている（Reid, vol.I : 98 ; Anderson : 38)。

現在のバリカリ長老教会

エドワード・ブライスに続いてほどなく、同じスコットランド出身では、ベルファスト南部のホリウッドを任地とするロバート・カニンガム（Robert Cunningham）、ニュータナードのジョン・マックレランド（John M'Clelland）、バリウォーターのジェイムズ・ハミルトン（James Hamilton）、さらにはジョン・ノックスの孫に当たるテンプルパトリックのジョシアス・ウェルシュ（Josias Welsh）、ラーンのジョージ・ダンバー（George Dunbar）などの牧師がアルスター入りし、イングランド系のピューリタン牧師ではアントリムのジョン・リッジ（John Ridge）が早期にアルスター入りしており、それにハバート（Mr. Hubbart）という名の牧師の活動も記録に残されている（Reid, vol.I : 99–112 ; Leith : 4)。こうした牧師の中で、一七世紀前半のアルスター長老主義の牧師を代表する最も重要な人物はロバート・ブレア（Robert Blair, 一五九三―一六六六年）とジョン・リヴィングストン（John Livingston, 一六〇三―一六七二年）の二人であることは衆目の一致するところである。

かれらはアンドルー・メルヴィルの流れをくむラディカルな牧師であり（Holmes, 1985 : 12）、ほかの多くの牧師もそうであったように、その生涯の前半をアルスターで後半はスコットランドで、しばしば二つの地方を往復しながら活動している。「エピスコパルなアイルランド教会の内部で長老派の運動をリードしてきたブレアやリヴィングストンなどの牧師は、その後スコットランドに戻り、そこでの長老派革命に全面的に関わることになった」（Holmes, 2000a : 26）と指摘されているとおりである。ともに学識豊かな牧師であり、よく似た人生を経験することになるが、一六六〇年の王政復古後まで生き長らえたかれらの足跡は、一七世紀前半のスコットランドおよびアルスターの長老派の動きを考える上で好都合なので、後述する点とも重複するが、この時期に起こった出来事との関連をふまえ、かれらの活動を追ってみることにしよう。

まずブレアについてであるが、(5) ロラード運動(6)（Lollard）の伝統を強くもつ、スコットランド南西部、エアシャー（Ayrshire）のアーバイン生まれで、母校グラスゴー大学でギリシア語や哲学の教鞭をとっていたが、主教制が復活した当時のスコットランド教会に不満を抱き、大学を辞職したのを機に、当初はユグノー教徒の多いフランス行きを目論み、アイルランドへの赴任は気が向かなかった様子であったが（Holmes, 1985 : 12）、ダウン州の領主でバンガー教会のパトロンでもあったジェイムズ・ハミルトン伯爵（クランボイ卿）の招きに応じて一六二三年にアルスター入りし、同年六月にバンガー（Bangor）の教区牧師に迎えられている。(7)

アルスター長老派に関する最初の歴史家と言われているジェイムズ・シートン・リードは、その大著の中でブレアに対して「この時期のアイルランドで最も卓越した牧師であり、この土地の真の宗教の再生と確立に他の誰よりも貢献した」（Reid, vol.I : 103）と賛辞を呈しているが、一六二三年七月一〇日のバンガーにおける自分の叙任の事情を説明しているブレアの弁によると、主教エクリンは、ブレアのエピスコパシーやアイルランド教会の聖礼典に対する態度に懸念を示しながらも、アイルランドの判事（Lord Justice）には、ブレアには国教会に反するような非国教徒的な偏向はなかった、と報告してくれたとのことである（Brooke：16–17）。多くの文献は、叙任のときのブレアとエクリンの対話の様子を残しているが、それは、おおむね以下のようであった。

主教は言った。「あなたの評判のよいことは聞きおよんでいる。あなたに条件を課すことはしない。私は年寄りだから叙任儀礼の形式は教えられるが、あなたは私にその実質をどう考えているのか教えてくれたまえ。あなたを叙任しなければならないのだから、あなたの考えを教えてもらわねば、われわれはこの国の法と伝統に応えることができなくなる。」私が「それでは自分の原則に反することになります」と言うと、主教は、如才なげに、次のように返答した。「あなたがエピスコパシーをどう考えているのかはともかく、あなたが、叙任に際しては長老こそ神の認める正当な証人であると考えていることはわかっている。だから、カニンガム牧師や近隣の仲間から叙任の按手を受けるわけにはいかないのかね。私も、長老ではなく関係者の一人として立ち会うことにしよう。」私には拒否する理由はなく、かくして叙任の儀式は執り行われた（Adair：10；Reid, vol. I：103；Lockington：9）。

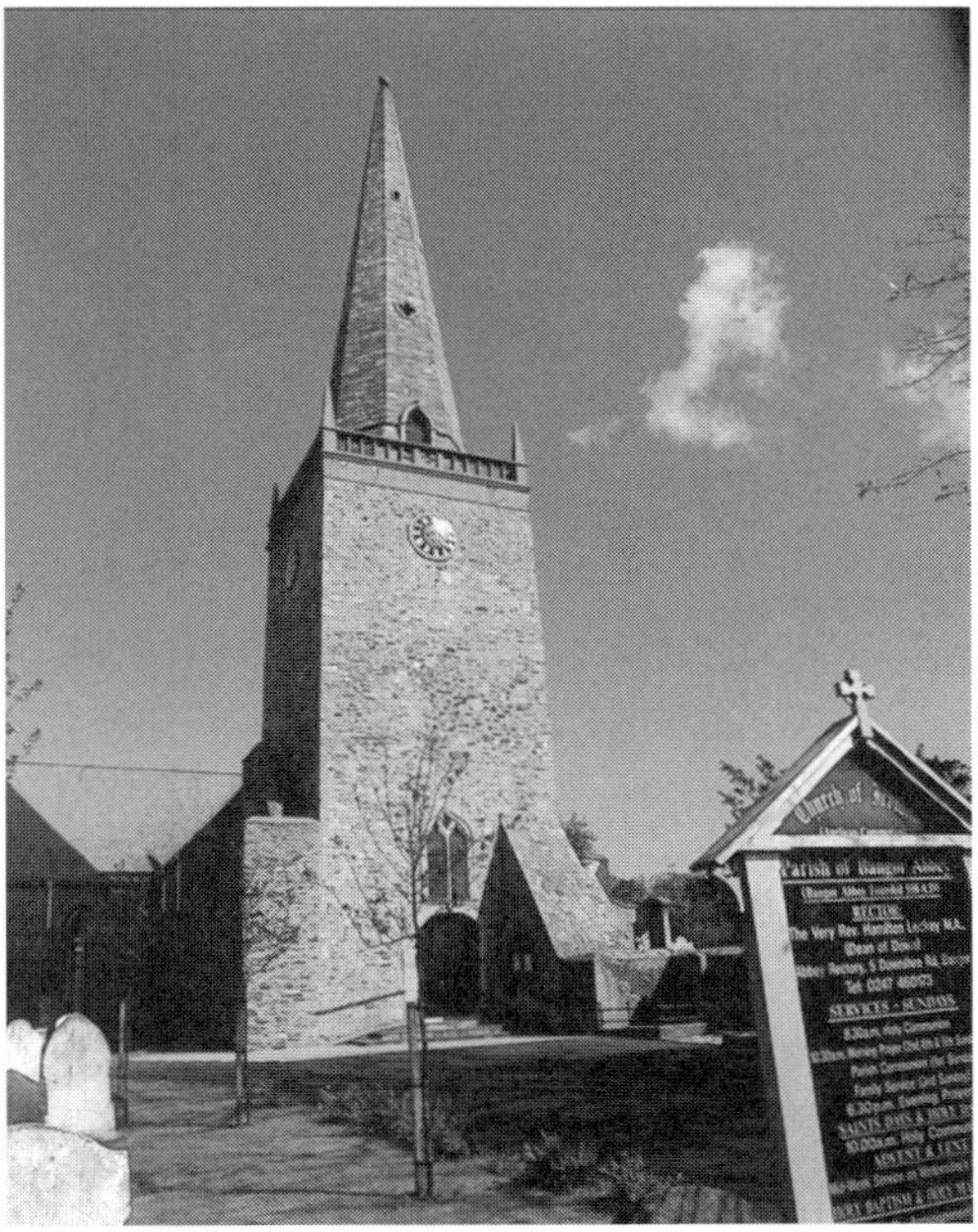

ブレアの活動したバンガーの教会

以上のように、エクリンやアンドルー・ノックスらスコットランド人の主教は、ブレアなどのスコットランド人の牧師や牧師候補者の神学的傾向を知りながら、かれらをアイルランド教会の教区牧師として任職するに際しては、その叙任が正統なエピスコパル儀式に則っていると主張する一方、任職される牧師の方にも、それが長老主義に基づいていると主張できる余地を残していたのである。アッシャー大主教の保護と、ジェイムズ・ハミルトンなどのスコットランド系領主の後見などもあって、多くのスコットランド系の牧師はアングリカンの礼拝様式にしたがわず、長老主義の慣例にしたがった洗礼や聖餐式を行い、やがて会衆の中にカーク・セッションを設けて教会の規律を維持するようになった（Kirkpatrick : 13–14）。

もう一人のジョン・リヴィングストンは、一六〇三年にスターリングシャーで生まれている。曽祖父がメアリー女王（メアリー・スチュアート）の従僕であったという名門の出で、祖父も父も牧師であった。ブレアより一〇歳若く、神学の学位はセント・アンドルーズ大学だが、それ以前に学んだグラスゴー大学ではブレアの講義に接している。ギリシア語、ラテン語、ヘブル語のほか、フランス語、イタリア語、ドイツ語、スペイン語、オランダ語にも通じていたとされる（Holmes, 2000a : 16）。リードは「当時のアイルランドの牧師の中で最も学識があり、辛苦を惜しまない勤勉な牧師であり、その長老派への揺るぎない信条ゆえに他の誰よりも苦難を受けることになった」（Reid, vol. I : 118）と述べているが、雄弁な説教で聞こえ、[8] あるときには一度に一五〇名を回心させることになったと伝えられている（Latimer : 35）。

アルスター入りした多くの牧師と同様、やはり主教制に対する反感からスコットランドでは聖職に恵まれず、ブレア同様、領主ハミルトンの招きに応じ、一六三〇年にラフォー主教区のアンドルー・ノックス主教によって叙任され、同年から、かれの第二の故郷となるダウン州のキリンチー（Killinchy）の牧師として活動を始めている。アイルランドにおける最初のカーク・セッションは、ブレアによる一六二四年または二五年のバンガーの会衆の場合と考えられているが（Pearson, 1948 : 8）、リヴィングストンも会衆の規律を達成すべくすぐさまカーク・セッションを樹立している。

ブレアもリヴィングストンも、後述するシックス・マイル・ウォーター地区で起こったリバイバル（信仰覚醒運動）に共感し、その興奮を身をもって体験するとともに、そのゆきすぎた熱狂の沈静化にも努力しているが、ジェイムズ一世の死去にともない息子のチャールズ一世が即位した一六二五年頃から、アイルランド教会の長老派の牧師に対する国教会体制へのコンフォーミティを強制する動きが強くなり、エクリン主教は一六三一年九月、ブレア、リヴィングストン、ウェルシュ、ダンバーの四名の牧師をリバイバル扇動の理由で停職処分に処している。このときの処分は大主教アッシャーの干渉によって即座に解かれたが、翌三二年五月、エクリンは今度はノン・コンフォーミティを理由に再びかれら四名を停職としている。もはやアッシャーの支援を期待できないことを悟ったブレアは、国王チャールズ一世に直接誓願するためにロンドンにまで出向いている。ブレアの請願は好意をもって受けとめられたが、国王の回答は、おりしもアイルランド総督に任命されたトーマス・ウェントワース（Thomas Wentworth）のダブリン着任をまって決定されることになった。一時、かれらの処分はエクリンによって六カ月間の執行猶予を与えられたものの、結局、ピューリタンや長老派の牧師を排除してアイルランド教会の主教制を再建することに乗り出したウェントワースとかれの着任に同行したジョン・ブラモール（John Bramhall）によって、かれらは一六三五年頃から次々に教会から追放されてしまった（Latimer : 38–42）。

リヴィングストンは一時期スコットランドに戻り、ブレアは教会の目を逃れてしばらくベルファストで無許可の私宅礼拝などを行っていたが、やがてかれらは他の長老派の牧師とともに大きな冒険を企てることになった。一六三〇年代はイングランドのピューリタンがアメリカ植民地へ大量移住した時期であったが、ピリグリム・ファーザー（巡礼始祖）に倣い、かれらは「イーグルウイング号」(9)（The Eagle Wing）という一一五トンの帆船をベルファスト港で建造し、一六三六年九月に植民地アメリカへの移住を試みている。計画に先立ち、リヴィングストンはマサチューセッツ知事のジョン・ウィンスロップ（John Winthrop）に手紙を書き、アメリカでの土地の獲得や長老主義の将来性などを問い合わせているが、一六三五年一月にはウィンスロップの息子ジョンがアルスターを訪問してアメリカ移住を勧めた、という経緯もあった（Lockington : 21 ; Kirkpatrick : 18）。

「長老派のメイフラワー号」とも言える（Pearson, 1947 : 9）この計画には、ブレア、リヴィングストン、さきのハミルトンやマクレランドの四人の牧師、それにリヴィングストンの妻も同行しており、[10] 一四〇名の移住者を乗せた「イーグルウイング号」はベルファストの北東キャリックファーガスを出発し、アイルランドよりもアメリカ大陸に近いところ、一説にはニューファウンドランド沖近くにまで達しながらも、激しい風雨によって船が破損して蛇行もままならず、結局、二カ月間、大西洋を漂流する結果となり、同年一一月にキャリックファーガスに帰還することになった。「主はわれわれがアイルランドに帰ることを望んでおられる」（Latimer : 43）。

かくして北アメリカの移住計画を断念し、かれらは嘲笑を受けながらアルスターに帰還することになった。[11] そしてブレアの場合は、ほどなく一六三七年にスコットランドへ戻ることを余儀なくされ、リヴィングストンもブレアを追ってスコットランドに戻ることになった。ブラモールは、ブレアらがスコットランドでチャールズ一世の教会政策へ抵抗活動を展開するのではないかと警戒しつつ、カンタベリー大主教ウィリアム・ロード（William Laud）に報告している。「われわれのノン・コンフォーミストの首謀者はアルスターを離れスコットランドに戻った」（Holmes, 1985 : 18）。

スコットランドに戻ったリヴィングストンが牧師として活動した場所は、キリンチーの対岸ストランラー（Stranraer）で、一六三八年七月から活動を始めているが、アイルランドでウェントワースの弾圧が強まった時期、多くの熱心な長老派の信者がリヴィングストンを慕い、年二回の聖餐式に参加しようとして海を越えて集まってきた（Holmes,

1985 : 28 ; Witherow : 20 ; Pearson, 1948 : 12)。

五〇〇名以上の人々がダウン州から海を越え、かれのストランラーの教区に聖餐式（Communion）に参加するためにやってきた。あるときには、かれはアルスターから両親とともに連れてこられた二八名の子どもを洗礼した。

繰り返し言えば、一六三三年、チャールズ一世によってウィリアム・ロードがカンタベリー大主教に就任し、イングランド教会もアイルランド教会も三〇年代後半に確立するロード体制の下に組み込まれ、アルスターのプレスコパリアンな時代は終焉を迎え、ノン・コンフォーミストの牧師は教会から追放されるなどの迫害を受けて沈黙を余儀なくされることになったが、すでに長老派が実権を掌握したスコットランド教会は、国王に対する忠誠は維持したものの、ロード大主教の教会政策に公然と反旗を翻すことになった。新しい「共通祈禱書」の強制に反発した運動に端を発し、クロムウェルのコモンウェルスの時代までの一〇年以上にわたり、スコットランドの議会と教会には「契約派」（Covenanters）と呼ばれる過激な長老派の貴族や牧師の運動が展開し、一六三八年の「国民契約」[12]（National Covenant）の成立とともに教会にはエピスコパシーが廃止されて長老制が復権した。とくに四〇年代は「契約派革命」と呼ばれる状況が現出することになるが、この過程でスコットランドに戻ったブレアとリヴィングストンは以下のように一定の役割を演じている。

ブレアの場合はスコットランドに帰還後、エアシャーやセント・アンドルーズの教会で牧師を歴任し[13]、第二次主教戦争の際にはスコットランド軍の従軍牧師としてイングランドに遠征している。また「国民契約」を推進する舞台となった一六三八年一一月から一二月にかけてグラスゴーのカセドラルで開催されたスコットランド教会の教会総会にはアルスター選出の四名の牧師の代議員――この総会には一四〇名の牧師と九八名の長老が参加しており（Reid, vol.I：220）、アルスター代表のほかの三名の牧師はリヴィングストン、ハミルトン、マクレランドであり（Leith：5）、バラミナのロバート・アデイアが長老の一人として出席している（Latimer：45）――の一人として参加している（Holmes, 2000a：21-23）。また後述のように、ブレアは一六四二年六月にアルスターに最初の「長老会（中会）」が誕生すると、牧師派遣の請願に応じたスコットランド教会によって、リヴィングストン、ハミルトンなどとともに、前年の「アルスターの反乱」によって荒廃したアルスターに派遣され――スコットランドも牧師が不足していたので三カ月間の期間であった――、誕生したばかりの長老会の充実を援助しつつ、再び、以前にかれが「卓越した神の道具となってその基礎を築き上げた」（Adair：97）アルスターの地で毎日一回、日曜には二回説教している。

イングランドの市民革命期、後述のように、スコットランドとイングランドの両国が「厳粛な同盟と契約」（Solemn League and Covenant）の締結に向けて動き出した時期、すでにブレアがスコットランド教会の中で重要な位置を占めるようになっていたことは、一六四三年八月にエディンバラで開催された教会総会に関する飯島啓二の次の文からも明らかであろう（飯島、一九九五年、一六頁）。

教会総会の前日、ベイリら数名がウォリストンの部屋に集まり、議長選任の件を相談した。ロバート・ブレアが適任であったが、かれの都合で指名できなかった。

その後のブレアについても、一六四六年度のスコットランド教会総会では議長（Moderator）に選出されていること以外は、資料的にやや乏しいが、ウィズローやロッキングトンによると、スコットランド軍に投降していたチャールズ一世は、死去したアレクサンダー・ヘンダーソンの代わりにブレアをチャプレインの一人に任用しているとのことである。国王の処刑に憤慨し、クロムウェルに抗議の会見をしたこともあったと言われるが、ブレアのクロムウェルに対する人物評価は低かったという。王政復古とともに三年間投獄の憂き目もみるが、スコットランドで一六六六年八月に死去するまで、詩篇の数節を口ずさむことを日課とする静かな晩年であったという（Witherow：10-11；Lockington：26）。

リヴィングストンの場合も、「国民契約」の時期には、イングランドのピューリタンと連携する役目を担って教会総会からロンドンに派遣されるなど一時は華々しい活躍をみせ（Holmes, 1985：19）、一六四二年から一六四八年の間に五度、やはり三カ月間単位でアルスターに戻り、ダウン州やアントリム州の各地で精力的に説教活動を展開している。市民革命期にはスコットランド軍の従軍牧師も務め、さらに一六五〇年にはスコットランド議会から派遣された委員の一人として亡命中のチャールズ二世とも交渉しているが、後述のように、スコットランド教会に「決議派」と「抗議派」という二つのグループが誕生すると、抗議派の過激な牧師の一人としてクロムウェル体制との同盟に走り、やがて長老主義からも離れることになった。王政復古期になって国王への忠誠を拒絶し主教制を認めなかったかれは、一六六三年にオランダのロッテルダムに移住し、一六七二年八月に同地で死去した（Witherow：19-21）。本書が依拠しているジェイムズ・リードの大著が公刊されたのは一九世紀後半であるが、ブレアやリヴィングストンをはじめとする初期の牧師を讃えて、リードは次のように述べている（Reid, I：119）。

かれらの目的は一貫して、この荒れ果てた地に真の宗教を再生し広めることにあり、かれらの信望と尽力によって神の福音は、一粒のからし種の聖句のように、アルスターの枝に芽吹いた微小な福音の種は驚くべき早さで気高い巨木へと成長することになり、この二世紀間、多くの激しい嵐に耐え、今日、ますます屈強として聳えている。

多くの牧師の中で草創期のアルスター長老主義に最も大きな貢献を残したのはブレアとリヴィングストンの二人であった。同時にまた、ピーター・ブルックはロバート・ベイリの弁として「スコットランド長老主義の運動の過激な部分は一六三〇年代にアルスターから追放された牧師によって強化された」(Brooke : 27) と指摘しているのであるが、こうした過激な牧師を代表する人物がブレアとリヴィングストンの二人であったことも間違いないようである。

3　シックス・マイル・ウォーターのリバイバル

繰り返し言えば、アイルランド教会の教区において長老主義に傾倒する牧師が活動を許されていたプレスコパリアンな寛容な時代は、チャールズ一世の治世が年を重ね、カンタベリー大主教ウィリアム・ロードの教会政策を忠実に実行するウェントワースがアイルランド総督としてダブリンに赴任し、かれのチャプレインとしてジョン・ブラモールがデリー主教区の主教に着任するにおよび、にわかに終焉を迎えることになった[14]。かれらは国教化されていたイングランド教会の礼拝様式への同調を要求して従来の寛容政策を停止させ、カトリック的なサクラメントの復権を推奨し、アイルランド教会内部の非国教徒をはじめ、あらゆる種類のピューリタニズムの根絶に乗り出すようになった(Holmes, 2000a : 18)。

より大規模なウェントワースによる弾圧のクライマックスは一六三九年の「暗黒の誓約」(Black Oath) である。一六歳以上のアルスター在住のスコットランド系住民は国王への忠誠を誓わされ、後述のスコットランド「国民契約」に署名していた者は、それを破棄した旨を宣誓することが求められた。契約派に対する警戒心はカトリック教徒に増して強くなっていたのである。長老派の牧師の中には国教会へコンフォーム(帰順・同調)する者もいたが、誓約を拒否して投獄される者も少なくなく、ノン・コンフォーミストとされた長老派の牧師は職を失い、難を逃れてスコットランドに帰還する者も少なくなかった。

ところで、時間はやや前後するが、こうしたウェントワースの弾圧を招来させることになった遠因の一つとして、エドワード・ブライスやジョン・リッジが活動を始めた場所に近い南アントリムのシックス・マイル・ウォーター（Six Mile Water）という川に沿った地域で起こったリバイバル（信仰覚醒運動）の問題があった。アイルランド島をふくむイギリス諸島における最初のリバイバルと言われる、このリバイバルはスコットランド系入植者の間で一六二五年頃から一六三一年にかけて約六年間にわたり断続的に発生し、ほどなくスコットランドの南西部方面にも波及している。

自らの意思で海を越えてきた牧師たちは、大きな目標と熱心さをもって初期の入植者たちに蔓延していた無知、形式主義、不敬、冒瀆を払拭すべく努力したが、ほどなく、アントリム州南部の僻地に入植したスコットランド系の移住者の上に聖霊が働き、牧師たちの営みは目にみえる形で神の祝福を受けることになった（Bailie, 1976 : 7）。

アルスターのリバイバルは、エクセントリックで精神的に不安定であったと言われているスコットランド系の牧師ジェイムズ・グレンディニング（James Grendinning）の、旧約聖書の預言者を思わせるかのような、「地獄の責苦の炎」（Bailie, 1976 : 9）とか「神の法の恐怖を雷鳴のように轟かす」（Adair : 34）と形容される説教が発端となった。グレンディニングを純然たる長老派の牧師と断定することには留保する意見もあるが（Bailie, 1976 : 7）、かれもまたセント・アンドルーズ大学出身で当時のスコットランド教会に不満を抱いてアルスターに移住した牧師であった。当初、グレンディニングはイングランド系人口の多いキャリックファーガスで説教師（lecturer）として評判が高く、ブレアは、かれの説教を聴きにバンガーからベルファスト湾を渡って対岸のキャリックファーガスに出かけてみたが、その評判の良い説教は聖書の知識や聖句の引用などが杜撰かつ不正確であり、大変失望したようであった。グレンディニングと面談し、教養があり聖書の理解にも長けたピューリタンも少なくないキャリックファーガスよりも、むしろ活動の舞台を内陸部へ移した方がよいのではないか、と諭したとのことである（Bailie, 1976 : 7–8）。

ほどなくグレンディニングが落ち着いた場所はオールドストン（Oldstone）という村であった。アントリムの町に近いこの場所で「神は人間の良心を目覚めさせ、自分たちの罪に対する神の掟と怒りを教えさせるためにグレンディニングを用いた」（Lockington : 14）とされ、ふだんは教会に通わない人々を中心に、ある時は七、八〇〇人、ときには一〇〇〇人、さらにはそれ以上の人々が罪を悔い、神の赦しを求めてうめき、叫び、エクスタシー状態となって卒倒する情景が続いたという。アイルランド教会の信者やカトリック教徒も参加し、かれらの中にも回心し、改宗するものがあったという（Latimer : 32）。

神はしばしば自分の栄光を促進させるために弱い道具（weak instruments）を用いることがある。オールドストンのジェイムズ・グレンディニングの牧会に生起したことがそうであった。かれは、草創期のスコットランド系牧師集団の中で最も天分に恵まれない者であったが、長老教会の歴史を通じて最もすばらしいリバイバルの一つを生起させる道具となる働きをしたのである（Bailie, 1976 : 8）。

ブレアやリヴィングストンをはじめとして少なからぬ長老派の牧師がリバイバルに関与していたが、かれらはグレンディニングとは異なり、リバイバルに固有なヒステリックな情緒や心の発散の危険性を知っていたようである。もっぱら聴衆に恐怖心を植えつけ、かれらを不安に陥れるグレンディニングの説教は、「神の掟の恐ろしさで人々を目覚めさせることはできても、罪に苛まれている心に神の福音を適応することができなかった」（Lockington : 14）、

「人々の恐怖を解き放って、かれらの疑いを適切に処置できなかった」（Bailie, 1976 : 9）と評され、グレンディニングでは収拾できなくなったリバイバルの熱狂と興奮は、ブレア、リッジ、カニンガム、ハミルトンなど計六名の周辺の長老派の牧師が収拾に乗り出したと伝えられており（Brooke : 18）、結局、グレンディニング牧師はオールドストンを去ることとなり(15)、その後、前述のジョン・ノックスの孫ジョシアス・ウェルシュが、グレンディニングの教会を継承してリバイバルの沈静化に懸命に努力している。

この間、シックス・マイル・ウォーター地区の教会には数マイル離れた近辺から群衆が殺到するようになったが、リバイバルを体験して目覚めた人々は、そのまま、主の晩餐（聖餐式）に参加することを願った（Lockington : 15）。そのために、週末には多くの人々が野外で開かれる聖餐式に参加するようになったが、こうした動きはすでに一六二六年頃から、とくにジョン・リッジの努力によって、この地区に月一回の「アントリム集会」（Antrim Meeting）と呼ばれる、秘密集会（conventicle）にも似た非公認の組織運動へと発展するようになった。それはまた牧師たちが「木曜の夜から金曜の夜にかけて一堂に会し、神の御業《みわざ》を実践する」（Lockington : 15–16）ためにお互いに助言しあう場を提供し、そこには、やがて誕生する「長老会（中会）」（presbytery）の萌芽が認められるという意見も少なくない。

一九世紀の福音主義の台頭とともに、その淵源地は少し離れるが、同じアントリム州の内陸部を中心に、一八五九年、より大規模なリバイバルが起こることになるが、このアルスター最初のシックス・マイル・ウォーターの経験は、「最初ではないにせよ、同時期のスコットランドや植民地アメリカにもみられた初期のリバイバル運動の一つ」（Holmes, 2000a : 19）と考えられている。リバイバルに付随して発現する人々の痙攣や気絶、エクスタシー状態などの身体的変調について、アイルランド国教会の牧師などは、それをキリスト教の信仰とは無関係な「悪魔の仕業」ともみなして否定的に評価する向きも多かった。長老派の牧師や神学者の中にも同様の解釈をする者はいたが、ブレアやリヴィングストンをはじめとする牧師は、リバイバルをやはり「神の御業」として肯定的にとらえていたようである。

いずれにせよ、多数のスコットランド系の長老派の牧師がリバイバルに加担していた事実をアイルランド国教会は看過せず、その権威を否定しかねない深刻な脅威と受けとめるようになった。前述のように、ブレアやリヴィングストンが停職され、免職されるに至った理由の背景には、このようなリバイバルに関与したかれらの行動が問題とされたのであり、長老派などの非国教徒に対するウェントワースの弾圧を招来させる要因であったことは間違いない。

4　最初の長老会

ウェントワースは「スタフォード伯爵」という爵位を与えられてまもない一六四〇年四月、ロンドンの長期議会に呼び戻され、裁判を経て翌四一年一一月には反逆罪を宣告されロンドン塔で処刑された。ウェストミンスター神学者会議を招集したイングランドの長期議会は、第二次主教戦争でスコットランド軍に敗れたチャールズ一世が賠償金を捻出する目的で一六四〇年一一月から――中断期を除いて一六六〇年まで続く――始まったが、一六四一年一〇月には「アルスターの反乱」（カトリックの反乱）が勃発している。これは、アルスター植民によって土地を奪われたオールド・イングリッシュと土着アイルランド人の地主層が連携してプロテスタント支配体制の打破を目指して蜂起したものであり、(16)アルスター地方に入植したプロテスタントにとって自分たちが異教徒カトリックに囲まれているという「包囲の心理」を植えつけることになった最初の事件でもあった。多くの殺戮と残虐行為が行われたが、(17)プロテスタントとはいえ、アイルランドでは被支配層として迫害を受けてきた境遇にあり、またウェントワースの圧政下にスコットランドに避難していた者も多かった長老派の牧師や住民が受けた被害はアイルランド教会系の聖職者や信徒が受けた被害に比べると少なかった（Latimer : 48 ; Leith : 6）。

市民革命期を迎えようとしていたイングランドは混乱しており、アルスターの反乱が起こったとき、すでにイングランド議会と敵対するようになっていたチャールズ一世はスコットランドに滞在していた。議会は、国王がアイルランドの反乱者を利用するのではないかと疑心し、反乱制圧の軍を国王に委ねることをためらい、スコットランド議会との政治的かけひきが続いたが、「イングランド軍ではなくスコットランド軍をアイルランドに派遣することの利点の一つは、反乱に対する軍のコントロールをめぐる国王と議会の論争を避けることができる」（Stevenson：103）というイングランドの思惑もあって、最終的にはイングランド議会がスコットランド軍の戦費を賄うことに同意し（Holms, 2000a：27；Anderson：43）、ヨーロッパ大陸で三〇年戦争の戦歴を誇るロバート・モンロー将軍（Major-General Robert Munro）に率いられた約三〇〇〇人のスコットランド軍が、一六四二年四月一五日[18]にベルファスト北方のキャリックファーガスに上陸した。その後、八月三日までにスコットランド軍の兵力は、将校一一一九人、兵卒約一万人に増加し（Stevenson：72）、苦戦を強いられていたプロテスタント軍と合流してアルスター東北部の町や城からカトリック反乱軍を駆逐した。

それから約二カ月後の六月一〇日（金曜日）、このモンロー軍にスコットランドから同行してきた従軍牧師ら聖職者を中心に、場所は海岸に近い聖ニクラス教会とも、海に突き出たキャリックファーガス城の城内とも言われ、はっきり断定されていないようだが、そこで四つの連隊の各カーク・セッション（kirk session）から選出された四名の治会長老と五名の牧師[19]によってアイルランドで最初の長老会（プレスビテリ）が執り行われることになった。各部隊のチャプレインはスコットランド教会で叙任された牧師が主流を占め、各部隊の指揮官の多くが長老となったと言われている（Leith：7）。初期のアルスター長老会の見聞を記録にまとめた牧師パトリック・アデイアは次のように述べている。

キャリックファーガスに陣を敷くアーガイル（Argyle）、エグリントン（Eglinton）、グレンカーン（Glencairn）、ホーム（Home）の四つの連隊にカーク・セッション（kirk session）が設立され、各カーク・セッションから選出された四名の治会長老と五名の牧師が、おそらく聖ニクラス教会に会し、アルスターで、そしてアイルランドで最初の長老会（プレスビテリ）がスコットランド教会の教会規準にしたがって執り行われた。キャンベル連隊のチャプレイン、ジョン・バードが議長（Moderator）に選出され、詩篇五一章一八節「あなたのみこころにしたがってシオンに恵みを施し、エルサレムの城壁を築きなおしてください」によって説教し、エグリントン

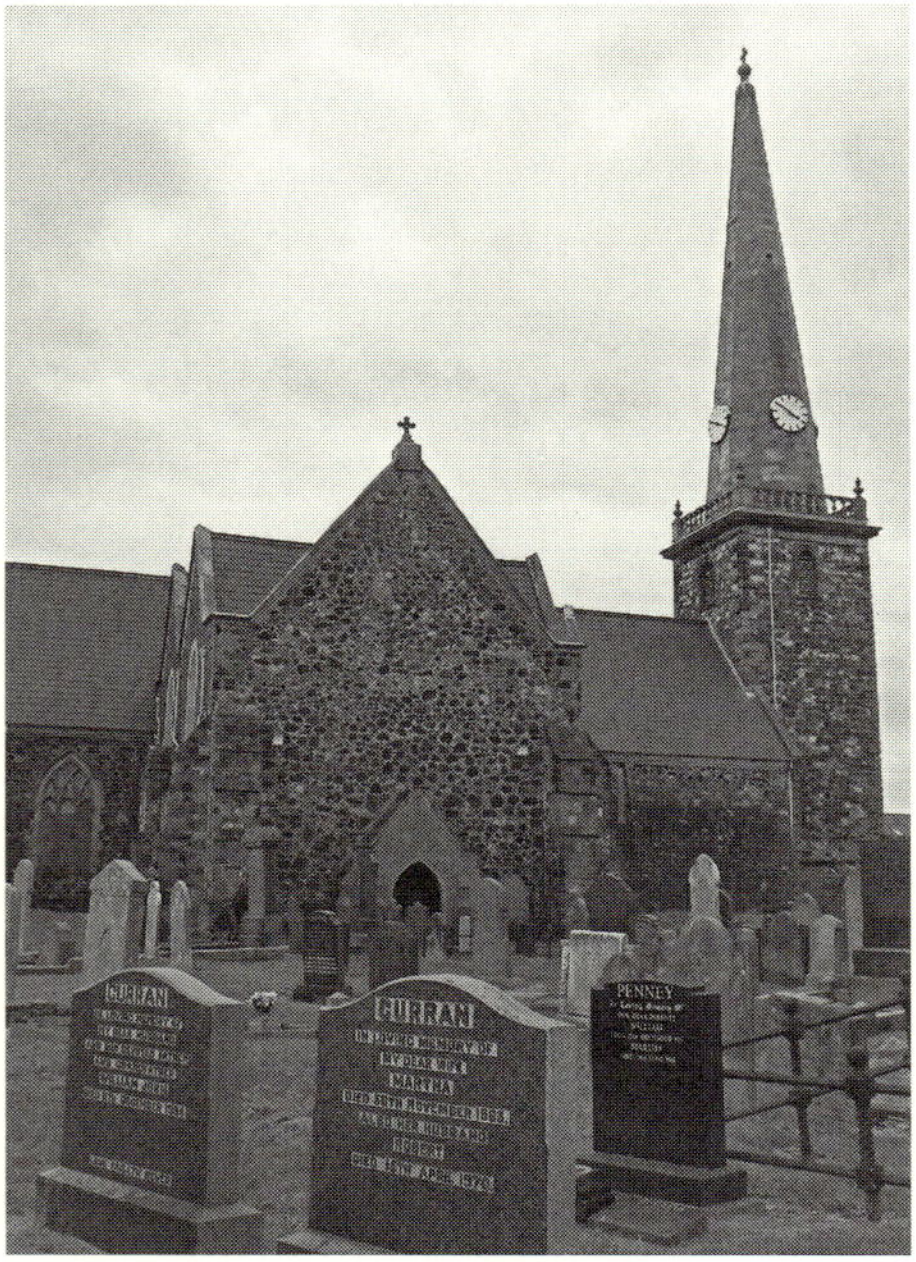

最初の長老会は聖ニクラス教会（上）で執り行われたという意見のほか、キャリックファーガス城（下）の城内で行われたという説もある。

部隊のチャプレイン、ヒュー・ピーブルスをクラーク（書記）に選び（Adair : 93）、アルスターで最初の教会らしき形が生まれた（Adair : 93–99）。

飯島啓二は「教会集会の四重の組織のうち、教会統治の点よりして最も重要なのはプレスビテリである。ヒエラルヒーの下部より二番目に位置するこのプレスビテリこそ、長老派教会の中核といっても過言ではない」（飯島、一九六二年、二四三頁）と指摘しているが、アルスター長老教会（アイルランド長老教会）は、この一六四二年六月のキャリックファーガスにおける長老会（プレスビテリ）の成立をもって公式の発祥の起点とみなしている。その後もしばらく、「アルスターにおけるスコットランド教会」という性格は色濃く残すことにはなるが、アルスター長老会の成立は、アルスター・スコッツにスコットランド教会とは別個のアイデンティティを準備させることになった。

この最初の長老会は、「アルスターのプレスビテリというより軍のプレスビテリ」（Holmes, 2000a : 27 ; Anderson : 43）と言われるように、もともとはプロテスタント軍の兵士の精神的生活を執り行う目的から発したわけであるが、兵士以外にも近辺の教区から一般の長老派の住民の参加が相次ぎ、また遠方に展開している軍のチャプレインも長老会のメンバーとなった。この時期アルスターの教会組織は瓦解しており、各地の会衆は説教のできる牧師を派遣するよう切望していたから、ここを拠点にアルスター各地の会衆へ牧師が派遣されるようになり、その結果、はやくも一六四二年にはダウン州とアントリム州の一五の会衆がカーク・セッションを誕生させており、同年六月には、さらなる牧師の派遣をセント・アンドルーズで開催中のスコットランド長老教会の教会総会に請願するまでになった。スコットランド教会も有能な牧師が不足していたが、アルスターからの請願は同情的に受けとめられ、六名の牧師を三カ月単位で各地を巡回させることになった。六名の牧師の中に、ロバート・ブレアと、ジェイムズ・ハミルトン、ジョン・マクレランド、ジョン・リヴィングストンなどがふくまれていたことは前述のとおりである。カトリック反乱軍はアルスター南部に布陣していたが、一六四三年末までには長老派の教会はしっかりとアルスターの地に根づくようになった。「暗黒の誓約」に署名した牧師や個人は、それを悔い改めることを公的に表明するまでは教会の聖餐への参加を認められなかった。[20]各会衆のカーク・セッションは地区法廷（local courts）としての役割を順調に果たすようになり、アルスター長老教会は、一六四七年までに、各部隊のチャプレインのほかに、三〇名の牧師を任職するまでになっている。

ちなみにモンロー軍のその後について付言しておけば、一六四二年八月にアレクサンダー・レスリー（レヴン伯）の軍が加わり一万人に増加し、アルスターの制圧を試みて転戦しているが、一六四六年六月、オーエン・ルー・オニール（Owen Roe O'neill）率いるカトリック軍にアルスター南部ティロン州ダンガノンに近いベンバーブ（Benburb）で交戦し、戦死者三〇〇〇人（カトリック軍は七〇人）を数える壊滅的な敗北を喫することになった。[21]その結果、その後はもっぱらスコットランド人入植者の多いアントリム州、ダウン州方面の防衛線の確保に専念することになった。勝利したオニールのカトリック軍がアルスターを北上することはなかったが、入植者のスコットランドへの逃避が相次ぐ中で長老派の人々はベンバーブの敗北を、神の名を汚し、このうえなく不道徳な行状を重ねていた契約派軍に対する神の罰であり、「神の鉄槌の一撃がスコットランド軍に下された」（Stewart, 1977 : 87）と考えたという。

注

（1）　一五三四年の「国王至上法」（Act of Supremacy）によってヘンリー八世はイングランド教会の唯一最高の首長となったが、二年後の一五三六年、アイルランド議会は同じ国王至上法を通過させてヘンリー八世を「アイルランド教会」の首長とした。

（2）　一六世紀のアイルランド南部マンスター地方への植民にはイングランド系長老派の牧師がマンスター入りしていたが、ここでも一七世紀の初めのアルスターと同様に、長老派の牧師（clergy）は「その叙任の正当性を何ら疑われることなくアイルランド教会の聖職（cures）を占めることが許された（Gillespie, 1995 : 11）。

（3）スコット・ピアソンの時期区分は以下のとおりである。（一）プレスコパリアン（Prescopalian）の時期（一六〇三―一六三〇年）、（二）ロード体制（Laudian）の時期（一六三〇―一六四〇年）、（三）戦闘的長老派（Militant Presbyterian）の時期（一六四二―一六四九年）、（四）共和政（Republican）の時期（一六四九―一六五三年）、（五）クロムウェル体制（Cromwellian）の時期（一六五四―一六六〇年）。

（4）アッシャー大主教と一〇四箇条からなる「アイルランド箇条」については、Gribben, Crawford, *The Irish Puritans: James Ussher and the Reformation of the Church* の三二―四八頁に詳しい。同書によると「アイルランド箇条」はイングランド教会の三八箇条のうち二八箇条を採用しているが、神の絶対主権、三位一体説、予定説、契約に関する神学などとともに、その八〇条においてローマ教皇を「罪の人」（反キリスト）と記している（Gribben : 47）。

（5）ロバート・ブレアは婚姻関係で他の牧師と関連する。ブレアの最初の妻ベアトリックス（Beatrix）は、後述するリヴィングストンの妻ジャネット（Janet）の姉にあたり、ブレアの二番目の妻キャサリン（Catherine）には二人の姉妹がおり、イザベル（Isabel）はホリウッドの牧師ロバート・カニンガム（Robert Cunningham）の妻となり、もう一人のマーガレット（Margaret）はキルリーのロバート・ハミルトン牧師の妻となっている（Kirkpatrick : 12）。

（6）ロラード運動とは一四世紀のジョン・ウィクリフ（John Wycliffe）の思想の影響を受けた一五―一六世紀の反カトリック教会の運動。ロラードと呼ばれた人々の「異端運動」の発生はイングランドが中心であるが、スコットランドではエアシャーだけにこの運動が頻発しており、それへの弾圧も起こっている。詳しくは浜林（一九八七年）の八一―九一頁を参照せよ。

（7）バンガーから数マイルのホリウッドはロバート・カニンガム牧師の教区であり、ブレアとカニンガムは終生の友情を維持し、交互に説教したり、一緒に祈禱したりしている。それぞれ聖餐式の回数は年四回で、付近の信徒は年八回のどちらかの聖餐に参加する可能性をもっていた（Lockington : 12）。

（8）アルスター入りする直前の当時二八歳のリヴィングストンは、一六三〇年六月二一日、ラナーク州のショッツ（Shotts）という町で、その土地の老齢で衰弱した牧師の代わりに最初の説教を行った。その説教は一時間半に及び五〇〇名を回心させたという。かれの雄弁な説教にまつわる伝説であろう（Holmes, 2000a : 20 ; Gribben : 57）。

(9)「イーグルウイング」という名は『出エジプト記』一九章四節「あなたがたは、わたしがエジプト人にした事と、あなたがたを鷲の翼に載せてわたしの所にこさせたことを見た」に由来している。

(10) ブレアには、かれの妻と生後まもない息子ウィリアムが同行した。かれらの冒険が失敗に終わり、キャリックファーガスに戻った日にウィリアムは亡くなった、と記している書物もある (Lockington : 21)。

(11) リヴィングストンの親友でブレアとも知り合いのスコットランド契約派革命の指導者の一人、サミュエル・ラザフォードは「二人がまた航海を企てるなら自分も一緒に行く。今の時代は、キリストとキリスト者がより祝福される土地に行くべき時代かもしれない」と述べている (Coffey : 44-45)。

(12) 一六三七年六月二三日、エディンバラの聖ジャイルズ教会 (St. Giles Cathedral) ではカトリック的な共通祈禱書の使用に対してプロテスタントが憤慨し、騒動に発展した。礼拝を中断させ、説教壇に椅子を投げつけるなどして混乱の火付け役となった女性はジャネット・ゲッディス (Janet Geddis) と言われているが、スコット・ピアソンによると、それは仮名であって彼女の本名はミセス・バーバラ・メイン (Mrs. Barbara Mein) であった。興味深いことに、メイン夫人の娘ベアトリックスはロバート・ブレアの最初の妻であり、彼女のもう一人の妹ミセス・ジョン・スティーヴンソン (Mrs. John Stevenson) の娘がジョン・リヴィングストンに嫁いでいる。したがってブレアとリヴィングストンは義理の兄弟となり、リヴィングストンの子どもをブレアが洗礼している。ちなみに、ベルファストのマローン地区にあったスティーヴンソン夫人の住居は一六五〇年代以降の苦難の時代に長老派の信徒が集まる集会所 (meeting-place) になっていた (Pearson, 1947 : 8)。

(13) スコットランドに戻ったブレアは一六三九年にセント・アンドルーズの教区牧師となっているが、その後、多くのセント・アンドルーズ卒業者がアルスターの長老主義を支援し拡大するためにアルスター入りするようになったのはブレアの影響力の大きさを物語っている (Pearson, 1948 : 9)。

(14) 神学的に言えば、ロード体制とはエリザベス女王期のイングランド教会が採用した「三九箇条」の中のカルヴァン主義の色濃い要素をアルミニウス主義 (Arminianism) によって変質させることを狙ったものである。国家と教会の関係には、世俗権力 (国王) が宗教権力 (大主教) に優位するエラストゥス主義 (Erastianism) が認定された。アイルランド教会もイングランド教会への同調が要求され、一六三四年には、「三九箇条」を援用しながらもよりカルヴァン主義的な傾向の濃い「アイルランド箇条」（一〇四箇条）が「三九箇条」に置きかえられた。なお、ブレアやリヴィングストンに対するエクリン主教の仕打ちを「アルミニウス主義による弾圧で復讐した」と指摘する意見もある（Gribben : 65）。

(15) グレンディング牧師は、「ヨハネの黙示録」に出てくるアジアの七つの教会を探しにアイルランドを去った、と伝えられているが（Gribben : 59）、一六四七年には、またスコットランドに現れ、翌年には「厳粛な同盟と契約」に署名している。しかしその後一六六二年になると、主教制を容認するように態度を豹変させている（Bailie, 1976 : 10）。

(16) 一六四一年の反乱の原因に関してはさまざまな議論がなされている。「土地を奪われた土着層が土地を取り戻そうとして反乱を起こした」という従来の説明に対して、（一）すでにアルスター植民から三〇年たったこの時期、反乱の指導者の中には植民によって相当の利益を得ていたものもいたこと、（二）一六二九—三三年にかけての不作もあって、ウエントワースの財政の引き締めは土着の土地所有層に土地を売らせる政策に走らせることになったが、その結果、アイルランド人の不満が鬱積していたこと、さらに、（三）ウエントワースがアイルランドの慣習や生活様式を無視してアイルランド人の離反を招いたこと、などの要因も検討されねばならない。そして「この蜂起はアイルランド政府の転覆を意図せず、土着のアイルランド人は、国政上の自分たちの地位と権利の回復を意図していた」（Kirkpatrick : 21）という主張も留意しておく必要がある。

(17) 殺戮された住民数は過去の研究では過大に考えられてきた。正確な数はわからないが、最年の調査は、約四〇〇〇人のプロテスタントが殺され、さらに八〇〇〇人が遺棄や飢餓のために死んだと推定されている（Kirkpatrick : 20）。

(18) モンロー軍は一〇個の連隊から成り、スコットランド長老教会の牧師がチャプレインとして同行していた。先述のジョン・リヴィングストンもスコットランド議会の要請を受け、三カ月間、モンロー軍にチャプレインとして従軍していた（Kirkpatrick : 23）。

(19) ここでの五名の牧師とは、ヒュー・カニンガム（グレンカーン連隊）、ジョン・バード（キャンベル連隊）、トーマス・ピーブル（エグリントン連隊）、ジョン・スコット（グレンカーン連隊）、ジョン・アード（ホーム連隊）であった。

(20) アルスターに戻ったロバート・ブレアは、誕生まもない長老会の運営に助言を与えたりして関与している。そこでの問題の一つは、一六三〇年代のロード体制下でアイルランド国教会にコンフォームしてしまった牧師の参加であったが、ロバート・ブレアなどの牧師には、そうした牧師に対する憎悪や復讐心はなく、かれらが公的に悔い改めれば牧師として受け入れた。ただ、かれらは招聘されて会衆の牧師に任職されるまでは、アルスター長老会のメンバーとなることはできなかった（Lockington : 25）。

(21)　モンローは自軍の戦死者の数を五、六〇〇人と過小に考えていたが、この数字は論外であろう。アイルランド側の主張は四〇〇〇人、イギリス人の推定は一八〇〇人から一九〇〇人であり、真実は、二〇〇〇人から三〇〇〇人といったあたりであろう（Stevenson : 232）。

第二章　アルスター「契約派」

1　「契約」という思想

一六四二年四月に、モンロー将軍に率いられたスコットランド軍がキャリックファーガスに上陸したとき、この軍隊はただ単に反乱の軍事的制圧を目的とするだけでなく、「神はこの軍隊をご自身の制定した制度に沿った教会統治をアイルランド——とくにその北部——にもたらし、契約を流布する道具とされていたことは確実であった」（Adair : 90 ; Gillespie, 1989 : 159）。まだ揺籃期にあったアルスター長老主義は、後述の「国民契約」を実現し、一六三〇年代末から約二〇年間にわたってスコットランド教会を支配しスコットランドの政治をも席巻していた「契約派」（covenanter）と呼ばれる牧師や貴族の意向を色濃く反映していた。この軍隊がしばしば契約軍と称される由縁である(1)。真のキリスト教とは神との「契約」に由来するものであり、神の意向にかなった教会統治の形態とは主教制と縁を切った長老教会のそれである。多くのスコットランド系住民は「契約派の軍隊が刃と聖書を手に教皇派を壊滅し、アルスターに真の宗教を樹立するためにやってくる」（Holmes, 1985 : 26）と期待もしていた。

「契約」（covenant）については序章の4でも触れているように、もともとは古代イスラエルの「神」と「神の民」との「契約」に由来する概念であろうが、以下のように、この概念には、スコットランドの歴史においてもう一つ別の展開があったことにも注目しておくべきであろう。すなわち、まだ議会や政府の力が弱かった一六世紀中葉のスコットランドにおいて、国王の権力に対抗して貴族や聖職者などが誓いを立てて、お互いに自分たちの財産と生命を防衛する、つまり「反抗の手段として相互援助を誓い合うバンド（band or bond）を結成する」（飯島、一九六九年、一五頁）という「パブリック・バンディング」の慣行がそれである。この慣行の中では、国王と臣民の関係は双方的な「契約」によるものであって、臣民は王位に対する敬意は怠らないが、国王が臣民の財産や安全を守るという義務を怠ったときは、臣民は国王の統治に拘束されない、という条件つきの特徴を有し、この伝統の中では、国王への忠誠と言えども無条件ではなかったのである。

一六世紀後半、宗教改革を達成した長老派のスコットランド教会は、この「バンディング」の慣行に神学的意味を注入し、宗教改革の成果を政治的に確定しようとした。国王には、改革された「真の宗教」を守ることが義務として追加されたのである。貴族、聖職者、市民たちは「契約」の文書に署名し、スコットランド宗教改革の成果を守り、国内外のローマ・カトリック勢力に対決して「真の宗教」（プロテスタンティズム）を防衛することを誓い合った。一五八〇―八一年の「国王の信条」――「否定信条」とも呼ばれる――は、国王がキリストとその福音を守り、国の自由と正義を執行し、邪悪を処罰するかぎり、臣民は自分の生命と身体をもって国王の人物と権威を守る旨が謳われていた。

S・A・バレルの論文を紹介している飯島啓二の見解(2)を参考にすれば、この従来の慣行の中に新しい神学概念が注入されたのは一五九〇年以降の数年間のことであり、「一五九六年の大きな危機の際に行われたパブリック・バンディングのうちに劇的に表明されることになった。教会総会が、法王教支持の貴族に反対するパブリック・バンディングを呼びかけた時、『契約』ということばが、この種の儀式を表現する用語として、スコットランド史で初めて使用されたのであった」（飯島、一九七〇年、一三頁）。このような「バンディング」から「カヴィナンティング」（covenanting）への変化を理論的に打ち出したのは新設のエディンバラ大学の名誉学長（Rector）ロバート・ロロック（Robert Rollock）であったとされ、彼がはじめてスコットランドにおける「契約」または「契約神学」（federal theology）を形づくったと言われている。

一六三七―三八年の契約派革命に先だって、すでにロロックの影響は浸透しており、さまざまな牧師の団体はスコットランドと神との特殊な関係に関する信仰を説き、「今や一五八一年の古い契約をアップトゥデイトにする試みが開始された」（飯島、一九六九年、一五頁）と言われるように、前世紀末のスコットランド宗教改革の際に、「暗々裡にあらわれている特別の意図と約束が実現する日の到来を確信して、これらの人々は熱心に神とスコットランドとの間の契約の確かさを説教した」（飯島、一九七〇年、一四頁）とされ、「国王に対する批判手段として神を援用し『われらと神との契約』を締結しよう」とする姿勢がうかがえると言われている（飯島、一九六九年、一二頁）。

一七世紀になって国王ジェイムズ一世の反長老主義の傾向、親カトリック的な主教制容認が表面化すると、多くの長老派の貴族や牧師は「真の宗教」（true religion）の維持を国王に要求して対決した。バンドの広範囲にわたる刷新が企てられ、パブリック・バンディングの慣行（契約）は国王に抵抗する教会の武器へと変質した（Miller, 1978a : 3）。神の前では国王も「契約」（カヴィナント）の一方の当事者にすぎない。カヴィナントは神、神の民（臣民）、国王という三者の契約とみなされるようになり、ジェイムズ一世やチャールズ一世は、改革された「真の宗教」を守り臣民に政治的自由を保障するという「契約」から逸脱したので、スコットランドのプロテスタントは「契約」を国王に想起させるために抵抗し、国王への忠誠を一時的に停止したのである。かれらの反逆の目的は国王を排除する――まして処刑する――ことではなく、あくまで国王に契約を遵守させることであった。神への「無条件の忠誠」とは対照的に「ときの君主」（temporary monarch）に対しては、君主が全能の神と「真の宗教」を擁護するかどうかによって、かれらは従順であったり反抗的であったりする。

ところで「神との契約」という自意識は、自分たちは神によって選ばれた「特別の民」であるといった意識を抱かせることにもなる。言うまでもないことだが、近代初期のヨーロッパのキリスト教徒にとって神は身近な存在であり、自然現象を起こし、この世の出来事にも積極的に関わっていると信じられていた。この種の選民意識は、自分たちが神の側にあり、キリストの再臨と反キリストに対する最後の闘いや至福千年王国が始まる「この世の終わり」に立ち会っているとの考えを抱かせ、たとえばスコットランド国民は、神に特別に選ばれて、この歴史の最後の時期において重要な役割を与えられている、といった終末論や黙示録的な考え方を呼び覚ますことにもなった。その国民だけが神に特別に選ばれている、といった「選民」という自己規定は、古代ユダヤのイスラエル人に発し、古今東西の多くの国民の中に見出せるものであろうが、[3] 一七世紀のスコットランドにあっても契約派と呼ばれる一部の過激な聖職者や貴族は、スコットランドがキリスト教の諸国民の中にあって独自性をもち、さらに「神的秩序のうちに特別の優位を占める」といった信仰も抱くようになってくる。ここでは、一六四三年六月のエディンバラでの議会のコンヴェンションに提出された「(第二) 勧告書」(The Remonstrance) のはじめの部分を論じている飯島教授から引用させていただこう (飯島、一九六七年、五四頁)。

主がスコットランド王国に対し、いかに大いなる事をなし給うか、それは主が地上の他のいかなる国民に対してもなし給わなかったところであると記して、スコットランドがイスラエルと並んで地上における「神の民」であるとの意識を暗示する。かかる選民意識は契約者運動を通じてスコッツの内に見出されるものであり、契約者運動の熱狂と十字軍意識と堅く結びついて、スコッツの国民意識の中枢に位するものとなる。

一六四〇年代の契約派革命を指導し、後述の「厳粛な同盟と契約」を起草することになる牧師のサミュエル・ラザフォード(4)にとってスコットランドは神と契約した国民、あるいはそれ以上の特別な存在であった。かれは一六三四年のある説教において、「イザヤ書」四九章冒頭の「海沿いの国々よ、わたしに聞け。遠いところのもろもろの民よ、耳を傾けよ」の「海沿いの国々」(isles)という語句に興奮する。キリストはこう言っているのだ。「聞け、スコットランドとイングランド、海のかなたに横たわる島国よ、わたしに聞け。そうすれば、あなたたちはわたしの国となり、わたしを相続するだろう」(Coffey : 228)。父なる神は子なるキリストに約束していた。「わたしはもろもろの国を嗣業としておまえに与え、地のはてまでもおまえの所有として与える」(「詩篇」第二篇八節)。これらは、すべてスコットランドを語っているのだ。ラザフォードは狂喜する(Coffey : 228)。

おお、スコットランドよ、神に感謝せよ。汝の名は聖書の中に記されている('Now O Scotland, God be thanked, thy name is in the Bible')。

ノックスのスコットランド宗教改革の成果に忠実なアルスター・プロテスタント(長老派)の中には、その後も自分たちが旧約聖書のイスラエルを継承する「神と契約した特別の民」という自意識を抱き続ける人々も少なくなかった。自分たちの歴史は、ローマ・カトリックという異教徒に囲まれた試練の物語にほかならない。一六四二年に、キャリックファーガスの最初の長老会で叙任された牧師パトリック・アデイアも、アルスターの長老派コミュニティをイスラエルの民になぞらえ、自分たちを「敵意を隠さない偶像崇拝のカナーン人に外側を囲まれ、同時に、自分たちの中の罪過ある人々によって内側からも脅かされている神の民である」と考えていた(Holmes, 2000a : 28)。

2　「厳粛な同盟と契約」

「契約」という概念は、神学的には「ウェストミンスター信仰告白」において「業の契約」(covenant of works)と「恵みの契約」(covenant of grace)という二つの対概念となって定式化され、英米圏における「契約神学」を形成することになる。[5]ここでの文脈に即して改めて「契約派」を定義しておけば、かれらは、次のスコットランドの二つの「契約」に忠実であろうとした長老派の人々ということになろう。すでに触れたところであるが、一つは、一六三八年二月の「国民契約」(National Covenant)であり、前年七月、エディンバラのセント・ジャイルズ教会で祈禱書の朗読に激昂して発生した民衆の騒乱に発し、それまでスコットランドの国政に大きな発言力を行使していた主教制が廃止され、代わって長老制が復活することになった。一六世紀の「国王の信条」を基礎にした「国民契約」は、当然のことながら国王への忠誠を謳っていたが、一七世紀になって国王チャールズ一世は国民契約の成立を反逆とみなし、一六三九年六月に「第一次主教戦争」が始まることになった。

もう一つの、アルスター長老主義の歴史にとってさらに重要な意味をもつことになる「契約」は「厳粛な同盟と契約」(Solemn League and Covenant)という契約である。これまたすでに序章で触れているが、改めてこの「契約」が成立するまでの経緯を言えば、一六四二年八月、国王軍と議会軍との開戦によってイングランドにピューリタン革命が勃発し、イングランド議会が各地で劣勢に立たされていた議会軍への軍事的援助をスコットランドに求めようとした際、スコットランドの議会と教会を支配していた契約派は、その条件として、スコットランドとイングランドの宗教の一致、とりわけスコットランド教会とイングランド教会の教義、礼拝様式、教会統治や規律などの面での一致を要求するようになった。それは、イングランド教会の主教制を廃止してスコットランド教会の長老主義を採用するよう要求したことにほかならないが、「厳粛な同盟と契約」と題された文書は、翌四三年八月、まず原案がイングランド議会から派遣された委員を交えてスコットランドで承認され、すぐさまロンドンで開催中の「ウェストミンスター神学者会議」（一六四三―四七年）に届けられ、スコットランド側がイングランド側の修正を受け入れる形で最終文書を批准することになった。(6) しばしば「スコットランドは宗教的契約の実行を求め、イングランドの側は政治的同盟を欲していた」と言われるように、当初から双方には思惑の違いがあったが、この「厳粛な同盟と契約」の締結に基づきスコットランドはイングランド議会の要請を受け入れ、スコットランド軍を南下させることになった。

スコットランド教会の牧師アレクサンダー・ヘンダースンと長老ウォリストンのジョンストンらが起草した文書は、序言と六つの部分から成っているが、一口に要約すれば、イングランド、スコットランド、アイルランドの三王国に、神の御言葉と改革された最良の教会の例にしたがって、一つの共通の教義、信仰告白、教会統治、礼拝様式、カテキズム（教理問答）といった宗教的統一を樹立し、こうした改革派の信仰の下に立憲君主制を持続させ、ローマ・カトリック教会の教皇主義者を一掃し、大主教、主教といった高位聖職制をもつ主教制をイングランド、スコットランド、アイルランドから根絶させることなどを宣言しているが（飯島、一九九五年、一八―一九頁）、それは、その後のスコットランドおよびアルスターの長老派の信仰上の、あるいは政治的なアイデンティティの典拠の一つともなったものである。長くなるが、松谷好明の訳出にしたがって要点を示しておこう（松谷、一九九二年、一八一―一八五頁）。

（一）われわれは、われわれの共通の敵どもに対して、教義、礼拝、規律、教会統治の点で、スコットランド教会の改革化された宗教を保持し、イングランドとアイルランドの両王国の宗教を、神の御言葉と最良の改革教会の模範にしたがって（according to the Word of God, and the example of the best reformed Churches）、教義、礼拝、規律、教会統治の点で改革することに、それぞれの場所と召命において、神の恵みにより、心から、真実に、絶えず努める。

（二）われわれは三つの王国において主は一つ、主の名は一つと言えるようにするために、教皇制（Popery）と、大主教（Archbishops）、主教（Bishops）、主教代理（Chancellors）、主教補佐（Commissaries）、主教座聖堂参事会長（Deans）などの位階制から成る高位聖職制（prelacy）を絶滅させ、また迷信、異端、分裂、冒瀆なども一掃するように努める。

（三）われわれは、議会の権利と特権ならびに三王国の自由を保持すると同時に、国王陛下の正統なる権限と威光を減じようとする考えも意図ももっていない。三王国の真の宗教と自由の保持にあたっては、国王陛下の御身と権威を擁護することにも、われわれのもてるものと全生命をあげて努める。

（四）われわれは、この同盟と契約に反して、民の間に徒党、党派をつくるなどして、これまで扇動者（incendiaries）、悪質分子（malignants）、邪悪な器（evil instruments）であり、これからもそうなりかねない者すべてを発見し、公的な裁判にかけ、適当な罰を加える。

（五）われわれは、ただ伏して、主がご自身の聖霊によってわれわれを強め、われわれの願いと歩みを祝福して成功させてくださるように、また反キリストの圧政（Anti-christian tyranny）のくびきの下にあり、あるいはその危険性の中にあってうめき苦しんでいる諸キリスト教会が、神の栄光とイエス・キリストの王国（kingdom of Jesus Christ）の拡大、キリスト教の王国や共和制（Christian kingdoms and commonwealths）の平和のため、同様の連合と契約（association and covenant）に加わるための励ましとなるように、切に祈るものである。

もともとはスコットランドとイングランド二国の契約であり、イングランドでは一八歳以上の者すべてに、スコットランドではすべての理解者（all of understanding）に署名が求められたが、最終文書では契約の対象がアイルランドをふくむように修正され（飯島、一九九五年、二一一頁）、アイルランドでも署名の準備が始まった。ジェイムズ・シートン・リードは当時の模様の一端を以下のように記している。

一六四三年一一月四日、誉れの高いオーエン・オコノリー（Owen O'Connolly）がアイルランド議会からアルスターに駐留するスコットランド軍の司令官のところに派遣され、アイルランド教会の目下の事情を報告し、かれらに、この契約（engagement）を結ぶ準備に入るように促した。アイルランドで対立してきた勢力の間には、かくも重大な変化が生じていたのであり、それを知ったアルスターのプロテスタントは、この報告を心からの喜びをもって受けとめ、イングランドとスコットランドにいる自分たちの兄弟たちと「厳粛な同盟と契約」に参加する機会を切望した（Reid, vol.I : 413）。

「国民契約」の場合も、契約派がスコットランド全土の掌握にのりだす過程で、その文書はアルスターにも届けられ、ウェントワースの弾圧下においても多くの長老派の住民が署名したと言われているが（Anderson : 40）[7]、「厳粛な同盟と契約」の場合もキャリックファーガスの地に長老会が成立した直後の一六四三年であり、翌四四年四月、アルスター長老会がモンロー軍の兵士の署名に同意すると（Adair : 103）、それに続いて多くのスコットランド系住民がこぞって署名するようになった。「暗黒の誓約」に同意した者は、それを放棄したことを宣言するまで「厳粛な同盟と契約」に署名を許されなかったが、まずキャリックファーガスでは四〇〇人の市民が「暗黒の誓約」の放棄を宣言して「契約」に署名し、兵士を除いたアルスター全体で当時のプロテスタント人口の半数に当たる約一万六〇〇〇人が署名した（Latimer : 53 ; Holmes, 1985 : 33）。生成期にあったアルスター長老派のコミュニティは、この「厳粛な同盟と契約」への署名によって、自分たちの意識とアイデンティティを確認し（Holmes, 2000a : 29）、スコットランドに由来

する「契約」という思想を継承することを決意したのである。(8)

アデイアの記述は、スコットランド教会の特命を受けて、この「厳粛な同盟と契約」の文書を携え、兵隊に守られながらアルスター各地を町から町へと説教しながら、アルスター・スコッツの入植者に署名を求めた四名のスコットランド人の牧師——なお、そのうちの二名の牧師、ジェイムズ・ハミルトンとジョン・ウエアは役目を終え、スコットランドに帰る途中、海上でアントリム伯のカトリック軍船に拿捕され、その後ウエアは投獄死している——の辛苦と奮闘ぶりを、その一人が残した日記によって詳細に描写している（Adair : 102–18)。かれらの署名活動は首尾よく運び、「アイルランド人でさえ、大いなる好意と誠実さをもって署名した」(Holmes, 2000a : 31）と言われ、もちろん、「場所によっては、教皇教徒は、特使がやって来ることを知ると、かれらが特別の力をもっているとの迷信から恐怖を抱き、契約派がその剣によって自分たちを根絶するためにやってきた、と信じ込んで逃げ去った」(Latimer : 53）と伝えられているが、この使節の活動に関して、さらに興味深いのはD・エイケンソンの分析であり、この特命を受けた牧師たちがアルスター各地で説教する際に、もっぱら「イザヤ書」、「詩篇」、「歴代誌」など「旧約聖書」を用い、「新約聖書」の箇所を用いた形跡がなかったことに注目し、次のように述べている（Akenson : 117)。

このことはけっして偶然ではないはずである。実際、「新約聖書」は、かれら長老派の牧師の置かれていた状況においては有益ではなかった。かれらは、契約を流布しようとしていたのであり、聖書を十分に知っている一群の人々から契約への支持を得ようとしていたのである。このような文脈においては、旧約聖書における契約の経験を引き合いに出すことの方が直接的かつ妥当であったばかりでなく、アブラハムの契約が「成就」したと言われる新約聖書を引き合いに出すことは、かれらにとって自滅的となりかねなかったはずである。もちろんかれらは、この事実を意識していたとは認めないかもしれないが、この牧師の使節団は……アルスターのスコットランド系入植者は新約より旧約の人々であることを認識していたがゆえに、古いテキストの方を採用したのである。

繰り返し言えば、アルスター地方のスコットランド系長老派のプロテスタントには、自分たちが旧約聖書のイスラエルを理念的に継承する「神の民」であり、「神と契約した選民」という自意識を抱く者もいた。かれらは自分たちの歴史と現状を旧約聖書になぞらえて解釈し、異教徒に囲まれたイスラエルとは、教皇教徒に囲まれた自分たちのことであり、アルスターという約束の地、周囲のカトリックという偶像崇拝の異教徒、厳格な神の法への服従、試練と救済のドラマ、予言者と黙示録的な解釈など、かれらは、旧約聖書に由来する契約の民という自己理解を共有する人々であった。

スコットランドでは名誉革命後に今日の長老教会としてのスコットランド教会が確立するが、一八世紀以降になると、「国民契約」と「厳粛な同盟と契約」という二つの「契約」について語られることはなくなり（Kidd：1148）、契約派革命時代を特徴づけていた「契約」の黙示録的、終末論的理解は失せ、「契約」（カヴィナント）はしだいに宗教的あるいは政治的な意味を消失させ、市民と政府の間の相互義務に関する「社会契約」（social contract）として一般化するようになる（MacIver：367）。しかし、これとは対照的にアルスターでは、この観念はその後もスコットランド系移住者コミュニティの中で維持され、その宗教的意味はその後も長らく政治の場に影響力を行使しつづけるのである。第Ⅲ部第九章2で論じるように、「アルスターの契約」と呼ばれる一九一二年の同名の「厳粛な同盟と契約」は世俗的文言によって書かれているが、「アイルランド自治」の問題の最中、アルスターのプロテスタントは、再び「契約」の神学的側面を再確認しつつ結集することになる。神への「無条件の忠誠」とは対照的に「ときの君主」（temporary monarch）に対しては、君主が全能の神と「真の宗教」を擁護するかどうかによって、かれらは従順であったり反抗的であったりする。

3　「抗議派」と「決議派」

一六四六年五月のネスビーの戦いに敗れたチャールズ一世はスコットランド軍へ投降するが、ほどなく国王の処遇をめぐって契約派の内部に対立が生じることになった。スコットランド議会と国王との間に「国王がイングランドに長老制を導入する代わりに国王に軍事援助を与える」（Holmes, 1985 : 34）という「約定」（Engagement）が翌四七年一二月に秘密裏に締結されていたことが発覚し、議会を中心に国王との提携を主張する「約定派」に対して、教会勢力を中心に反国王を掲げる「反約定派」が生まれ、一六四〇年代前半に「契約」を掲げて結集していた議会勢力と教会勢力の提携は早くも破綻をみせることになった。チャールズ一世は二つの契約文書に署名するのを拒んでいたから、「契約」の実現に固執する反約定派の教会勢力にとって「約定」は「契約」への裏切りと考えられたのである（Holmes, 1985 : 62）。

チャールズ一世は、結局イングランド軍の手に落ちて一六四九年一月三〇日にロンドンで処刑された。息子のチャールズがスコットランドに迎え入れられ、一六五一年一月、チャールズ二世として即位を宣言することになるが、この間、チャールズ親子は、アイルランドのカトリック勢力と提携するか、スコットランドのプロテスタント（長老派）と提携するかで逡巡しており、結局、息子のチャールズは、当時権力を握っていたスコットランドの長老派（契約派）に自分の将来を託すことになった。ただ、その際、スコットランドの長老派は国王がイングランドやアイルランドに長老主義を樹立することの確約を求め、イギリス全土に長老主義の樹立を保証する「契約王」（Covenanted King）を望んでいたから、チャールズは即位の代償として、父親の瑕疵を認め、不承不承、「国民契約」と「厳粛な同盟と契約」に同意・署名することになった。そして、チャールズ二世の署名が本心から発したものであるかどうかをめぐって契約派の牧師の中に「抗議派」(Remonstrants) と「決議派」(Resolutioners) という対立が生じた (Brooke : 41)。

抗議派――のちに抵抗派 (Protesters) とも呼ばれるようになる――の牧師層は、「教会内の過激派であり、そのプリミティヴな長老主義的純粋さは、チャールズ二世に対する憎悪によって平衡がとれていた」(飯島、一九六八年a、四一頁) とされ、かれの署名の真意を疑い、それが本心に発したものであることが判明するまでは、かれへの支持を留保すべきであるとしてスチュアート王家との妥協を排した立場である。一方、決議派の方は、両文書に署名したチャールズ二世の立場を諒として、かれを支持すべきであると主張した[9]。抗議派の牧師は一一三名と少数派であったが (Brooke : 42)、やがて「抗議派シノッド」(Protester's Synod) と呼ばれる分派シノッドを形成し、多数派を形成した「決議派シノッド」(Resolutioner Synod) から分離することになった。ただ、七五〇名を数えた決議派の牧師の内部も必ずしも一枚岩ではなく、ピーター・ブルックは、イアン・コーワン (Ian Cowan) らの研究に依拠して、純然たる決議派の数は六〇〇名程度であり、その残りの牧師の多くは、抗議派シノッドの樹立を分派行動とみなして非難しながらも、決議派の行動にも釈然としていない層であった、と指摘している (Brooke : 41–43)。

いずれにせよ、この決議派と抗議派という対立は、一六五〇年代のスコットランド長老教会の主要な対立であり、争点を変えながらも、しばらくスコットランド長老派の歴史に再燃する。そして「厳粛同盟や約定に対する信奉の念は徐々に薄れはしたにせよ、スコットランドにおける長老主義の存続と教会総会の復活を強く望んでいた」(飯島、一九六九年、一四頁) とされる決議派の側にも、やがてクロムウェルというエラストゥス主義的な統治者を認めるかどうかをめぐって亀裂が深まった。一方、「クロムウェルの軍事的占領によってのみ、一種の世俗的権威を持続しえたのであった」(飯島、一九六九年、一三頁) とされる抗議派の場合も、多数を占める決議派がスコットランド教会のエラストゥス主義的決着を受け入れようとすると、この派の牧師の中に、教会総会の決定の無効を宣言して武器をとって抵抗する構えをみせる勢力まで現れ、両派の対立はさらに深刻で複雑なものとなった。真の契約派を自称する抗議派は、「自分たちこそ受難を経験し、反ローマ教皇、反高位聖職主義、反エラストゥス主義、反宗派主義を貫いたがゆえに貧しく、傷つき、そして誤解された『スコットランドにおける真の長老教会』を継ぐものであり、分離したのは主流派の決議派の方であると考えたのである」(Holmes, 1985 : 62)。

ただ、両派の対立は、王政復古とともに主教制が復活する一六六〇年以降、長老派への弾圧が始まると、もはや表立った対立を装う余裕がなくなり、「抗議派は活動的な政治勢力というよりは一箇の分離教会（a secession church）のごとき存在」(飯島、一九六九年、一三頁）といった性格を強め、抗議派の主張にみられた契約の思想はのちのキャメロン派（Cameronian）に引き継がれることになった。[10] アルスターに目を転じると、一六五〇年代になって再建されたアルスター長老教会は、以上のようなスコットランド契約派の分裂がアルスターに波及しないよう心がけ、一六五四年の「バンガー令」(Act of Bangor）は、スコットランドからの若い牧師の任用に関しては、一応「厳粛な同盟と契約」への共感を要件とするほか（Adair : 213)、かれらの資質を細かく規定し、さらに決議派と抗議派の双方の推薦を条件とするような中庸（moderate）な牧師の任用を方針として打ち出している。この方針は、一部の牧師の間に、予言者とみなされて強烈な影響を与えたアレクサンダー・ペダン（Alexander Peden）のようなカリスマ的な伝道師がアルスター入りしても何とか貫かれたが、やがてアルスターにも契約の実現を志向してスコットランドのような妥協を拒むグループが誕生するようになった。実際、見かけは穏健な牧師であっても、「教会と国家との関係という点になると、むしろ頑固なまでに過激な見解の持ち主」(Brooke : 42）である場合も少なくなかったのである。一六六〇年代以降の時期になるが、ペダンの後継を自認してスコットランドとアルスターを行き来して活動した伝道師、デイヴィッド・ヒューストン（David Houston）の、こうしたグループへの影響は無視できないものがあった。[11]

ところで、スコットランドでは、この王位不在の時期、パトリック・ギレスピやリヴィングストンなど抗議派の過激な牧師はクロムウェル体制との同盟に走り、やがて契約派からも長老主義からも離れることになった。また王政復古後には、決議派の多くの牧師が当時のエピスコパルなスコットランド教会へコンフォームし、そして抗議派の一部はキャメロン主義に継承されはしたものの、もはや大きな影響力をもつことはなかった。ただ、アルスターをはじめアイルランドではアイルランド教会へのコンフォーミティは起こらず、契約派の長老主義はその後も隠然たる力を温存することになるのである。やや複雑な言い方になるが、ピーター・ブルックは次のように指摘している。「アルスター長老主義の利害を形成することになった中核的な部分は、主として、決議そのものに反対した決議派シノッドのメンバー、およびクロムウェル体制による決着に反対した抗議派シノッドのメンバー、この両者から成り立っていた」（Brooke：42）。先のバンガー令に対応するかのように、かれらは両派の亀裂を解消しようとする点では柔軟に構えていたが、その一方で、両派への強力な政治的な影響力の行使という点では原則に忠実な反抗的牧師が少なくなかったのである。

注

（1）「カヴィナント」に適当な訳語を得ないので「契約」という訳語を当てておく。この言葉をめぐってプロテスタントのキリスト教神学は難解な議論や論争があるはずであるが、本書は、それらの問題を扱うことはできない。

（2）S・A・バレル（Burrell, S.A.）の 'The Covenant Idea as a Revolutionary Symbol : Scotland, 1596–1637,' *Church History*, vol.27, no.4, 1958, pp.338–350. および 'The Apocalyptic Vision of Early Covenanters,' *The Scottish Historical Review*, vol. 8, no.135, pp.1–24. という二つの論文は示唆に富む議論を展開している。飯島啓二（一九七〇）が「前期契約派の契約概念」『明治学院論叢』第一五二号『一般教育科目特集』第三九号、一―三四頁で解説しているのは後者の論文である。

（3）「神と契約した選民」という神話の原型が、旧約聖書のヤハウェの神によるイスラエルの民の「選び」であることは間違いないが、「契約」という観念は、無傷なまま、近代にまで存続し、「選民」という観念とともに、世俗的なネイションの見方にも影響しており、「とりわけ一神教の伝統の中に生きる人々の間に、近代ナショナリズムに強力な運動力とモデルを与える」（Smith, 1999 : 331）ことで、現代の欧米世界にも影響を及ぼしているのである。

（4）ラザフォードについてはCoffey, John (1997) *Politics, Religion and the British Revolutions : The Mind of Samuel Rutherford*, Cambridge University Press. 邦文では次の論文がある。井藤早織（二〇〇四）「ピューリタン革命期のスコットランドと合同問題――聖職者サミュエル・ラザフォードの宗教思想――」『青山史学』第二二号、六五―八三頁。

（5）「ウェストミンスター信仰告白」は第七章「人間と神との契約について」で、「（神）が人間と結ばれた最初の契約は業《わざ》の契約であって、それによって、本人の完全な服従を条件として、アダムに、また彼においてその子孫たちに命が約束された」が、「人間は自分の堕落によって、自らを、この契約によっては命を得られないものにしてしまったので、主は、普通に恵みの契約と呼ばれる第二の契約を結ばれることをよしとされた。それによって、神は罪人に、命と救いを、イエス・キリストによって、価なしに提供し、彼らからは、救われるためにキリストへの信仰を要求し、そして命に定められたすべての人々が信じようとし、また信じることができるようにするために、聖霊を与える約束をされた」と記している（日本基督改革派教会大会出版委員会編、二八―二九頁）。

（6）「厳粛な同盟と契約」の締結に至るスコットランドとイングランドの詳しい駆け引きや交渉経過については松谷好明『ウェストミンスター神学者会議の成立』の一六六―一八〇頁を参照されたい。

（7）当時、多くのスコットランド系住民は契約派に共感をもち、スコットランドから何人かの牧師が「国民契約」への署名を求めてアルスターに来訪していた。アイルランド総督、ウェントワースはアイルランド軍九〇〇〇人の半数以上をアルスターに派遣して署名を阻止しようとした（Kirkpatrick : 19）。「国民契約」に署名していた者には、それを破棄する旨を宣誓することが求められた。スコットランド系の住民の中にはアルスターを離れ、スコットランドに帰還する者もあったようである。

（8）「厳粛な同盟と契約」は「アルスター植民」が進展中のアルスターにもたらされ、ピアソンによると「一六四四年、アルスターは契約派の土地となった」（Pearson, 1947 : 3）。

（9）「抗議派は契約だけを、決議派は契約も国王も支持していた」（Kilroy : 17）という言い方をすることもできる。

（10）　時期は前後するが、先述のロバート・ブレアは決議派シノッドに属し、ジョン・リヴィングストンは抗議派シノッドに属していたが、リヴィングストンはクロムウェル政府との妥協を模索することになった（飯島、一九六八年b、四二頁）。そして、このような契約派の分裂を和らげ、収拾しようとする努力が一六五〇年代には認められるようになり、二人が、ともに契約派の分裂解消に向けて努力していた、という意見もある（Brooke : 42）。

（11）　デイヴィッド・ヒューストンは、一六七〇年代からスコットランドとアルスターを行き来して活動している。アルスターではルート地方を中心に、場所を定めない不規則な巡回説教を展開して「契約」の実現を説いた。地元の長老会の組織とたびたび衝突して厄介者とみなされることも多かった。スコットランドでは、キャメロン派のリーダーとなったジェイムズ・レニィック（James Renwick）との連携を探ったようであるが、目立った結果とはならなかった。ヒューストンとアレクサンダー・ペダンについての文献は多くないが、キルロイの著作に記載がある（Kilroy : 111–118）。

第三章　「非国教徒」というアイデンティティ

1　クロムウェルの時代

時代は戻ることになるが、市民革命期以降のスコットランドとイングランドとの関係について大筋を整理しておこう。一六四八年七月のプレストンの戦いでクロムウェルのイングランド軍に敗退したのは、スコットランド軍の全部ではなく「分裂した王国の軍隊」（Holmes, 2000a：33）であった約定派の軍隊であり、敗北の結果、スコットランドでは反約定派の契約派が実権を掌握し、一時、反約定派を公職から一掃することに成功する。しかし、かれらもまた一六五〇年九月のダンバーの戦いでクロムウェルの軍門に下り、翌五一年九月には国王軍もウスターの戦いで敗れ、イギリス全土がクロムウェルの掌中に収められることになるが、決議派と抗議派が対立していたスコットランドで、この国王軍に参加して敗れたのは決議派の軍隊であった(1)。

「約定」をめぐる対立はアルスター駐留のスコットランド軍にも波及していたが、結局、ロバート・モンロー将軍の義理の息子ジョージ・モンローがチャールズ一世から軍費を受ける形でイングランドへ侵攻した約定派のスコットランド軍に合流することになり、イングランドに派遣された。しかし、この軍隊はプレストンの戦いに間に合わず、アルスターへの帰還もできないまま戦力を弱体化させ、ジョージ・モンローは、キャリックファーガスで、アルスターに進軍してきたジョージ・モンク（Colonel George Monck）のイングランド議会軍の手に落ちることになった。モンク軍はキャリックファーガス、ベルファスト、コーレインなどの要衝を抑え、アルスター西部のロンドンデリーもチャールズ・クート（Sir Charles Coote）の率いる同じ議会軍に占領されることになった。モンク司令官は、アルスター・スコッツの警戒心を解く目的もあって、リスバーンで開かれた長老会に出席し、かれらを支持する姿勢を示している（Holmes, 2000a : 33）。ちなみに、ジョージ・モンローはチャールズ二世によって、アイルランドに戻り、再びアルスターのスコットランド軍を率いることになるが、国王派のオーモンド公（Duke Ormonde）は、アルスター・スコッツの国王への忠誠を疑い、かれが任命していたモンゴメリーの軍隊とモンロー軍の対立が表面化することになった。アルスター長老会は、一六四九年七月のバンガーでの会合において、モンゴメリーの「契約」への無関心を非難し、長老派に国王支持の連合から撤退するよう呼びかけているが（Holmes, 2000a : 35）、翌八月にアイルランドに進軍してきたクロムウェル軍によって、アイルランドの政治的、軍事的な勢力図は一変してしまう。

要約すれば、イギリス市民革命期のアイルランドには、（一）オーエン・ルー・オニールに率いられたカトリックの過激派、（二）オーモンド公と連携したカトリック穏健派、（三）国王への忠誠派、（四）契約王の実現を目指す長老派、（五）モンク司令官を支持する共和派、といった五つの政治勢力があったが（Latimer : 59）、以下では（四）の長老派の動向に関連して論述することにしたい。

プレストンで約定派のスコットランド軍を打ち破ったクロムウェルは、一六四八年一二月のプライドのパージ（Pryde's Purge）によってイングランドの長老派を排除したランプ議会（Rump Parliament）の場で国王を反逆者と処断し、翌年一月に処刑した。アルスターの長老派はこの事態に驚愕し、翌月にはスコットランド議会に倣って国王の処刑に抗議している。抗議文の中で、クロムウェル政府の打ち出した、すべての宗教に対する寛容政策は、「厳粛な同盟と契約」が求めた長老主義に基づく三王国の宗教上の統一を覆すものであり、神の御《み》言葉に対する冒瀆であるとし、あらためて「契約」の履行を求めているが、抗議文は、ジョン・ミルトンによって「扇動的な誹謗文書」として口汚く一蹴されただけであった(2)。

ほどなくアイルランドに進軍してきたクロムウェル軍は、カトリック教徒に対する容赦のない殺戮をくりひろげてアイルランドを制圧した。「アイルランドはその歴史において初めて完全に征服されたのである」(Latimer : 61)。クロムウェルの政府は、一六五〇年に、「誓約令」(Engagement Oath)を発令し、公職に就く者にはコモンウェルスへの忠誠を要求したほか、「厳粛な同盟と契約」に署名していたスコットランドやアイルランドの長老派の牧師には、チャールズ二世を「偽王」として告発し、ジェイムズ王以来のスチュアート王家との関係を破棄するよう要求している。しかし、アルスターの長老派の牧師や信徒は、スコットランドと同様に、二つの契約文書に署名したチャールズを支持する勢力が多く、そのほとんどは、この誓約令を拒絶している。その結果、かれらは国王派とみなされ、スコットランドとの関係を絶つ目的もあって、一六五三年にはかれらをアイルランド南部のマンスター地方へ強制移住させようとする計画――実行されるには至らなかったが――も俎上にのぼり、公式には長老主義はアイルランドから姿を消したことになった(Stewart, 1977 : 90)。

ただ、チャールズ二世が国外に去ると、長老派に対する風当たりは弱まり、さらに五年間にわたるアイルランド総督ヘンリー・クロムウェルの下で、かれらをとりまく環境はむしろ大きく好転する。「厳粛な同盟と契約」は無視されたが、カトリック教徒を弾圧する一方でプロテスタントの諸セクトに対するクロムウェル政府の寛容政策は長老派にとっても不都合なものではなく、クロムウェル時代の末期になると、長老派の牧師に再び一〇分の一税の一部が支払われるようになった。長老主義そのものは公認されなかったにせよ、会衆もアルスター全域に誕生するようになり、牧師の会合も許されるようになった。

その結果、キャリックファーガスの最初の長老会も、一六五四年にアントリム(Antrim)、ダウン(Down)、ルート

(Route) の三つの地方の長老会に分化し、三年後の一六五七年にはルートの長老会からラッガン (Laggan) 地方が、同様に一六五九年にはティロン (Tyrone) 地方が独立し、五つの地方に長老会が誕生することになった (Holmes, 1985 : 38)。キャリックファーガスの最初の長老会は、これら五つの長老会を調整する働きを行うようになり、ここにはのちのシノッドの機能が認められるようになった。一六五〇年代の末期、五つの長老会を擁するアルスター長老教会は、八〇の信徒集会、七〇名の牧師、約一〇万人の信徒を擁するまでに発展したのである[3] (Latimer : 66 ; Leith : 8)。しかしながら、このような時代は長続きせず、またもや長老派の行き先には暗雲が立ち込めるようになる。

2　王政復古と長老派

一六五八年九月に護国卿クロムウェルが死去し、二年後の一六六〇年五月にはチャールズ二世が国王に復帰し王政復古となった。ブレダ宣言は宗教上の寛容さを謳い、またチャールズ二世はかつて「厳粛な同盟と契約」に署名していたこともあり、かれに対するアルスターの長老派の期待は少なからざるものがあった。しかし、すでに指摘したように、かれらの悲願である「契約」は一向に顧みられることがなかったばかりか、主教制を回復したアイルランド教会が支配するようになったダブリンの議会は、一六六一年、条令を発して、イングランド議会の決定を踏襲して「厳粛な同盟と契約」の文書を焼却することを命じ、アイルランドのすべての都市において、この措置がとられた (Adair : 254)。

要するに、王政復古は主教制を根幹とする国教会体制の復活を意味するものであった。アルスターでも、かつて「契約」に署名していた貴族層は即座に国教会にコンフォームするようになり、ほどなくイギリス全土においてピューリタンや長老派の牧師の摘発が起こるようになった。チャールズ二世の治世後期の非国教徒に対する容赦のない弾圧はスコットランドでは「殺戮の時代」（killing time）と形容されるが、それはアルスターの場合でも例外ではなく、非国教徒であるアルスター長老派には長く陰鬱な迫害の時代が続くことになる。

既述のように一六五〇年代の末期、アイルランドにはアルスターを中心に約一〇万人の長老派の住民と七〇名の牧師がいたが、スコットランド人同様、かれらは国王に反逆する恐れがある、という風聞もあり、一六六一年一月にアイルランドでもイングランド教会と同様の礼拝様式や聖礼典（サクラメント）を順守することが要求され、アイルランド教会においても初めてのことであるが、聖職者の地位を保持するには改めてエピスコパルな叙任を受けることが必要とされ（Latimer : 68）、長老会の開催を禁止する命令も下された。クロムウェルの時代、アルスターでは八名のイングランド教会系の主教が生き延び、主教制の復活とともに一二名以上の主教が復帰したが（Holmes, 1985 : 39）、その中には一六三〇年代に非国教徒に対する迫害を主導した長老派の宿敵、ジョン・ブラモールがアーマーの大主教（Primate）となって復帰し、国教会体制の再編に尽力する一方、ダウン・コナー・ドロモアの三主教区の主教に任じられたジェレミー・テイラー（Jeremy Taylor）と協力して長老派牧師の排除に乗り出した。牧師の点検が始まり、牧師が「長老主義の教会こそ神の命に適った教会である」などと述べると、テイラー主教は、そのような牧師の三六の教区を一夜にして空区とし、六一名の牧師が追放された。ただ、主教制にコンフォームした牧師は、わずか五名とも七名とも言われるにすぎなかった（Brooke : 46 ; Anderson : 49）。

国教会へのコンフォーミティを拒絶するプロテスタントの牧師に対する迫害はアルスターだけでなく、一六六二年にはイングランドと主教制が復活したスコットランド（第二エピスコパシー）でも同様の牧師の点検が起こり、イングランドではイングランド教会から聖職禄を受けていた聖職者の五分の一に当たる二〇〇〇名の牧師が排除され、スコットランドでも約四〇〇名が職を失ったとされている(4)（Anderson : 50）。ラティマーは「アルスターの長老派の被った災禍はスコットランドの場合に比べれば、まだ穏やかであった」（Latimer : 74）と述べているが、コンフォーミティ

出典：Adamson, p. 24.

契約派の野外礼拝

を拒絶して追放された牧師に限って言えば、その人数はともかく、その割合はアルスターにおいてかなり高かったことも間違いない(5)。

このような国教会に同調しない国教拒否者（Non-conformist）の排斥は長く続き、教会を追われ野外説教をする牧師も現れてきた。政府が警戒したのは、この種の秘密集会の増加の傾向であり、多数の群集を集め、しばしばエモーショナルな説教によって「契約」への回帰を説く野外説教師（field preachers）は極度に警戒されたのである。軍隊が動員されて解散させられ、ときにはより残酷な手段さえ用いられた。過酷な弾圧は、かえって国王の教会に対する権利をいっさい拒絶するような牧師を生むことになり、やがて一連の非国教徒の分派（Dissent）の設立を生み出すことにもなった（Anderson : 49-50）。

一六六二年一二月、ダブリンのアイルランド政府の庁舎を攻撃しようとした「ブラッドの謀略」（Blood's Plot）には、謀略に関与した者の中に、首謀者であった軍の指揮官トーマス・ブラッドの義理の兄弟に当たる長老派の牧師がおり、さらに数名の無実の牧師が関与を疑われて逮捕された。釈放の条件として国教会へコンフォームすることを要求されたが、かれらの多くは頑強にそれを拒んでいる。ラティマーは、このことがなければ、その後の長老派の立場はもっと改善されたはずであると述べているが（Latimer : 71）、ただ、一口に長老派の牧師と言っても、このような牧師ばかりでなく、「アルスター生え抜きの長老派の牧師の慎重な分別さとスコットランドから来住してきた長老派牧師の政府に挑戦する攻撃的な態度は好対照であった」（Anderson : 51）と指摘されるように、概して言えば、アルスターの長老派の牧師は、この不遇な時代をひたすら防御の姿勢で耐え忍んだ一面もあったようである。一六七九年六月の「ボスウェル・ブリッジ」（Bothwell Bridge）でのスコットランド契約派の蜂起事件に際しても、「アイルランドの長老派の聖職者は、よりラディカルなスコットランドの契約派とは異なって自分たちは穏健派であり、国王に対する忠誠を証明しようと躍起になり、さっそく一六七九年に続発したスコットランドの契約派の動乱とは無関係であろうとした」（Gillespie, 1989 : 165–166）。一六八〇年代のアントリムでは、牧師たちは、幼児の洗礼に際して「子どもたちが『厳粛な同盟と契約』を受け入れるようなキリスト教徒になることを願うようなことはない」（Gillespie, 1989 : 165–166）と言質を与えていた。

もっともアイルランド政府の側も、これ以上の過酷な手段で長老派の牧師を追いつめることはなく、アイルランド教会の抗議はあったが、スコットランドに難を逃れていた長老派の牧師のアルスター帰還も徐々に認められるようになってきた。もはや「契約に署名した国王をいただくナショナルな長老教会」という理想は失せ、アルスターが以前のスコットランドのような長老主義とならないことははっきりしていたが、教会の代わりに、粗末な説教台を据えた、オルガンもなく、祈禱と長い説教を中身とする簡素な礼拝用の集会所（meeting house）が各地に建てられるようになり（Anderson : 50–51）、来るべき時代を待ち続けるかのような雰囲気で時が過ぎていった。

「王政復古から名誉革命の時期は、アルスター長老派の歴史の中で、おそらく、特記すべき、かつ英雄的な時期である」（Brooke : 46）と言われるが、一方では、一連の抑制と自制もあってか、この不遇な時期に、一〇分の一税からの収入を絶たれていた長老派の牧師は思いがけず国の財政援助を受けることになった。一六七二年一〇月、国王チャールズ二世は自分の友人で、長老派に同情的なアーサー・フォーブス卿の進言もあって、アルスター長老会に牧師の給与として年間六〇〇ポンドを下賜することを宣言した。これが「国王の恩賜金」（Regium Donum）の始まりで、その額はしだいに増加し、アイルランド教会が非国教化される一八六九年まで続くことになるが（Anderson : 51）、この恩賜金の受領をめぐって長老派の内部に何度か論争が生じ、一部の契約派は一貫して受領を拒絶し続けることになった。(6)

すでにデイヴィッド・ヒューストンの名を挙げ、一七世紀後半の迫害の時代にあっても、「厳粛な同盟と契約」の実現を追求する伝道師がスコットランドとアルスターを往復しながら野外の説教活動をしていたことに触れたが、ヒューストンは、長老教会が国王の恩賜金を受領したことを非難し、アルスター長老教会の「契約」に対する煮え切らない態度をも糾弾して、アルスター各地の長老会と軋轢を生むようになっていた。アルスター長老教会が一六八〇年代スコットランドの「殺戮の時代」を横目に、つとめて「契約」文書に言及するのを控えていたこの時期、リチャード・キャメロン死後の契約派を自分が継承したかのような態度で、ヒューストンは「契約」の実現を訴えてアルスター農村部の村々を説教して回り、アルスター長老教会から活動停止の処分を受けたこともあった。「アイルランドにおけるスコットランド系長老派の中の契約派の運動はスコットランドからの巡回説教の伝道師（ministry of itinerant preachers）によって維持され育まれた」（Kilroy : 118）のであり、後述するように、かれの活動はやがてアルスターに「改革長老教会」を生むことにつながっていく。

さらに、この時期の重要な事例を紹介しておけば、国教会による長老派への過酷な妨害が続いていたアルスター西部のドニゴール地方で、この地方のラッガン長老会で一六八一年に叙任されたフランシス・マケミー（Francis Makemie）はアメリカに渡り、一八世紀初頭にはアルスター・スコッツの牧師らとともにフィラデルフィアにアメリカ最初の長老会を誕生させ、[7] アメリカ長老主義の父（Father of American Presbyterianism）と呼ばれることになった。一七一六年には四つの長老会と約一七名の牧師を擁するフィラデルフィア・シノッドが誕生している（Brooke : 100）。

3　デリーの包囲

チャールズ二世は一六八五年二月に歿し、王位は弟のジェイムズ二世に継がれた。一六八七年四月の「信教寛容令」（Declaration of Indulgence）は、カトリック教徒と同様、国教会拒否の長老派にも束の間の自由を与えることになった。しかし、ほどなく国王のカトリック信仰が明らかとなり、この法令の本来の狙いがカトリック教会の国教化であることがはっきりするに及び、アルスターの長老派は、自分たちを排斥してきたイングランドやアイルランドの国教会と連携して、オランダに嫁いだ国王の娘でプロテスタントのメアリーとその夫のオレンジ公ウィリアム（のちのウィリアム三世）を呼び寄せることに同調し、アイルランドを舞台とする二人の国王の戦いではプロテスタント軍に加担することになった。

一時フランスに逃れたものの、一六八九年三月に陣容を整えてアイルランドに上陸したジェイムズ二世のカトリック軍は、北上して四月にはプロテスタントの入植都市デリー（ロンドンデリー）の包囲を始めるようになった。その際、カトリック軍との妥協に走り、変装して逃亡しようとした裏切り者の市長ロバート・ランディ（Robert Lundy）を拘束し、一六八八年一二月一八日、一三名の徒弟職人（Apprentice Boys）が率先して市内を囲む城壁の門扉を閉めてプロテスタント住民の籠城が始まった。カトリック軍の講和の呼びかけに市内からは「降伏しない」（No Surrender）の声と一斉射撃が返ってきた。一六四一年のカトリックの反乱の記憶もまだ生々しく残っていたこともあって、粗末な武器で翌八九年四月一八日から一〇〇日余にわたり籠城し、七月二八日にデリーを流れるホイル川をさかのぼってきたプロテスタント軍の三隻の戦艦の到着によってデリーが解放されるまで、飢餓、負傷、疾病によって市内の人口三万人の約三分の一が死んだと伝えられている。

アイルランドのプロテスタント、とりわけアルスター地方のプロテスタントの歴史は、南のアイルランドのカトリックの多くのケルト神話などに比べてみるべきものが少ないのであるが、この「デリーの包囲」(Siege of Derry)と「解放」は、翌年のオレンジ公ウィリアム率いるプロテスタント軍の「ボイン川の戦い」における勝利とともに、かれらの数少ない、そして最も強力な神話となった。それは、アルスター・プロテスタントの全コミュニティに「けっして降伏しない」(No Surrender)というメンタリティを形成することになった。それは、かれらの歴史的アイデンティティの一部であり、自分たちを包囲するカトリックという異教徒から「神の民」が「約束の地」を防衛するという「神話」をともなって後世に伝えられた。その昔、カトリックの大軍に包囲されたロンドンデリーの町で自分たちの祖先は、神の「選民」であることに恥じず、飢餓に耐え、真の信仰の自由を守り抜いた、というわけである。アルスターの危機が叫ばれるとき、「デリー」「包囲」「徒弟職人」「ボイン川」「オレンジ」「自由」といった言葉とシンボルをともなって、この「神の民」の神話が甦る。(8)

「デリーの包囲」についての解釈はさまざまであり、言うまでもなくプロテスタントとカトリックでは異なるし、同じプロテスタントでも長老派とアイルランド教会の信者では異なる。ただ、自分たちの祖先が「デリーの包囲」に耐え、ボイン川の戦いに加勢したことが自分たちに自由をもたらしたという神話は、「自分たちが神によって選ばれており、特別の召命を担っている」といった類の神話とともに、それがプロテスタントのコミュニティの中で共有されるようになれば、宗派を超えて一人ひとりのプロテスタントのアルスターに対する愛着や忠誠心の源泉となる。そもそも神話は、多くの場合、贖罪・聖別・救済・復活・再生などの物語として、さまざまな社会学的言説を顕在化させる。それは、経験を序列化する方法であり、社会的道義の範囲や境界を定義する方法であり、口に合わない真実を隠す手段でもあり、過去、現在、未来を関連づけ、文化の発展や維持にも密接に関係している。[9]

ところで、城門を閉じて籠城を導いた一三名の徒弟職人のうち九名が長老派であったとか、市内に籠城したプロテスタントの大多数は長老派であったとかといった見解もあり、デリーの包囲と長老派との関連を強調するような見解もあるが（Long : 15）、そのような見解には無理があるかもしれない。実際、籠城中、市内にはアングリカンのアイルランド教会の牧師が一八人、長老派の牧師は八人おり、聖コロンバ教会ではアングリカンの礼拝は午前中、長老派の礼拝は午後、といったように行われていたという説もあり、長老派よりもアイルランド教会系のプロテスタントの方が多かったことは間違いないように思われるからである。

ただ、この「デリーの包囲」の場合にも、先述したスコットランド長老派の「契約」という考えに固有な「条件つきの忠誠」という考え方が垣間見られることに注意しておきたい。繰り返しになるが、この町が国王ジェイムズ二世のカトリック軍に包囲されたとき、市内のプロテスタント市民はカトリック軍の市内への進駐を拒否して国王の権威に挑戦し、国王への忠誠を中断した。国王ジェイムズ二世のカトリック軍の市内への進駐を拒否したわけで、アイルランド教会の主教は、国王の兵隊を拒絶するのは違法であると主張したが（Brewer and Higgins : 32）、デリーのプロテスタントは国王への忠誠を全面的に止めたわけではなく、カトリックの国王であっても、依然として自分たちの正当な国王であると考えていたのである（Cochrane : 66）。

われわれは防御を固めて城壁を死守し、いかなる教皇主義者（Papist）も市内に宿営することを許さない、と決議したところである。それは、われわれが、固く、また心の底から、われわれの主権者である国王陛下に対して、国王の指揮に対する些かの反乱の気持ちとか敵対心を扇動することなく、われわれの義務と忠誠を保持する決意の表れである。……神よ、国王陛下をまもりたまえ。

長老派だけでなく広くアルスター・プロテスタントは今なお「デリーの包囲」に自分たちのアイデンティティを投影しているかのようである。かれらの歴史観は、自分たちが悪意のある人間たちから終わることのない攻撃にさらされており、かれらと自分たちの関係には完全な終わりとか劇的な変化が訪れることはないのである（Brown, 1985 : 8）。このような自己理解は、第Ⅱ部と第Ⅲ部で論じる一九世紀後半以降の「アイルランド自治」に対するプロテスタントの行動の中に、イギリスに対する「条件つきの忠誠」という形で顕著に認められることになる。

4　アルスター・シノッドの成立

一六九〇年七月一日（旧暦では七月一二日）のボイン川の戦いを経てアイルランドにもプロテスタントの支配体制が実現するようになったが、スコットランドでは名誉革命が長老教会を国教（国定教会）に制定するという結果をもたらし、過去一三〇年間にわたり繰り返されてきた主教制と長老制の対立は決着をみることになった。しかし、同じことはアイルランドには起こらず、また長老主義が法的に認定されることを願っていたアルスター長老派の期待も、アイルランド教会系の人々が支配するダブリンのアイルランド議会の反対に遭って実らなかった。

ただ、ボイン川の戦いに先だって、オレンジ公ウィリアムは、長老派牧師の給与として国王の恩賜金を六〇〇ポンドから一二〇〇ポンドに増額して長老派の支持に報いている。そして、ボイン川の戦いの二日後、先述の五つの長老会から幾人かの牧師が集まり、一六六一年以来公式に開くことが許されなかったアルスター長老会が開催されている。この会合を土台に、一六九〇年九月二六日、ベルファストで、前述の五つの長老会から構成される「アルスター・シノッド」（Synod of Ulster）が誕生することになった。[10] このシノッドは、イギリス諸島における非国教徒のシノッド（dissenting synod）としては最初のものであり（Hempton and Hill：16）、アイルランド長老教会がさらに発展して一八四〇年に教会総会（general assembly）が誕生するまで、アルスターだけでなく広くアイルランド全域の長老派の母体として、アルスター地方の大多数の長老派の信徒から支持と忠誠を獲得することになる。アルスター長老派は名実ともにエピスコパリアンのアイルランド教会と並存する、アイルランドのプロテスタント・コミュニティの一方を担うまでに成長しようとしていたのである。

ウィリアム三世・メアリー二世の共同統治――一六九四年のメアリー二世の死後はウィリアム三世の単独統治――は、両者が「権利宣言」に署名して議会重視の姿勢を打ち出す一方で、王位を継承する国王は国教会（イングランド教会）の信徒と定めるなど、国教会の再編に着手するものであった。一六八九年九月の「寛容令」は、「カトリック、ユニテリアン、ユダヤ教以外の信仰の自由を認め、議会の議員を除く公職につくことを含めて、諸種の制約を解除した。しかし、非国教徒がこの恩典に浴するためには、国教会の慣習・礼拝形式・堅信礼・幼児洗礼を除いて、国王への忠誠の誓いと国教会の信条を承認しなければならず、集会所の開設には、主教または保安判事の許可が必要であったのである」（小嶋、一七二頁）。

このような国教会優先のプロテスタント支配体制であり、非国教徒の長老派の制約は続くことになる。新しい時代の到来の中で、宗教的な「一応の自由」を謳歌することになったアルスターにはスコットランドから来住する長老派の人々が飛躍的に増加するようになり、先に序章でも触れたように、一七世紀最後の一〇年間に起こったスコットランドからの移住は、この世紀を通じて前例のない規模であったことは間違いなく、[11] 当時、アントリム州キルロート教区に赴任していたアイルランド教会の牧師ジョナサン・スウィフトは「自分の教区の大半は長老派の住民で占められ、かれらは公然と国教会に反感を示している」といった趣旨の記録を残しているとのことである（Holmes, 2000a：50）。

さらには、一六九〇年から一七一五年の間では五万あるいはそれ以上のスコットランド人の家族がアルスターに来住した、といった見解もあり（Kirkpatrick：40）、スコットランド系長老派の増加と政治的発言力の増大を阻止しようとしてアイルランド国教会の警戒は大きくなった。

一七〇二年三月にウィリアム三世が死去し、ジェイムズ二世の娘でメアリー二世の妹に当たるアンが即位した。アン女王の治世下の一二年間、またもや長老派の人々には陰鬱な時代が訪れることになる。とくに一七〇四年の「審査法」（Test Act or Sacrament Act）の導入は、公職に就く者に国教会の儀礼にしたがった聖餐を受けることを条件に課すものであり、カトリック教徒とともに長老派の人々を苦しめることになった。その結果、子弟の学校教育は制限され、長老派の牧師の執りしきる結婚は非合法とされた。さらに、アン女王治世末期の一七一四年には、一時、アイルランド教会の意見を代弁するアイルランド議会の強硬な働きかけもあって国王の恩賜金の支給が停止される事態も起こっている。一六三〇年代の弾圧や王政復古後の迫害に比べればまだしも、アルスターの長老派は三度目の不遇な時代を経験することになった。

注

（1）　飯島啓二は、一九四九年以降のスコットランドの政治と軍事情勢について「スコットランドの諸党派は、一つずつ潰れ去った――政治家はプレストンにおいて、熱狂者はダンバーにおいて、ナショナリストはウスターにおいて」（飯島、一九六八年a、三八頁）と表現している。

（2）　アルスター長老会は、スコットランド長老教会の教会総会（General Assembly）とともに一六四九年二月一五日、「厳粛な同盟と契約」の執行を求める一方で、クロムウェル体制下での国王処刑を非難し、「宗教、法、自由に対する迫りくる脅威に関する必然的提言」という抗議文をイングランド議会に送ったが、ミルトンの反論は、この抗議文への返事であった。

(3) 五つの長老会を構成する会衆（信徒集会）の数は、アントリム長老会一二、ダウン長老会一六、ルート長老会一〇、ラッガン長老会一三、ティロン長老会八であり、計五九の会衆を擁していた（Kirkpatrick : 31）。

(4) イングランド長老派の父とも言われるリチャード・バクスター（Richard Baxter）の説では、その数はイングランドで一八〇〇名、スコットランドでは三〇〇名を数えたとされている（Brooke : 47）。

(5) この点に関してピーター・ブルックは次のように述べている。「アルスター長老派の教会は一六四〇年代に熱烈な動機をもって布教しようとした若い牧師によって樹立された戦闘的な長老主義によるものであったのに対し、スコットランド教会もイングランド教会も、ともに政治的理由から長老主義を自らに課した、もともとはエピスコパリアンの教会であった」（Brooke : 47）。

(6) Royalty Bounty とも呼ばれる「恩賜金」は長老派にとって批判や論争の尽きない問題であった。この制度は、一方において王室が違法状態にある牧師たちを支援することを意味し、他方、牧師たちには自分たちが王室に雇われていることを抗弁できなくさせることになった（Holmes, 2000a : 44）。

(7) フィラデルフィアにおける最初の長老会の正確な日時は「議事録の最初の二頁が失われてしまった」ので不明であるとのことであるが、一七〇六年の春であったのは間違いなく、マケミーはその長老会で議長に選出された（Barkley, 1981 : 18）。

(8) あらゆる困難を耐え忍んで解放されたデリーの出来事は、繰り返し語り継がれ、アルスター・プロテスタントの永続的な神話となった。「包囲」の意味は、圧政に対する「市民の自由と宗教の自由」の物語であり、危機の時代におけるプロテスタントの団結、威厳、規律、犠牲の物語であり、そして神に選ばれた少数者の救済と栄光の物語である。

(9) アルスター・プロテスタントのコミュニティがネイション（国民）に該当するかどうかは議論の余地があるが、アントニー・スミスによると、人間が自分のネイションに持続して抱いているアイデンティティや忠誠心は、経済的または政治的な言葉で説明しようとしても無理であり、「強力なシンボリズムと集合的な儀礼をともなった宗教、これのみが、そのようなアイデンティティを鼓舞することができる」（Smith, 2003 : preface, vii）とされている。そして、スミスは、このようなネイションを持続させる宗教的なものを「聖なる基盤」（sacred foundation）とも呼んでいるが、とりわけ注目しているのは「エスニックな選びの神話」(myth of ethnic election) あるいは「神の選びという神話」(myth of divine election)、つまり、「神の命によって自分たちは選ばれ、特別の使命や宿命 (special mission and destiny) を担っている」といった集合的信念なのである。「ナショナリズムという語は一九世紀のはじめにはめったに用いられず、英語に最初に登場したのは一八三六年のことであったが、それは、いくつか特定のネイションは神意によって選ばれているという教義をともなった神学的なものであったらしい」(Smith, 2001 : 5)。いずれにしても神話やシンボルはエスニック・コミュニティ(エトニ)の中核にあり、メンバーの間で「共有された神話やシンボル」はネイションに対する愛着や忠誠心の源泉となり、メンバーにアイデンティティを提供する。「しばしば神話は明示的に聖なるもの (the sacred) と関係し、儀礼的に表現され、文化の発展と維持とに密接に関係している」(Brewer and Higgins : 116) とされ、「エスニックな選びの神話」も、このような「聖なる基盤」を構成することは言うまでもない。

(10) フィル・キルロイは、ベルファストの長老派の信徒数は一六七〇年に人口の約三〇%であったが一七〇五年には七〇%にまで達していたと述べているが (Kilroy : 26)、もしかすると「ベルファストのプロテスタント人口の七〇%」と、誤ったのではないかと推測される。ただ、いずれにしてもベルファストが長老派の牙城であったことは言うまでもない。

(11) 一六九〇年代のスコットランドは天候不順による不作と飢餓状態に見舞われており、人口が二〇万人減少したという意見もある。この影響も無視できないが、カレンによると一六九〇年代のアルスターにおけるスコットランド系移住者数は約五万人という数字である (Cullen : 157)。またキャニーも、一七世紀の最後の三〇年間におけるスコットランド系来住人口は約六万と推定している (Canny : 63)。スモートらの推定もほぼ同様であり、まず、王政復古から一六八八年の名誉革命の時期に一万人のスコットランド系の住民がアルスターに移住したと考え、一六九〇年代については約四万人から七万人であったと、やや幅をもたせてカレンの推定を支持している (Smout *et al.* : 86–87)。

第Ⅱ部　分裂と統合の時代のアルスター長老教会

第四章 「古い光」と「新しい光」

1 「理性の時代」

一七一四年、王位はジョージ一世に継承されてハノーヴァー朝となると、アイルランドでも非国教徒の環境はさらに改善されるようになり、アルスター長老教会もその後の発展の土台を固めることになった[1]。信徒の集まりである会衆の数は一七〇八年にアイルランド全体で一三〇であったが、一七一六年には一四〇に増え、一一の長老会、一三〇名の牧師、約二〇万人の信徒をかかえるまでに成長している。前年のアイルランド議会の選挙ではアルスターから長老派の議員が当選し、一七一八年には、国王の恩賜金の下賜も再開され、その額も八〇〇ポンドに増額されるようになり——半分はアルスター・シノッドに、半分はアイルランド南部の各長老会に——、牧師の俸給も年額八ポンドから一一ポンドへ増額されることになった（Latimer : 143–146)。

一七〇四年の「審査法」が完全に撤廃されるには一七八〇年をまたねばならず、またアイルランド国教会への「一〇分の一税」の納税義務は残っており、さらに公職への道を閉ざされていたアイルランドの非国教徒の不満は大きかったが、それでもかれらに対する宗教上の制限が大きく緩和されたことは間違いなかった。ただ、前世紀末以来、畜牛、牛肉、ベーコンなどのイングランドへの輸出は禁止され、植民地への輸送にはイングランドの船舶を使わねばならないなどの制約が残り（Latimer : 72)、一七二〇年代に入ると農作物の価格下落と高い地代を嫌って借地農の多い長老派の中にはアメリカに移住を決意する者があとを絶たず、一七二八年の飢饉の影響もあって毎年六〇〇〇人規模の長老派の人々がアメリカに渡っている（Latimer : 155)。

ところで、「一七世紀の終わりまでに、イギリスおよびヨーロッパではリベラルで人間中心主義的な神学の台頭の前に古典的なカルヴァン主義は後退した」（Holmes, 2000a : 56）と言われ、「理性の時代」とか「啓蒙の時代」と形容される一八世紀の到来を前にして、名誉革命を経験したイングランドやスコットランドばかりでなくアイルランドでも、キリスト教についての聖職者の理解をめぐって多様な考え方が表明されるようになってくる。イギリスの宗教思想に大きな影響を及ぼしたジョン・ロック（John Locke）の『キリスト教の合理性』（*Reasonableness of Christianity*）が公刊されたのは一六九五年、翌年にはジョン・トーランド（John Toland）の『キリスト教は神秘的ではない』（*Christianity Not Mysterious*）という書物まで出版されている。とりわけ前者が、長老派をはじめとする非国教徒の思想や行動に与えた影響ははかりしれないものがあった。

自然科学の進歩は宗教の分野にまで進出し、人間の信仰という神秘的な領域を合理的に理解する態度の推奨は、「教義のうちで合理的な考察によって説明できる事柄だけを信じればよい」といったロック流の考え方を招来し、イングランド国教会の場合でも、その聖礼典のいくつかは正統なものとして残す一方で、宗教上の教義や礼拝様式などにはあまりこだわらずに、プロテスタント教会の幅広い統一を守っていこうとするリベラルな考え方が流布するようになってきた（浜林、一九八七年、一八一頁、山本通、二〇一〇年、一六八・一七八頁)。

「広教主義者」（Latitudinarians）と呼ばれる、このような考え方をもつ聖職者がイングランド教会の要職を占めるようになり、長老派、独立派、バプティストなど非国教徒に対する偏見や迫害も影をひそめるようになってきた。一部には、非国教徒であっても「聖書を否定しないかぎりはすべてキリスト教徒であって異端者ではなく、社会の秩序を乱さないかぎりは市民としての権利は保障されるべきである」といったロックの主張（浜林、一九八七年、一八三頁）への共感も広がってくる。それは、やがて、一部のプロテスタントの牧師や知識階級を「理神論」（Deism）、ソッツィーニ主義（Socinians）、ユニテリアン（Unitarians）といった過激な宗教思想に誘うことにもなるが（山本通、二〇一〇年、一七八頁）、それを暗示するかのように、イングランドやスコットランドと同様にアイルランドでも、イエス・キリストの神性や三位一体の教義に関係する神学上の論争が起こるようになってきた。二、三、そうした事例を紹介しておこう。(2)

(一) B・ホードリとバンガー論争

名誉革命後の一七世紀末から一八世紀にかけて、イングランド教会の牧師や教会関係者の間に国教会のあり方や牧師の地位と役割などに関して対立が表面化するようになってきた。一方は、非国教徒には従来どおりの方針で対峙し、国教会体制を厳格に保持すべきであると考え、もう一方は、非国教徒には一定の寛容さをもって対応し、より柔軟に国教会体制を保持していくことが望ましいと考える。前者は「高教会派」（High Church）、後者は「低教会派」（Low Church）と呼ばれ、政治的にはトーリー党とホイッグ党の主張の違いに対応しているが、一七一六年にウェールズ地方バンガー（Bangor）の主教となったベンジャミン・ホードリ（Benjamin Hoadly）は、後者の「低教会派」の立場に立って、国王の臨席した礼拝の場で、「キリストの王国および教会の本質」（The Nature of the Kingdom, or Church, of Christ）という題で説教している。(3)

名誉革命後に生まれた新しいイングランド国教会の体制を支持して「高教会派」を非難し、「われわれがローマ教会から分離したのと同様に、われわれと宗教的な確信の異なる人々が分離するのはかれらの義務でもある」（Sealy：34）として非国教徒に対する法的制約の撤廃を求めると同時に、「ヨハネによる福音書」（一八章三六節）のイエスの言葉、「私の国はこの世には属していない。もし、私の国がこの世に属していれば、わたしがユダヤ人に引き渡されないように、部下が戦ったことであろう。しかし、実際、私の国はこの世には属していない」に依拠して、キリストの王国（教会）の制裁、報酬、罰則などは完全に霊的（spiritual）なものであり、したがって、霊的な内面的信仰の世界に関する聖職者（clergymen）は世俗的な政府に関与する権利はなく、また逆に、為政者の側も純粋に宗教的な性格をもつ事柄で人を罰するような権利はもっていないと論じていた。それは、キリストを首長とする本当の教会はこの世のものではなく、この「キリストの王国」＝「見えない教会」に人間的な権威が介在する余地はないが、「見える教会」の礼拝様式や教会統治などの外面的行為に関しては世俗権力（国家）の手に委ねようとするエラストゥス主義（Erastian）の提唱にほかならなく、現存の「見える教会」を世俗権に完全に従属させることになりかねず、国教会制度そのものの根幹を揺るがせるものであったから、ホードリの説教が与えた衝撃は大きく、「この問題をめぐって五三名の論者により二〇〇篇以上の論文が発表される」（浜林、一九八七年、一九〇頁）というはなばなしい論争が展開されることになった。

ホードリはジョン・ロックの見解に共感して、真の信仰とは、いかなる権威や力による強制の結果であってはならず、世俗的な権威が、個人の宗教的信仰に賞罰を与えるような権利はない、という見解の持ち主であり、それは同時にまた、国教会へのコンフォーミティの圧力に抗する多くの非国教徒を勇気づけるものでもあった。アルスター生まれの長老派で道徳哲学者として著名なフランシス・ハチソンは、ダブリンに滞在していた一七一八年、スコットランドの友人宛に、アイルランドの長老派の情勢に関して「北の若い牧師の間には大いなるホードリ熱（Hoadly mania）が蔓延している」と書き送っている（Holmes, 1996 : 104）。

(二) ソルターズ・ホールの論争

一七一九年、イングランド南西部デヴォンシャのエクセターの長老派の集会組織でジェイムズ・パース（James Peirce）とジョセフ・ハレット（Joseph Hallet）という二人の長老派の牧師の見解がアリウス主義の容疑で問題にされた。その一人、ジェイムズ・パースは自分の信念に関して、キリストの位格は父なる神に従属すること、さらに、イングランド教会の「三九箇条」や「ウェストミンスター信仰告白の小問答」は、三位一体の教義に関して神の御言葉によって保障されている以上のことを述べている、と断じてはばからず（Sealy : 47）、かれらは、「ウェストミンスター信仰告白」への同意・署名を拒否し、エクセター長老派の集会からアリウス主義者の容疑で譴責処分を受けることになった。

エクセターの長老派は分裂するが、この騒動はロンドンに飛び火し、舞台を非国教徒の牧師たちの集会所であるソルターズ・ホール（Salters' Hall）に移し、白熱した論争が展開されるようになった。このホールでの論争に参加した約一五〇名の牧師の大まかな内訳は、八〇名が長老派、四〇名が独立派・会衆派（Independent / Congregational）、三〇名がバプティストと言われており、独立派・会衆派の多いトーマス・ブラッドベリー（Thomas Bradbury）率いる保守派はウェストミンスター信仰告白への署名に賛成、ジョン・シュット・バリントン（John Shute Barrington）率いる長老派中心のグループは、不必要な強制を課すものとして署名に反対で、非国教派の牧師も署名派、反署名派、中立派に分かれた。一七二〇年二月二四日、ブラッドベリーのグループが三位一体を宣言するよう要求して採決が行われ、五七対五三の僅差で否決された。この結果を受けて、ブラッドベリーの署名派は非国教徒の組織から離れ、ソルターズ・ホールの会議は分裂を招くことになった。

会議の当初、署名反対派の中でも明らかなアリウス主義者と目される牧師は二名、疑わしきは四名程度であり、署名派・反署名派のどちらの側も、多くは三位一体の教義とキリストの神性を信奉していた。実際、一七三〇年当時になっても、ロンドンの四四名の長老派の牧師に関して、半数はリベラルな傾向をもっていたが、一方では一九名が自称カルヴァン主義を名乗っていた。ただ、ソルターズ・ホール会議を経て、多くの長老派、独立派の牧師が、ごく普通に、何らかの形でアリウス主義の影響を受けるようになり、一八世紀も中頃を迎えると、アリウス主義は確実に広まり、一八世紀末には、ユニテリアニズム（Unitarianism）へと脱皮するようになった。ニュー・イングランド（アメリカ）のコットン・マザーは、一七一九年、ブラッドベリーへの書簡で、アメリカの同胞はイングランドのアリウス主義への過失を嘆いている、と書き送っている。

(三) トーマス・イムリンの事件

この事件は一七〇三年に起こっており、前記の二つの論争などよりも先のことである。ダブリンのウッドストリート（Wood Street）の集会所（教会）は、アイルランドでも有数の非国教徒の会衆組織として有名であった。一六八三年以降、イングランド長老派の指導者、リチャード・バクスター（Richard Baxter）の薫陶を受けたジョセフ・ボイス（Joseph Boyse）が長らく牧会してきたが、かれの助手を務める準牧師（associate minister）のトーマス・イムリン（Thomas Emlyn）の説教の内容が問題となった。その「イエス・キリストの聖書的解明への私論」（Humble Inquiry into the Scripture Account of Jesus Christ）の真意を問われたイムリンは、率直に、「イエス・キリストの父なる神（the God and Father of Jesus Christ）だけが唯一絶対の神であり、その優位性と権威において神はキリストに優位する」と述べ、キリストの神性を懐疑視し、父、子、聖霊の「三位一体説」に疑問をもっていることを告白した。かれの周囲の友人の中にはソッツィーニ主義者（Socinian）などもおり、かれがアリウス主義に共感していることは明白であった。もとより聖書の中には三位一体に関する記述はないが、当時、三位一体説を否定するアリウス主義を唱道することは異端であり、神への冒瀆に該当し、イムリンは、説教を禁止されたばかりか、アリウス主義者の容疑で逮捕されてしまう。

かれは三位一体の教義を拒否して牢獄に入れられた最後の非国教徒であった。

イングランド教会内部の低教会派の牧師などはイムリン事件に衝撃を受け、ロンドンなどではイムリン牧師に対する同情も広まった模様である。当時はロンドンにいたベンジャミン・ホードリもその一人で、このイムリンの事件がバンガー論争の背景となった可能性も否定できないところである。ただ、この事件は、「異端者」に対する警戒を喚起する結果をもたらし、アルスターでは、アルスター・シノッドに教会統治と牧師たちへの規律強化に向けて、牧師や牧師補にウェストミンスター信仰告白への誓約（同意・署名）を義務づける必要を痛感させることになった（Sealy : 110）。しかし、それがアルスター長老教会の内部に大きな亀裂を生むことになることは次にみるとおりである。アルスターでの問題の主人公ジョン・アバーナシは、イムリン事件の最中、ダブリンに滞在してウッドストリート教会で説教している。イムリンの後任としてこの教会への赴任を打診されたとのことである。

2　ジョン・アバーナシと第一次署名論争

アルスター・シノッドが牧師たちにウェストミンスター信仰告白への誓約（同意・署名）を課すようになった一七〇五年、ベルファストの一角に「ベルファスト研究会」（Belfast Society）という組織が誕生している。この会のメンバーの一人ジェイムズ・カークパトリック（James Kirkpatrick）によると、長老派の牧師だけではなく、プロテスタントの宗派を超えた非国教徒の牧師、牧師補、神学校の学生などが集まったヴォランタリーな組織であり、聖書研究、書物の交換輪読や論評、さらに各自の説教の内容や神学思想などを語り合う月一回程度の会合であり、キリスト者の統一、分派形成、良心や個人の判断の権利、キリストの王国、教会規律などの問題が広く語り合われたが、そこにはロック、ホードリ、ハチソンなどの影響を垣間見ることができるという（Sealy : 113）。

ジョン・アバーナシ

この「ベルファスト研究会」の主宰者はアントリム長老会所属の若い牧師ジョン・アバーナシ（John Abernethy）であった。一六八〇年に生まれ、ウィリアム戦争後、グラスゴー大学に学ぶようになり、のちに同大学の神学教授となりながらアリウスの異端説を教えていると糾弾されるジョン・シムソン（John Simson）などと交友を結ぶようになる。当初は薬学の勉強をしたかったようだが、両親の勧めもあって、より本格的な神学の研究を求めてエディンバラ大学に進学している。一七〇二年一月にルート地方の長老会（Route Presbytery）から暫定的に説教資格を与えられ、同年三月には正式の説教者となっている。翌一七〇三年にはアントリム長老会で叙任され、その後かれを異動させようとするシノッドの働きもあったが、この長老会の牧師を二七年間務めることになった[4]。このような略歴の人物で、よく馬にゆられながら近辺のネー湖（Lough Neagh）の湖畔をめぐり、周辺のアイルランド人との交流に多くの時間を費やしていたと伝えられている（Barlow : 401–403）。

アバーナシも当時のアイルランドの牧師たちと同様に、サミュエル・クラークの『三位一体についての聖書の教説』（*Scripture Doctrine of the Trinity*, 1712）の影響を受け、ロックやハチソンの著作に親しんでいたことも間違いない。またアバーナシはホードリの「キリストの王国と教会の性質」のコピーを入手しており、アバーナシをはじめ「ベルファスト研究会」のメンバーも「バンガー論争」の一端として公刊されていたホードリの説教や文献を熱心に読んでいた（Sealy : 116）。

神学的にはカルヴァンの「予定説」には賛成できず、アルミニウス主義に近い立場を標榜しているが、とくに「原罪を背負った人間は、自分自身の力では回心することもない」といった「全面的堕落」の教説には馴染めなかったようである（Holmes, 1996 : 101）。もちろんアバーナシは、かりにアルミニウス主義者であっても、アリウス主義者ではなく、三位一体の教説にも反対していない。ただ、人間には神の意思を知りうる理性（natural reason）や能力があることを強調し、そうした知識を人間の救済に向けて活用することもできると考えている。こうした主張が「神のみがその恵みによって人間を泥沼から救う」というカルヴァンの思想や「ウェストミンスター信仰告白」の規定と対立することは疑いなかった。[6]

アバーナシは、一七一九年一二月九日に「ベルファスト研究会」で行った自分の説教を「個人的確信に立脚した宗教的従順」（Religious Obedience Founded on Personal Persuasion）というタイトルで公表している。そこにおいて、「ローマの信徒への手紙」の中の「また、ある人は、この日がかの日よりも大事であると考え、ほかの人はどの日も同じだと考える。各自はそれぞれの心の中で、確信を持っておるべきである」（一四章五節）を典拠にして、キリスト者の信仰は、教会の権威（ecclesiastical authority）によって強制されるべきではなく、良心の自由に基づく個人的な確信に委ねられるべきであると説いていた。アバーナシ自身、このパウロの言葉が、キリストの前での人間の無私無欲（indifference）についてであり、キリスト教の重要概念ではないことを知っていたが（Barlow : 404）、この「確信」（persuasion）は論争の中で大きくクローズアップすることになった。論点は以下のとおり（Reid, vol. Ⅲ : 117）。

何が真理で、何が正しいのかに関する個々人の確信こそ、その人の信仰と行動の唯一の基準である。個人が熟慮を重ね偏見のない考察によって真理であると確信しているかぎり、それが誤謬とわかってもそれは責められるべきではないのである。つまり、あまり本質的ではない部分に関して、それが教会の判断からすれば明らかに誤りであっても、それゆえに、自分自身の確信にしたがって歩んでいるキリスト者を排除するようなことは、その最も高い程度において、正当でもなければ聖典に由来するものでもないのである——そして、すべての教義は、人間の理性と誠実さは人間ごとに異なることを許しているという点で本質的なものではないのである。

この論文は波紋を投げかけ、さっそく五〇を越えるパンフレット類が公表されるなど、その後七年間にわたって、個人の信仰をテストする手段として教義や信仰告白への同意・署名することの是非をめぐって論争が続くことになった。アバーナシをはじめとする「ベルファスト研究会」のメンバーは、自分たちの見解がアリウス主義（Arianism）の神学とは関係なく、また三位一体を否定するものではないと、その容疑を強く否定していたが(7)、それとは別に、「聖書が何を教えているか自分自身で判断する個人の権利に対して教会の見解が取って代わるべきではない」（袴田、四二頁）との観点から、さらに信仰箇条や信仰告白の類は、かりにその内容が正しく素晴らしいものであっても、「人間の創作になる信仰告白」（man-made confessions）であることは間違いなく、いかなる意味でも、聖書の言葉に代わるものでない以上、キリスト者の信仰や教義の正統性をテストするものであってはならない、と確信するようになっていたのである（Stewart, 1977 : 98）。「人間に備わった道徳的自立性ということが神と人間の関係についてのアバーナシの理解の中核を占めていた。人間の救済は信仰告白の箇条への同調ではなく、聖書の精査によって得られる合理的確信、つまり証拠と周到な推論に基づいた同意（Assent formed upon Evidence and Attentive Reasoning）によってなされる」（McBride, 1998a : 51）とも指摘されている。

一六四二年にキャリックファーガスで誕生した最初の長老会に集まった牧師たちは、ノックスらが創作した一五六〇年の「スコットランド信仰告白」を受け入れ、それに同意・署名していたが、その後は、教義や信仰告白をめぐる問題は表立った議論として争われることはなかった。ところが、一六九〇年にアルスター・シノッドが成立すると、アルスター長老教会は、スコットランド教会の例にしたがい、一六四三年の「ウェストミンスター信仰告白」

を公式の教義に採用し、さらに教会規律と教会統治を徹底させる必要もあって、一六九八年から、若い聖職候補者に説教の免許を与えるについては、この信仰告白に同意・署名して誓約する義務を課するようになった。

必ずしも当時のアルスター長老教会に対応していないかもしれないが、袴田康裕によれば、スコットランド教会における牧師の任職誓約の言葉は、「あなたは、私たちの教会の信仰基準を、聖書の真理を体系的に示すものとして誠実に受け入れますか」とか、「あなたは、この信仰告白に含まれる教理全体が……神の言葉にもとづくことを心から認め、信じますか。あなたはそれをあなたの信仰の告白として承認しますか。またあなたは、それをつねに堅持し、あなたの力のおよぶかぎりそれを主張し、支持し、擁護しますか」とかいった言葉である(8)（袴田、一四頁）。一六七二年にアルスターで最初に誓約を課したと言われているラッガン長老会（Laggan Presbytery）の場合は口頭での誓約であったが、やがて誓約は同意して署名するのが一般的となってきたのである。

この同意・署名の是非をめぐって、すでにシノッド内部には異論も生まれていたところであったが、アバーナシの見解に戻れば、そもそもシノッドに各長老会を服従させる権威があるのかどうか、シノッドなり長老会にはそのメンバーを服従させる権利があるのかどうか、という長老教会の統治や規律の問題に関連して、再び、「信仰告白」への誓約の義務が神学的に問われることになった。既述のようにダブリンではトーマス・イムリンの事件が起こっており、かれの見解がアリウス主義として処断されていたこともあり、アバーナシらが否定しようとも、「信仰告白」への同意・署名を拒否する「ベルファスト研究会」の牧師たちの言動に、かれらがキリストの神性を否定する異端説に傾いていると疑う向きがあったようである。

一七二〇年六月、一一五名の牧師と八六名の長老が出席してベルファストで開催されたアルスター・シノッドは、この問題について「和解令」（Pacific Act）と呼ばれる条令を制定している。その内容は、「説教の候補者や叙任の候補者が信仰告白に同意・署名すべきことは譲れないものの、かれらが信仰告白の記述の中に疑問を感じるような箇所がある場合は、その箇所に関して各自が自分の信仰を明らかにし、その見解が当該長老会によって正統であり健全であると同意されることが必要である」といった趣旨であり（Latimer：148）、このような妥協によって問題を解決しようとしたのである。しかし、このような提案も、署名の拒否を貫く牧師を満足させるには至らず、さっそく、のちにアリウス主義者として糾弾されるサミュエル・ハリディ[9]（Samuel Hallidy）は、次のように反論している（Reid, vol. Ⅲ：130）。

私は次のように心から信じる者である。すなわち、新旧の聖書こそ神によって啓示された宗教の唯一の基準であるべきであり、聖書のみが信仰の正統性あるいは健全性を判断するに十分な証左であり、聖職者やキリスト者の交わりに関するすべての問題を解決するのも聖書であって、シノッドであれ、教会総会であれ、それに何も加えることは許されないはずである。

この頃からアバーナシやハリディなどのグループは「非署名派」（Non-Subscribers）と呼ばれるようになったらしいが、マジョリティの「署名派」とマイノリティの「非署名派」という二つの集団の間に教義面での相違はなく、マジョリティの側も多くは三位一体やキリストの神性に関する非署名派の考えに異論はなかったのである。繰り返し言えば、「非署名者」は、「ウェストミンスター信仰告白」の中にキリスト教の教義の本質的な内容がふくまれていることを認め、「聖書という唯一の権威に基づいてそれらを受け入れる」と考えているが（Barlow：407）、ただ「非署名派」によると、特定の信条や信仰告白――それがどれほどすばらしいものであっても――へ同意・署名を強いることは、それがキリスト教の教義の純粋性を守るために必要であるにしても、錯覚であり、間違っている。なぜなら、すでにイエス・キリストは教会に対して、聖書の中に、人間の心に刻まれた神の掟という約束の中に、そして聖職者の職務の中に、真理を守りぬく適切な手段を与えてくださっているからであり、同意・署名という考えは、キリスト自身がつくられた福音に制約（terms）を加えることになり、キリスト自身が保障していない原則をつくり出し、別の福音を広めることに等しい。われわれは、そのすべてが聖書に由来するとは断言できない、あくまで人間の創作になる「信仰告白」の正統性を盲信させるかのように、牧師、牧師補、治会長老、子どもの洗礼のときの両親などに、それへの同意・署名を課すことに反対しているのである（Brown, 1981 : 33）。多くの署名派は、ハリディなどの主張は署名を要請する教会法廷（Church court）の強制に異議を唱えることで長老主義の教会統治に挑戦することにほかならず（Brown, 1981 : 29）、シノッドがメンバーの信仰に立ち入り調査する権限を否定することで長老主義の根本に反抗し、独立派（Independency）へ接近する動きを示している、と考えるようになったのである（McBride, 1998a : 51）。

一七二一年のシノッドには一一七名の牧師と一〇〇名の長老が出席し、ハリディの見解を取り上げて議論している。四日目、まず大多数のメンバーは、キリストの神性に挑む者に対しては審判にかける意向を確認し、翌日には、先の「和解令」に沿って九八名の牧師および三五名の長老が「信仰告白」への署名に賛成したが、アバーナシやハリディなど一二名の牧師は、これ以上自分たちの見解を公表して教会を混乱させないことを約束しながらも、あくまで同意・署名を拒絶している。

ここに至りアルスター・シノッドは、一七二五年、アントリム、ダウン、ベルファストの三つの長老会に属する会衆を再編成して、反署名派の牧師がシノッドを離れることを容認し、一六を数える「非署名派」の会衆（各個教会）を、新たに発足させた「アントリム長老会」（Presbytery of Antrim）に分属させるという穏便な措置を講じた。しかしながら、翌二六年のアルスター・シノッドは、わずかな票差であったが、シノッドからアントリム長老会を追放する動議を可決する結果となった。追放に賛成票を投じたのは、牧師よりも治会長老であり、牧師の数では賛成三六票、反対三四票という僅差であった（Latimer : 152）。農村部の長老は保守的な署名派を代表しており、逆に、非署名派の長老はベルファスト、ダブリンなどの都市部の比較的裕福な層を代表していた（Holmes, 2000a : 58）。もっとも、追放したとはいえ、シノッドとアントリム長老会はその後も友好的な関係を維持し、国王の恩賜金も両者で配分している。

ところで、この論争の最中、ダンマリーの年配の牧師ジョン・マルコムは、「個人的な確信は宗教的従順の基盤とはならない」（Personal Persuasion no Foundation for Religious Obedience）と題するパンフレットで、アバーナシとかれの仲間を、「教会統治と教会規律の領分に個人的な確信を投げ入れることで世界に新しい光を与えたかのように装っている」と非難していた（Reid, vol. Ⅲ : 118–119）。この言葉が使われたのは初めてのことではなかったが（Stewart, 1977 : 98）、ここでの命名が端緒となって非署名派の牧師は「新しい光」（New Light）と呼ばれるようになり、伝統的なカルヴァン派の教義に立脚する「古い光」（Old Light）と対比されるようになった。「新しい光」と「古い光」という命名は、やがてスコットランドでも盛んに用いられるようになるが、言葉の起源としては、このアルスターの命名の方が早いようである。

いずれにせよ、この二つの流れはやがて、この時期の「署名派」と「非署名派」という対立を超えて、より一般的に、アルスター長老主義のリベラルな立場を総称する「新しい光」と、より保守的で伝統的な立場の総称である「古い光」として定着していく。一八世紀の後半になると両者のバランスは「新しい光」の方へ傾きかけるが、一九世紀初頭になると、後述のように、ヘンリー・クックとヘンリー・モンゴメリーの論争を契機にシノッドの内部は「古い光」が「新しい光」を圧倒するようになり、一九世紀中葉以降、福音主義の台頭という事実もあって、アルスター長老主義の保守的な性格は決定的な流れとなっていくのである。

3　「分離派」と「改革長老派」

一七世紀初頭のスコットランドと同様、一八世紀になると名誉革命後のスコットランド教会のあり方に批判的な見解をもち、同教会を離脱して活動の舞台をアルスターに求める牧師が現れるようになってきた。「ウェストミンスター信仰告白」への同意・署名をめぐって分派を生むなど、大きく動揺したアルスター長老教会（アイルランド長老教会）は、一八世紀の前半から中葉にかけて、名誉革命後のスコットランド教会を離脱して活動の舞台をアルスターに求める一群の牧師や信徒の流入を経験することになり、その内部はさらに多様な様相を示すことになった。とくに注目すべきは「分離派」（Seceders）と「改革長老派」（Reformed Presbyterians）という二つのグループの流入である。いずれも厳格なカルヴァン主義を奉じ、一七世紀のスコットランドの宗教改革（契約派革命）の真の相続者を自認していた。かれらの宣教活動は、アルスター長老教会の保守的な牧師や信徒に影響を与えるようになり、アルスター・シノッドは、こうした牧師や信徒層の動きに悩まされることになってくる。

まず「分離派」について。一七〇七年にイングランドとスコットランドの議会連合が実現し、スコットランド教会がロンドンのウェストミンスター議会の決定に左右されるようになったが、かれらのスコットランド長老教会に対する不信は、アン女王治世下の一七一二年、スコットランドでは一六九〇年に実質的に廃止されていた世俗貴族――土地所有者階級でもある――の「聖職者推薦権」（lay patronage）、すなわち、空席となった教区牧師の後任の選定に貴族の指名を認める権利が復活するにおよび決定的となっていた[10]。長老派にとって牧師の選任は何よりも会衆の招き（call）によるものでなければならなかった。そして同年、スコットランド教会と並存する形で「スコットランド主教制教会」（Episcopal Church in Scotland）というイングランド教会に似た教会も法的認定を受けることになると、かれらの不満と分離の気運に拍車がかかるようになった。

この「分離派」のリーダー格となったのは、のちの福音主義と呼ばれる立場を先取りして、「律法よりも信仰を重視する立場を擁護」（浜林、一九八七年、二一七頁）していたエビニーザ・アースキン（Ebenezer Erskine）であった。「すべての人間社会が自らの僕を選ぶ権利があるように、神はパトロンに神の教会――世界で最も自由な社会である――の僕を推しつけるような権利をお認めになったはずはない」と述べ（Latimer : 157）、世俗権力に左右されない教会の純粋さと牧師の叙任における信徒集会の民主的権利を訴え続けていたアースキンは、一七三二年、スコットランド教会の教会総会が世俗貴族の聖職者推薦権を法令化したことに反撥し、四名の牧師でスコットランド教会から離れる道を選び、翌三三年一二月に教会法廷（church court）を備えた「連合長老会」（Associate Presbytery）を結成するに至った。(11) 「聖職者推薦権のみではなく長老会による牧師叙任にも反対して会衆による聖職者推薦という独立派的な立場を主張した」（浜林、一九八七年、二一七頁）と指摘され、「原則を曲げず、厳格な正統性を追求し、恵みの教義を力説する福音主義的な熱意、霊的かつ道徳的な規律を重視する」考え方（Leith : 17）は、低地スコットランドの南西部を中心に同調者と支持を集め、その会衆（教会）の数は「一七三七年に一五、一七四〇年に三六、一七四六年に四五、一七六〇年に九九」（浜林、一九八七年、二一七頁）と急速に成長をとげている。この間、一七四五年には三つの長老会が「連合シノッド」（Associate Synod）を形成している。

もとより長老派が非国教徒に終始していたアイルランドには、アースキンが抗議したような世俗貴族の聖職者推薦権なるものは存在しなかった。しかしながら、この問題はアルスターにも波及し、スコットランドと似かよった展開を示すことになった。一七三三年にアルスター・シノッドは「空席となった教区の牧師の選任には会衆の三分の二の支持を必要とする」という布告を出しているが、この「三分の二」には、単に会衆の人数だけでなく牧師の俸給の三分の二をまかなうことができるという条件をともなっており（Holmes, 2000a : 61）、この条件は、とくに貧しい信徒の多い会衆の不満を呼ぶことになった。一七三六年にはシノッドが選任した牧師に同意しないリスバーンの二八〇名の世帯主が、直接スコットランドの「連合長老会」へ牧師派遣の要望を出しているが、やがて、こうした人々の声に呼応して、スコットランドから牧師の派遣が始まり、一七四三年――一七四五年という見解もある――には、リスバーンに近いアントリム州のライルヒル（Lylehill）で、アルスター・シノッドに批判的な長老派の信徒が定期的に集まるようになって会衆を結成した（Anderson : 71）。これがアルスターにおける「分離派教会」（Secession Church）の起源であり、アイザック・パトンがライルヒル会衆の要請を受けてアルスターで最初の分離派の牧師となった。

ところで、再びスコットランドの歴史となり煩雑となるが、スコットランドの分離派は一七四七年四月に「市民派」（Burghers）と「反市民派」（Anti-Burghers）の二つに分裂することになった。エディンバラ、グラスゴー、パースなど、スコットランドのいくつかの自治都市では市民が「この王国において信条とされ、その法によって公認されている宗教を真の宗教とみとめる」（浜林、一九八七年、二一七―二一八頁）とか「私は神と君主のまえで、この王国の真の宗教を告白し、それを守り、教皇主義（Papistry）というローマの宗教を拒否します」（袴田、三八―三九頁）とか述べて宣誓する「市民の誓約」（burgess oath）という慣行があった。この宣誓によって市民と認められなければ、商業や貿易に従事できず、投票の権利もなくなるのであるが（袴田、三八―三九頁）、多数派の市民は、この誓約は教皇教（Popery）に反対するものと考えて誓約できると結論づけ、他の市民は、誓約は聖職者推薦権を認めることにつながると非難した（Latimer : 161）という面もあったが、ここでの「真の宗教」をめぐって、「スコットランド教会が公認するものを真の宗教である」とみなして宣誓する人々と、自分をプロテスタントの改革派と自認し、「自分自身が告白するものが真の宗教」と考え、国教会となったスコットランド教会の信仰と実践を是認することはできないとして、このような宣誓を批判する人々とが激しく対立するようになった。前者が「市民派」、後者が「反市民派」である。(12)

この問題に関しても、そもそもアイルランドにはスコットランドのような自治都市は存在しておらず、この市民の誓約がアルスターに持ちこまれるのも不可解なことであった。しかし、先の聖職者推薦の問題もそうであったが、アルスター・シノッドの警戒にもかかわらず、スコットランドにおいてそれぞれ急速に信徒を獲得するようになった「市民派」と「反市民派」の対立はアルスター長老派をも巻きこむことになった。市民派の場合は、その最初の長老会が一七五一年に成立し、そして二二の会衆と一九名の牧師を擁する最初のシノッドも一七七九年に成立している。反市民派の場合も同様に、最初の長老会が一七五〇年に誕生し、一七八八年にはベルファストで、一七の会衆、四つの長老会、一九名の牧師から成る最初のシノッドの成立にこぎ着けている（Leith : 18 ; Anderson : 72）。

市民派も反市民派も、伝統的なカルヴァン主義への傾倒をはじめ分離派としての特徴の多くを共有していたが、反市民派の牧師の方がより厳格かつ非妥協的な長老派であり、福音主義的な傾向を帯び、また「契約派」という歴史的な自覚を失っていなかった。一方の市民派は「ウェストミンンスター信仰告白」には忠実であったが、過去の規律や慣習には拘泥せず、反市民派に比べると、よりヒューマンで穏健な思想の持ち主の牧師や信徒が多く、教育程度の高い層も少なくなかった（Anderson : 72）。

この両派の流入に対してアルスター・シノッドは、「古い光」の流れをくむ牧師たちは両派に対して「祭壇に祭壇を対置しようとしている」と非難し、「新しい光」の牧師も、分離派の「硬直した正統性」を毛嫌いしていたが、この時期のシノッドに流布していた、やや微温的な傾向もあってか、それに飽き足らない信仰心旺盛な信徒の中には分離派の教会へ走る人々も少なくなかった（Latimer : 160）。一七九二年までに、アルスター・シノッドとアントリム長老会には計一八五名の牧師がいたが、「市民派」と「反市民派」という二つの分離派の方も、同年には計四六名の牧師を擁するまでに発展し、会衆の数も一七七〇年の四一が一八〇九年には九一を数えるまでに発展していた、という数字もある（Hempton and Hill : 26）。なお、ややのちのことになるが、一八一八年、この「市民派」と「反市民派」は再統合を実現し、一般に「分離派シノッド」（Secession Synod）と呼ばれる「アイルランド長老派シノッド」（Presbyterian Synod of Ireland）を設立することになった。そしてさらに一八四〇年、この「分離派シノッド」がアルスター・シノッドと合同して現在の「アイルランド長老教会」（Presbyterian Church in Ireland）となり、教会総会（アセンブリ）が誕生する。このことは後述する。

ところで、このような分離派と同様に、一八世紀のスコットランド教会の内部には教会の現状に失望した別のグループの牧師もいた。「改革長老派」と呼ばれるようになった人々で、かれらの淵源は、その「契約派」（Covenanters）という別称からもわかるように、一六三〇年代後半以降のスコットランド契約派の思想と神学の中に宿っている。再三触れたように、かれらの悲願であった「国民契約」と「厳粛な同盟と契約」という二つの「契約」は、クロムウェル政府によって無視され、さらに、それらに署名していたチャールズ二世によっても反故にされ、焼却されたところであった。かれらは王政復古期に主教派の支配に抗して厳格な長老主義と契約の履行を求め秘密集会をつくってフランスで抵抗したジョン・キャメロン（John Cameron）のキャメロン派（Cameronians）の流れを汲み、名誉革命後の新体制になった今度こそ、「一七世紀の偉大な契約」（Holmes, 2000a : 60）が成就することを願い、ウィリアム三世によってアイルランドにも長老主義の教会が国制化されることを願ってもいた。

しかし、スコットランドに復活したのは国教化されたとはいえアルミニウス主義の色濃い長老教会であり、イングランドに再建されたのは高位聖職制をもった主教制の国教会体制であった。神と諸国民との間の不変の契約を信じ、その実現を求める契約派を自認するかれらにとって、かつてスコットランド教会がチャールズ一世と二世に対して求め続けたのと同様に、ウィリアム三世とその後継が「契約」に署名するまでは、かれらを国王として認めることができなかったのであり、実際、「ウィリアム三世は真理と宗教的な畏怖の念が欠けていることを自ら露呈していた」と考えるようになっていたのである（Brooke : 109）。

こうした現実に即応して、一部の契約派を自認する長老派の牧師は「契約」が実現するまでは新体制を認定するこ

改革長老教会の旗

とを留保してスコットランド教会からの分離に走り、スコットランドでは一七四三年にジョン・マクミラン牧師によって最初の「改革長老派」の長老会が設立をみることになり、翌四四年には早くも、トーマス・ネアンとアレクザンダー・マーシャルという二名の牧師がアルスターに派遣されている（Loughridge : 15）。「山中の牧師」（mountain ministers）と呼ばれることもあった二人のアルスターでの伝道活動は持続し、前世紀の過激な牧師デイヴィッド・ヒューストンがそうであったように、かれらの野外説教（open-air sermon）は多くの人々を集めるようになった（Miller, 1978b : 69）。

「戦闘的で伝統的カルヴィニズムの最も極端な代表は契約派である」（Brooke : 139）とされるように、かれらの主張は厳格なカルヴァン主義に基づく長老主義という点では分離派などとも共通していたが、「契約」の実現に固執し、その徹底した世俗権力の否定という一面もあって、スコットランドでもアルスターでも、その信徒数は大きく膨らむことはなかったが、その神学や思想がアルスター長老主義のラディカルな部分に与えた影響は無視できないものがあった。その最初の長老会は一七六三年に誕生したが一七七九年には脆くも瓦解してしまった。しばらく長老会のない時代が続いたが、やがて、数少ない改革長老派の牧師の中で最も傑出した存在とみなされたウィリアム・ステイヴリー牧師[13]（William Staveley）などの活動の成果として（Reid, vol. Ⅲ : 373）、一七九二年には六名の牧師を擁し一二の会衆から成る改革長老派の長老会が再建され（Loughridge : 27）、さらに一八一一年には四つの長老会を擁する「アイルランド改革長老派シノッド」が結成されている。

分離派も改革長老派（契約派）も、伝統的で保守的な「古い光」がアルスター・シノッドの支配力を失いつつあった一八世紀後半において、カルヴィニズムに立脚した「古い光」の流れを持続させる役割を担うことになった。どちらもアルスターの農村部で支持を獲得していたが、分離派と改革長老派の違いに関してイアン・マクブライドは、デイヴィッド・ミラーの見解にも依拠して前者を「個人の救済」を重視する「回心的」（conversionist）、後者を「社会の変革」を重視する「予言的」（prophetic）、という二つに対比している。前者が、野外の集会などで、ときには地元の民俗文化や呪術のパフォーマンスも援用しながら情緒的に信徒の贖いと回心を説いたのに対し、後者は、スコットランド宗教改革以来の、神と長老派の特別の関係を自認する信仰を推奨し、教義や信仰告白への帰依とともにコミュニティ全体の霊的純化を説こうとした。「多くの分離派の牧師の方は、長老派の統治に固有な考え方からしだいに離れ、一九世紀アルスターの福音主義の前奏となる『内なる宗教』という方向へ進むようになった。改革長老派と異なり契約派の伝統である神学からの後退は、徐々に、ハノーヴァー朝の君主制を受け入れることにもなった」（McBride, 1998a : 8）。

ともあれ、以上に述べたように、一八世紀を通じてアルスター長老主義は、主流派のアルスター・シノッド、アントリム長老会、市民派と反市民派という二つの分離派、改革長老派（契約派）など、さまざまな集団を擁することになり、その内部は一段と多様性を増すことになった。ただ、「これらの諸集団は、別個の宗派（denominations）としてではなく、それぞれが一定の機能的役割を演じている一つの宗教システムの要素とみなすべきである」（Miller, 1978b : 69）と指摘されるように、そこには長老教会としての一定の共通性も残されていた。とりわけ、いずれの集団にも福音主義の影響は顕著であったが、それでも牧師は一七世紀以来の改革派教会の教義と規律を順守することが求められ、一八世紀においては、まだ個人の感情に訴えて回心を迫るような福音説教の活動は表面化していなかったのである。

一八世紀の終わりの時期の長老派の信徒数を正確にとらえることは難しいが、イアン・マクブライドの紹介しているアルスター・シノッドの職員、ウィリアム・キャンベルの一七八〇年代の試算によれば、当時、シノッドには一八〇の会衆があり、各会衆には平均で約四〇〇の家族、各家族の平均人数は六人として、シノッドは約四三万二〇〇〇人の信徒を擁していた勘定となる。同様に四六の会衆を有する分離派の八万二八〇〇人を加えると、これだけでも――改革長老派（教会）やアントリム長老会に属する信徒の数を除外しても――、アルスターの長老派人口は五一万四八〇〇人を数えることになる（McBride, 1998a : 27–28）。

ここで最後に付言しておけば、この一八世紀中葉のアルスターにとって重要なことはメソディストの活動の開始である。メソディストのアイルランドでの福音伝道はジョン・ウェスリーがダブリンで説教した一七四七年が最初のようであるが、かれは一七五六年七月一九日に初めてアルスターを訪れ、ニューリーやリスバーンで説教している。その三〇年の後半生を通じてアイルランドには計二一回と足繁く訪れ、かれのアイルランド滞在の時間は計六年に達するという。「一八世紀後期になると、アルスター南部はメソディストのリバイバルの舞台となった」（Hempton and Hill : 149）と言われ、一九世紀になると、アルスター長老主義には福音主義の波が押し寄せ、アルスター・シノッドも率先して福音主義に傾倒していくが、こうした長老教会の動きに影響を与えることになった遠因の一つが、この時期のメソディストの活動であったことは言うまでもない。アイルランドにおけるメソディストの信徒数はアルスター南部を中心に、一七七五年の四二三七人が二五年後の一八〇〇年には一万九二〇二人にまで膨張している（McBride, 1998a : 64）。

注

（1）　一八世紀のアイルランドでは「非国教徒」（Dissenter）と「長老派」（Presbyterian）はほとんど同じと考えられていたようである（McBride, 1998a : 26）。

（2）　第四章の記述に際して、グラスゴー大学神学部に提出されたチャールズ・スコット・シーリーの学位論文 Sealy, Charles Scott, *Church Authority and Non-Subscription Controversies in Early 18th Century Presbyterianism* , 2010（http://theses.gla.ac.uk/1792/）をインターネットで閲覧することができたことを記しておく。

（3）　浜林正夫によれば「一七一六年には、ウィリアム三世への忠誠誓約を拒否して副主教の職を追われ、亡命中のジェイムズ二世によって主教に叙任されたジョージ・ヒックスの遺稿が公刊され、ジェイムズによる叙任こそが真の教会であるとする主張が公にされた。これは教会を革命後の国家から分離独立させようという主張であり、あるいは国教会を分裂させようとするものであった。ホードリの御前説教は直接的にはこのヒックスの主張への反論だったのである」（浜林、一九八七年、一八九頁）。なお、国王はホードリを批判した四名の宮廷付牧師を解任するなど露骨な干渉を行い、一八五二年に至るまで聖職者会議を招集せず、教会を沈黙させたのであった。

（4）　ジョン・アバーナシの同名の父親はスコットランド生まれの牧師で、ティロン州で活動し、一六八九年にはシノッドの議長も務めている。その頃は、ジェイムズ二世とのちのウィリアム三世の対立の年で、父親がイングランドに出向いている間にアイルランドで戦争が起こり、息子のジョンは親戚と一緒にスコットランドに帰っていたので無事であったが、母親とほかの兄弟はロンドンデリーに難を避けたことが災いとなった。母親は無事であったが、幼い兄弟は「デリーの包囲」の中で帰らぬ人となったとのことである。

（5）　ウェストミンスター信仰告白は、われわれの最初の先祖は、サタンの狡猾と誘惑に唆されて禁断の果実を食べるという原罪を犯し、その罪によって「神との交わりから堕落し、罪のうちに死んだものとなり、全面的に汚れたものとなった」（第六章二節、五一頁）と記し、また「生まれながらの人間は、罪の中に死んでいるので、自分自身の力では、自分で回心することも、回心の備えをすることもできない」（第九章三節）と記している（ここでの訳文は村川・袴田訳（二〇〇九年、七〇頁）を採用した）。

（6）　アバーナシの人柄は楽観的で温和であり、かれの思想はカルヴァンやウェストミンスター信仰告白よりもアルミニウスに近いと指摘する意見もある（Holmes, 1996 : 106）。

（7）三位一体やキリストの神性に関するアリウス主義やソッツィーニ主義をアバーナシがどのように考えていたのかに関して、最も確かな言い方は「態度未定であった」（undecided）とする研究もある（Sealy : 117）。

（8）袴田康裕は「説教免許者として任職される者の署名する様式」を次のように教示している。「私は、この信仰告白に含まれる教理全体を……神の真理と心から認め、信じ、それを私の信仰の告白として承認し、……その教理が神の言葉にもとづき、神の言葉に一致すると確信していることを、ここに明確に表明致します。また私は、神の恵みにより、この信仰告白をつねに堅持し、私に与えられている場において力のおよぶかぎり、その教理を主張し、支持し、擁護することを約束致します。……私はまた、この教理に反したり、そぐわないあらゆる教理、教説、意見をいっさい否認し、本教会の現在の立場からそれないようにすることを約束します」（袴田、三三頁）。

（9）ハリディは一七〇〇年にロッテルダムでイングランド長老教会から説教免許を与えられたときにはウェストミンスター信仰告白に同意・署名している。しかし、ジュネーヴで牧師に選任されるときは同意・署名をしてはおらず、その後、一七二〇年に第一ベルファスト教会に奉職することになったときは「和解令」の規定にかかわらず、同意・署名を拒否している（Holmes, 1985 : 65）。

（10）ここでも袴田の解説を紹介させていただこう。「中世以来、聖職者の生活をささえる住居や給与は、教会にその土地を付託した地主に財産権があるとされてきました。その地主がだれに聖職禄を授与するかを決定する権利が『聖職禄授与権』です。宗教改革者たちは、このシステムを改めようとしましたが叶いませんでした。一六四九年にいったんは廃止されますが、王政復古期に復活しました。……（名誉革命期にまた廃止されたが）議会合同後の一七一二年、ウェストミンスター議会は聖職禄授与権法（Act of Patronage）を成立させたのです。これによって、牧師の人事権を地主が掌握することになりました。招聘制度が否定されたのです。これは教会からすれば、本来教会が持つ権限の重大な侵害と言えます」（袴田、三五―三六頁）。

（11）浜林正夫は associate Presbytery を「会衆長老会」と訳しているが、ここでは「連合長老会」という訳語を与えた。なお、スコットランド教会から分離独立して連合長老会を結成した四人の牧師とはエビニーザ・アースキンのほかに、ウィリアム・ウィルソン（William Wilson）、アレクサンダー・モンクリフ（Alexander Moncrieff）、ジェームズ・フィッシャー

（James Fisher）の三名であった。かれらは一七四三年一二月に、連合プレスビテリー（Associate Presbytery）という組織を結成したのちに一七四五年に連合シノッド（Associate Synod）を形成することになる（袴田、三六―三七頁）。

（12）　市民宣誓に反対した反市民派は、自分たちこそが分離派の正統な継承者であると主張して一七四七年の分裂と同時に「一般連合シノッド」（General Associate Synod）という組織を結成している（袴田、三九頁）。

（13）　ステイヴリー牧師は、次章で述べる民兵運動では、ある部隊の司令官として参加していた。また、ユナイテド・アイリッシュメンの運動に関しては、事態の変化への対応の指示を仰ぐためにスコットランドの改革長老教会に派遣されていた。「自制して慎重に対応すべきである」との指示にもかかわらず、ステイヴリー牧師は結局、蜂起に積極的に関与することになった。蜂起が鎮圧されると、一時、武器の隠匿容疑で逮捕され収監されている（Loughridge：44–46）。

第五章　ユナイテド・アイリッシュメンとオレンジ会

1　ユナイテド・アイリッシュメンの蜂起

「理性の時代」である一八世紀は他面では「変革の時代」であり、一八世紀に至るまで政治的参加の機会を剝奪されてきたアルスター長老派の人々も、その後半には、国教会支配体制のアイルランドと対峙し、にわかに政治的関与の姿勢を強めるようになった。社会変革に向けてアルスター長老派の行動に大きな影響を与えた人物としては、繰り返しになるが、グラスゴー大学で道徳哲学や政治哲学の教鞭をとっていたフランシス・ハチソン（Francis Hutcheson）が有名である。アルスターで長老派の牧師をしていた父親をもつハチソンは、アダム・スミスの師であり、ジョン・ロックとデイヴィッド・ヒュームを媒介する位置にあってスコットランド啓蒙の思想家にさまざまな影響を与えたばかりか、アイルランドだけでなくアメリカの啓蒙主義もハチソン抜きには語れないと評されている。かれはグラスゴー大学で、それまで当たり前であったラテン語による講義を止め、英語で講義した最初の教授であった（Kirkpatrick : 46）。

ハチソンの影響とともに長老派の人々に変革の期待を抱かせることになったのはアメリカ独立革命とフランス革命の成功であった。大西洋を渡ったアルスター長老派の人々がアメリカ独立革命に果たした貢献は少なからざるものがあったようで、たとえば、グラスゴー大学でフランシス・ハチソンの教えを受け、長老派の牧師としてアメリカに渡り、のちにフィラデルフィア大学の学長となるフランシス・アリソン（Francis Alison）は言っている。アメリカ独立宣言に署名した者の半数は自分の教えを受けている、と（Dunlop : 44）。

「一七七五年に至るまでに長老派の半分以上は大西洋の向こう側に家族的なつながりをもっていた」（Stewart, 1977 : 104–105）とされ、独立に向けて立ち上がった植民地のニュースは、同じイギリスの植民地であるアイルランドの知識人に自分たちの現状を打開する方策を思案させることになった。また、フランス革命にともなう教会組織の再編は、長老派だけでなくアルスター・プロテスタントの大多数が立場の違いを越えて歓迎するところであった。分離派の中でも市民派シノッドなどは「フランスのすばらしい革命は神の聖なる摂理が成就しつつあることの証しであろう」と宣告し、改革長老派（契約派）のシノッドも「反キリストの野獣（Beast）に神の最後の復讐がなされ、神の王国が近づきつつある」との声明を出している（Brooke : 124）。

ところで、一八世紀末の「ユナイテド・アイリッシュメン」の形成と蜂起に至るまでの経緯に関して抜きにできないのは「民兵」（Volunteers）の活動である。アメリカ独立戦争期、アイルランドに駐留していたイギリス軍がアメリカやイギリス本土へ移動して手薄となったアイルランド防衛のために民兵（志願兵）が組織化されることになった。民兵の多くは長老派の人々であった。アルスター長老教会はイギリスからの独立のために戦っているアメリカの植民地の人々を声援し、かれらを支援していたフランスにも好感を寄せていたが、実際にブリテン諸島（イギリス）の防衛となるとイギリス政府と同一行動をとらざるを得なかったようである。当時はアイルランドに対するアメリカ海軍の攻撃とかフランス軍のアイルランド上陸の可能性とかが真剣に囁かれていたのである(1)。

この民兵組織はその最初の部隊が一七七八年にベルファストで編成された。民兵とはいえ武装兵であるからダブリン政府（イギリス政府）の命令を受けていたが、かなりの自主性を保持しつづけ、部隊によってカトリックの入隊を認めていた（Holmes, 1996 : 2)。ベルファストの部隊を皮切りに急速に隊員と部隊の数を増やし、軍事訓練と並行して独自の会合を重ね、ときにカトリック解放や非国教徒の自由と平等の実現といった問題を議論するようになった。民兵組織の代表者には長老派の牧師もふくまれており、アイルランド議会の腐敗を糾弾する一方で、アイルランドの政治や経済の変革に積極的に介入するようになり、一部はアイルランド議会と連携してイギリス政府に改革の実現を迫るようになっている。アメリカでの戦争状態にあるイギリス政府の国内治安体制が手薄であったこともあって、民兵組織の運動は、一七七九年に完全ではないがカトリック解放への道筋をイギリス政府に法的に認めさせ、一七八〇年には長老派などの非国教徒を公務職などから排除してきた「審査法」が撤廃され、さらに翌年には、長老派の牧師が司式する結婚も正当な結婚であることを認定させることに成功した。一七八三年に二七二の部隊組織の代議員を集めてダンガノンで開催された「アルスター代表者大会」(Ulster Convention）は、少なくとも一万八〇〇〇人の民兵を動員できる体制に発展していることを豪語していた（McBride, 1998a : 9)。

繰り返し言えば、このような民兵の多くはアルスター長老派の人々であったが、一九八〇年代も中頃になると、かれらの改革の考え方に違いが出てくる。一部は、一七七〇年代以降の改革によってアイルランドの変化が一定の満足できる水準に達したと考えたが、別の人々は、変革はまだ不徹底であり、さらなる改革の進展を要求した。一七八二年一一月にアメリカは独立を獲得したが、一方、一七八七年以降の貴族の反抗に始まるフランス革命は一七八九年七月には民衆のバスティーユ牢獄の襲撃となってクライマックスを迎え、このフランスの事態は、アイルランド改革の不徹底を痛感していた一部の民兵運動出身者に、アイルランドにも「革命」による変革を求めるラディカルな思想を誕生させることになった。(2)

一部の民兵出身の過激な運動家と都市部の裕福なリベラルな知識人や商人層などが連携して、一七九一年一〇月、ベルファストに「ユナイテド・アイリッシュメン協会」(Society of United Irishmen）が設立された。設立には、長老派の牧師を父にもつ医師のウィリアム・ドレナンの役割が大きかった。翌年一月には機関紙「ノーザン・スター紙」（*Northern Star*）が発行され、ほどなくダブリンをはじめ他の都市にも支部が生まれている。ユナイテド・アイリッシュメンは、アイルランド人という共通のアイデンティティの下に、広くプロテスタント、カトリック教徒、非国教徒などが宗派や階級を越えて連携し、カトリック教徒の完全な解放とともに、アイルランド国教会が支配するアイルランド議会のラディカルな改革を通じてイングランド（イギリス）によるアイルランド支配を終わらせることを目的とした。この協会の指導者層はウルフ・トーンとトーマス・ラッセル以外は、ほとんどが長老派であった[3]。そのウルフ・トーン（Theobalt Wolfe Tone）はダブリンの法律家で、「イングランドの権力基盤はアイルランド人を分断しておくことである」という大きな発見に基づき、ユナイテド・アイリッシュメン協会の設立宣言で次のように述べている（Linen Hall Library : 6）。

> われわれはアイルランド人として、自分たちが何に憤怒の念を抱いており、何がそれを解決する有効な処方箋であるのか、それらをここで進んで述べる義務があるかと思う。われわれは自分たちのナショナルな政府をもっていない。われわれはイングランド人によって支配されている。そればかりか、その目的は外国の利益であり、その手段は汚職・腐敗であり、そして、その強みがアイルランドの弱みであるような、そうしたイングランド人の手先によっても支配されている。
>
> われわれは、アイルランドのすべての人々との心からの連合を要求する。われわれは議会の構成について、その完全かつラディカルな変革を要求する。われわれは、あらゆる宗派のアイルランド人が参画するものでなければ、どのような変革も現実的でなく、有効でなく、正当でないことを、ここに認定するものである。

A・T・Q・スチュアートは「長老派は自分たちが過激であり続けるとき最も幸福な人々である」(Stewart, 1977 : 83) と述べているが、やがて、かれらは制度的手段による改革をあきらめ、一七九八年六月、ウルフ・トーンを指導者にして武装蜂起に走った。(4) ユナイテド・アイリッシュメンに加入していた多数の長老派の牧師や平信徒が蜂起に参加し、諸説あるようであるが、後述のように、イアン・マクブライドの近年の研究によると計六三名の牧師および牧師補が蜂起に参加したとされ、デイヴィッド・ミラーの場合は三〇名の牧師と一八名の牧師補が何らかの形で関与していたと考えている。多くはアルスター・シノッドに属する牧師であった。改革長老派の牧師の関与は目立ったが、分離派の牧師の参加は少なかった。

反乱の広がりは南アイルランドが中心で、イギリス軍との戦争でレンスターでは約二万人の死者が出たと伝えられている。アルスターでもダウン州とアントリム州ではユナイテド・アイリッシュメンに加入していた数千人の長老派の借地農がつるはしやマスケット銃を手に蜂起した (Brewer and Higgins : 48)。一時はアルスター全域に広がる様相をみせた蜂起も、あてにしていたフランス軍の到来が遅れ、統制の欠如や連絡の不備などの悪条件が相次ぎ、前記の二州では革命が進展したものの、それもあえなく短期間で制圧される結末となった。ジェイムズ・ポッターという名の長老派の牧師と二名の牧師補が処刑され、牧師の中にも投獄された者、アメリカなどへ逃れた者も少なくなかった。この間、アルスター・シノッドは、六月に予定されていた年次総会を八月末に延期し、あくまで制度的な手段を用いた改革を擁護する方針を確認し、国王への奉文において、蜂起を「その行動をひたすら悲しみと義憤をもって眺めるほかはない、われわれの仲間に値しない、ごく少数の者の弁明の余地のない犯罪」(Reid, vol. Ⅲ : 391–392) と非難し、五〇〇ポンドを献金して国王への忠誠が変わらないことを誓っている。

ユナイテド・アイリッシュメンの蜂起の具体的な戦火や経過について言及するのは控えることとし、(5) アルスター長老主義との関連であまり明らかにされていない面に絞って以下の三点を付言しておきたい。

第一に、ユナイテド・アイリッシュメン協会に関して、その設立はもっぱらダブリンの法曹家ウルフ・トーン――かれは長老派ではなかった――と結びつけて考えられてきたが、フィンレイ・ホームズなどの研究では、トーンとともにウィリアム・ドレナン（William Drennan）の果たした役割の重要性が注目されるようになっている。長老派の牧師の息子で、父親はフランシス・ハチソンとも懇意であったと言われるドレナンは、スコットランドで学業を修めた医師であったが、民兵組織の変革運動に参加する中でラディカルな思想の持ち主となり、すでに一七八〇年代には、イギリスからの分離によるアイルランドの完全解放を目的とするプロテスタントとカトリックの秘密結社の結成を計画していた。イギリスからの完全分離なくしてこの国の議会の変革も人間の自由も達成できないと考え（Holmes, 1982 : 538）、「国の繁栄は平和よりも自由に基づき、……変革は革命でなければならず、……革命を恐ろしい極端として畏れることはない」などと考えていた（Holmes, 2000a : 71–72）。「ドレナンのような最も熱心な長老派の過激派といえども、ローマ・カトリックへの不信の態度をけっして克服することはなかった」（McMinn, 1981 : 134）という意見もあるが、「ユナイテド・アイリッシュメンはドレナンの頭脳の産物（brainchild）であった」（Holmes, 1985 : 81）とまで指摘される。ユナイテド・アイリッシュメン協会の創設時にはダブリンで活動していたこともあって、ベルファストの長老派が多数を占めていた創設メンバーの中に名前が見当たらず、また蜂起にも参加しなかったこともあって、ドレナンを幾分目立たない存在にしているのかもしれない。

第二に、案外と見落とされがちな点であるが、ユナイテド・アイリッシュメンに参加し、その蜂起に動員された長老派の人々とは、ベルファストなど都市部の住民ばかりではなく農村部の借地農なども含まれていたという事実が指摘されねばならない。たしかに、ユナイテド・アイリッシュメンはベルファストの裕福な商人や知識人などのエリート層によって結成され、かれらの蜂起には「新しい光」の支持層となった都市部の住民が多く参加していたことは間違いない。ただ、デイヴィッド・ミラーも指摘するように、都市の住民層にかぎらず、むしろ、それ以上に、ダウン州やアントリム州の農民やリネンの織職工がユナイテド・アイリッシュメンに賛同し、このような農村部の数千人もが一七九八年に蜂起したのである[6] (Miller, 1978b : 76)。この点からすると、「新しい光」の支持層は皮相的 (skin deep) であった。

問題は、こうした農村部の住民に決起を促した背後の思想なり動機であるが、ピーター・ギボンの場合は、ベルファストの進歩的な都市住民を揺り動かすことになった当時の啓蒙思想が都市部だけでなく、アルスターの近代化過程で工業生産が前貸し制度から工場制生産へと移行し、大きな社会変動の過度期にあった、この時期の農村部にまで広く浸透しつつあったという事実から説明しようとしている。これに対してホームズやマクブライドは、「新しい光」の啓蒙主義の哲学では一七九八年六月に数千もの農民や織工が動員されて立ち上がったという事実を説明することはいささか無理であると考えており (Holmes, 2000a : 80 ; McBride, 1998a : 101)、デイヴィッド・ミラーの場合は、むしろ長老派の牧師の神学傾向に着目することから、この問題を分析しようとしている。

そこで第三に、さらに論争的な問題は、ユナイテド・アイリッシュメンの蜂起に関与した長老派の牧師の思想や神学的傾向という点である。ジェイムズ・シートン・リードの浩瀚な著作は、一七九八年を「アイルランドの教会史および市民史において最も暗い出来事の年の一つ」とか「アルスター・シノッドの歴史的危機」(Reid, vol. Ⅲ : 393 : 398) と述べながら、この蜂起について多く語ることを控えている感もある。この蜂起についての記述はリードの死後、W・D・キレン (W. D. Killen) が完成した部分に含まれている。これまでの定説は、ここでのキレンの論述の傾向を踏襲することが多く、またキレン自身の「新しい光」への反感やユナイテド・アイリッシュメンに対するネガティヴな態度に影響され、蜂起に関与したラディカルな牧師とはもっぱら「新しい光」につながるリベラルな見解の牧師であった、とされてきたようである。しかしながら、ホームズをはじめ近年の研究は、必ずしも、そのように一義的には断定していないのである。もっともキレンでさえ、個々の牧師の神学的傾向については無言であっても、分離派の牧師を例外として、さまざまな立場の牧師が蜂起に参加していたことは否定しておらず、そのことは以下の引用にみるとおりである。

当時、アイルランドには五〇名から六〇名の分離派の牧師がいたが、一人として反逆罪で告発された形跡はなかった。……アルスター・シノッドの幾人かは革命の狂気に感染していた。……アントリム長老会の場合は、九名の牧師のうち二名がアイルランドから逃れ、もう一名もかなりの期間投獄されていたから、その規模に比して、アルスター・シノッドよりも深く蜂起にコミットしていた。……牧師の数が八、九名であった契約派の場合は、組織としてはユナイテド・アイリッシュメンの方針を是認することはなかったが、二、三名の牧師が何らかの形で反逆に呼応した動きをみせており、その関与の度合はさらに高かったはずである（Reid, vol. Ⅲ : 391–392）。

この引用にもみるように、さまざまな立場や宗派の牧師が蜂起に関係したことは疑いないのであるが、この点に関して最も説得力ある議論を提供しているのはデイヴィッド・ミラーであり、「約三〇名の牧師と一八名の牧師補（probationer）が、何らかの形で蜂起あるいは直前の謀議に関わっていた」（Miller, 1978b : 77）とみなし、かれらの神学的傾向を、一八二〇年代になって、かれら――あるいはかれらの所属する長老会――が「ウェストミンスター信仰告白」に誓約していたかどうか、それが不明な場合はかれらの説教の内容などを検討することで分析し、これら四八名の牧師のうちの四三名について、五二％を正統派（古い光）、四八％を「新しい光」と分類し、結論的に、「蜂起に関与した牧師や牧師補の中で正統派と新しい光の見解はほぼ同等であった」（Miller, 1978b : 78–79）という見解を示している。

イアン・マクブライドの研究は、表5-1に示すように、四九名の牧師と牧師以外の牧師補や長老などが一四名、計六三名が参加していたと考えている。牧師は「古い光」が二二名、「新しい光」が二二名と同数、神学傾向が「不明」の者が一九名という内訳である。「アルスター・シノッド」の場合は「不明」が一三名いるが「新しい光」が一八名と「古い光」の一四名を上回っている。「アントリム長老会」の四名は「新しい光」、「分離派（すべて市民派）」の三名と「改革長老派」の五名の計八名はすべて「古い光」と分類されており、それぞれの長老派の性格を反映しているようである(McBride, 1998a : 232-236)。

表5－1　蜂起に関与した長老派の牧師

	新しい光	古い光	不明
アントリム長老会	4		
アルスター・シノッド			
アーマー長老会	3 (1)		
バラミナ長老会	1	1	
バンガー長老会	4 (1)		1
ベルファスト長老会		5 (1)	
クロッハー長老会			1
デリー長老会		2	1 (1)
ドロモア長老会	2	2	1 (1)
キルリー長老会	2		1
レターケニー長老会		1	
モナハン長老会		1	3
ルート長老会	1	2	1 (1)
ストラバン長老会	1		
テンプルパトリック長老会	3		2
ティロン長老会	1 (1)		2 (2)
分離派		3	
改革長老派		5 (2)	
その他			6 (3)
	22 (3)	22 (3)	19 (8)

注：(　) はそのうちの牧師以外の関与者
出典：Ian McBride, 1998a, pp.232-236をもとに作成。

なお、分離派の牧師の関与が少なかった——ミラーの場合は皆無である——ことの原因については、多くの研究者は、一七八四年に分離派も国王の恩賜金を受領するようになっていた事実から説明しようとする傾向があるが、ホームズの見解——かれの場合は二名の分離派（ともに市民派）の牧師が関与していたと考えている——によると、「分離派の牧師の中に成長しつつあった福音主義的な敬虔主義の台頭が、かれらを政治的なユートピアや武装蜂起に傾倒することを妨げていた」(Holmes, 2000a : 81) と説明されている。

2 「至福千年王国」を夢みた変革

繰り返し言えば、たしかにリベラルな傾向の強い「新しい光」がアイルランド長老派のラディカリズムの前衛を形成しており、この層からユナイテド・アイリッシュメンの運動に多くの参加者があったことは間違いない。また、一七八九年の蜂起に参加した長老派の牧師や信徒の多くがアメリカやフランスの革命に触発され、社会的不正に義憤を抱き、カトリック解放と人権の確立を求めていた進歩的な人々であったことも事実であろう。ただ、蜂起に参加して投獄された牧師の中には正統派を自認する農村部の「古い光」の牧師もいたし、国王への忠誠を貫く牧師の中に都市部の「新しい光」を代表するような牧師もいた。このように蜂起に関係した牧師たちの傾向を規定するのは難しいのであるが、ただ、反逆者となった長老派の牧師のある部分がきわめて保守的な神学の見地に動機づけられて蜂起に参加していたことは否定できないのである。実際、ユナイテド・アイリッシュメンのイデオロギーは「ベルファストのラディカルな啓蒙主義だけでなく、それとひとしく正統派カルヴァン主義の至福千年王国論的な衝動にも負っていた」(McBride, 1998a : 63) とされ、蜂起の意味を聖書が教える義なる社会の樹立につながるものと信じて、そのような「聖典に基づく政治」(7) (Scripture Politics) という宗教的動機に駆られて参加した保守的な神学的見地の持ち主も少なくなかった、と考えられているのである (Holmes, 2000a : 80–81)。

さらにミラーやホームズの見解に依拠して付言すれば、フランス革命後の当時のアルスター長老派の保守的な傾向の一面を物語るものとして、広く長老派の牧師や信徒の間には契約派の考え方を受け入れようとする傾向が認められたという。(8) 「アントリムやデリーのいくつかの場所では、アイルランドで活動した一七世紀の契約派、アレクサンダー・ペダンの聖伝に関するパンフレットがまた人気を博した」(Miller, 1978b : 77) とされ、蜂起に先だつ時期の契約派の野外説教では、ペダンの「神はフランスの刃をもって神の王国を打ち立てるのに用いるであろう」といった予言が想起されたという。一部には「長老派の目的である厳粛な同盟と契約は理性的な努力によって実現することができる」(Miller, 1978b : 82) といった主張もあったが、牧師も信徒も、契約の実現を、「ベルサイユの崩壊は反キリスト(Anti-Christ) を一掃する兆候の現れ」であると黙示録的に解するようになり、同様に、蜂起軍の司令官を務めたのではないかという容疑で逮捕された改革長老派の牧師ウィリアム・ステイヴリーも、「人が奴隷の鎖を解き放つとき、いまや千年至福の王国が足早に近づきつつある」と述べていた (Holmes, 2000a : 80)。

この伝統の中で涵養された人々の精神は、非契約王の君主制にも、高位聖職制の国教会にも、もはや忠誠を感じることはなかった。ケルスウォーターおよびカリバッキーの契約派の牧師ウィリアム・ギブソンは、一世紀前のアレクサンダー・ペダンやデイヴィッド・ヒューストンの集会を思い起こさせるかのように、野外の集会に大勢の群集を集め、かれらに、バビロンの滅亡と、迫りくるイギリスの君主制の崩壊とを関係させながら説教していた (Holmes, 1985 : 86)。

蜂起の意味を黙示録的に解釈したのは契約派だけでなく、この時期、ローマ・カトリック教徒をふくめ、ほとんどのキリスト教徒は「アメリカとフランスの革命が古い秩序の終わりと新しい秩序の夜明け」を意味すると理解し、その解釈に関して至福千年王国説 (millenarianism) の影響を受けていた。「はたしてわれわれは本当に、悪魔とその手先を打ち破ろうとしている最後の栄光ある戦いの最中におり、われわれを救済する偉大な指揮官に採用された栄誉ある兵士に選ばれたのだろうか」と自問し、アルスター長老派でさえ、この蜂起の意味を、「非契約王の国王を打倒してキリストによる契約王の王国を樹立する十字軍であるとみなしていたことは驚くに値しない」とされるのである

(Holmes, 2000a : 81)。

アルスター長老主義の内部においては、とりわけ、至福千年王国説という下位文化がフランス革命の諸々の事件に結びつけられ、神の告知や前兆を知らせるものとして熱望され、そこでは、カルヴァン主義者も契約派も、途方もない宇宙論をもって、神が教皇教と高位聖職制の滅亡を急がせているのだ、と信じられていた。合理的ラディカリズムを標榜する「ノーザン・スター紙」でさえ、反キリスト、野獣、至福千年、アルマゲドンといった奇妙な世界を、嫌悪したり、愚弄したりするようなことはなかったのである (Hempton, 1996 : 98)。

イアン・マクブライドは言っている。「九八年は、新しい光には、当時の教会や政府の中に深く根づいていた司祭主義 (priestcraft) と迷信に対する反乱であり、古い光には、エラストゥス主義、偶像崇拝、聖書によらない制度などに対する反乱であり、そしてすべての長老派にとって、市民的かつ宗教的な暴君の力と同盟していた政府に対する反乱であった。

いずれにせよ、ユナイテド・アイリッシュメンの活動が進展をみせた一七九〇年代、「アルスター長老主義における契約派の伝統は、かれらの数の少なさが意味する以上に強かった」(Miller, 1978b : 80) のである。そして、この伝統は、フランス革命後のフランスの事態の推移に失望しつつも、一九世紀以降もアルスター・プロテスタンティズムの歴史の底流に流れ続け、その後もさまざまな形で長老派のコミュニティの中に顕現することになる。デイヴィッド・ヘンプトンは述べている。「人間の権利に対する熱狂に始まり、人間の残酷さを物語る騒乱の証拠を残して終結した一八世紀最後の一〇年間から恩恵を受けた、その究極的な受益者とは、宗派的排斥主義 (sectarianism)、黙示録信仰 (apocalypticism)、そして福音主義であった」(Hempton, 1996 : 100)。

3　長老派とオレンジ会

キリスト教の宗派の垣根を越えたアイルランド人としての連合、というユナイテド・アイリッシュメンの理想は、一七九五年にアーマー州で産声をあげたプロテスタントの宗派的排他主義（sectarian）の組織、「オレンジ会」（Orange Order or Loyal Orange Institution）によって大きな打撃を受けることになった。ユナイテド・アイリッシュメンが連携の一つとして期待していたのは「ディフェンダーズ」（Defenders）というカトリックの組織であったから、反カトリックを標榜するオレンジ会の結成は、そうした一部のカトリックをユナイテド・アイリッシュメンとの協力に向かわせる結果をもたらしたことは間違いないにしても（Holmes, 1985 : 85）、その一方、オレンジメンが、ユナイテド・アイリッシュメンの会員が多いベルファストなどのアルスター東部とディフェンダーズが多いアルスター南部、この両地域の中間に当たるアーマー州などを拠点として急増したという事実は、オレンジ会が両者の連携を地理的、地勢的に阻害することになったと指摘しても良いであろう。

別の機会に論じているが、(9) オレンジ会は一七九五年九月にアーマー州のラフガル（Loughgall）という片田舎で誕生した。設立の発端は、カトリックの「ディフェンダーズ」とプロテスタントの「ピープ・オディ・ボーイズ」（早朝探索団といった意味）という、双方の秘密結社に似た農民・織物職工組織の衝突――「ダイヤモンドの闘い」として知られる――であり、その後、カトリック勢力に対抗するプロテスタントの自警団のような組織として誕生している。当初は借地農や職人層などを中心にした下層プロテスタントの組織という性格が強く、アイルランド議会の実権を握っていたプロテスタント支配層とは利害を異にしていたが、ユナイテド・アイリッシュメンの蜂起以降、ダブリン政府が積極的にオレンジ会に肩入れするようになると、反カトリックの旗色を鮮明にし、裕福なプロテスタントの地主層や中産階級もオレンジ会に加入するようになった。

オレンジ会には、その設立の当初から秘密の部分がつきまとっていた。フリーメーソンとかマフィアと比較されるのも理由がないわけではなく、事実、設立時の指導者はフリーメーソンの会員でもあったと言われ、王冠、聖書、剣をあしらった総本部（Grand Lodge）の紋章はフリーメーソンのそれと同様である。会員数は公表されたことはないが、[10]カトリックとの対立が激化した時代などは多くのプロテスタントが加入したようである。オレンジ会の中央と末端はピラミッド状に組織化され、会員は「支部」（Lodge）に所属する。各支部から「地区支部」に代表が送られ、さらに各地区支部から「地方支部」へ、そして最後に地方支部から選ばれた代表者によって「総本部」（Grand Lodge of Ireland）が形成され、その頂上に一名の総本部長（Grand Master）が君臨するという組織である。[11]プロテスタント教会の牧師もかなり加入しており、警察官にも相当数の会員はいる。

オレンジ会は、「市民的かつ宗教的な自由」を標榜するプロテスタントの宗教団体であると自己規定し、会員たる者の「資格」（qualifications）を次のように規定し、入会の際には以下の文面を朗読して宣誓することを求めている。[12]

> オレンジマンたるものは天にまします神へ心からの愛と畏敬の念を有し、救世主イエス・キリストを神と人間の間の唯一の仲介者であると信じ、イエス・キリストへの慎ましくも確固たる信仰をもつ。真理と正義、兄弟同様の親切さと慈愛、献身と恭順、調和と一致、法の遵守、これらを慈しみ育て、振る舞いは上品で憐れみ深く、親切で礼儀正しくある。有徳の社会を求め悪徳の社会を忌避する。聖書の研究に勤しみやまず、聖書を自分の信仰と実践の基準とする。プロテスタントの宗教を敬愛し、支え、守り、心底からその教義と戒律を広めることを願って努力する。ローマ教会の教義とその致命的な過ちにたえず対決し、カトリックの礼拝のいかなる形式あるいは儀式を推奨することには、それを注意深く避け、ローマ・カトリックの友には無慈悲な言葉、行為、感情を

控えながらも、あらゆる合法的手段を用いて、ローマ教会の支配、その侵食、その権力の拡大に抵抗する。神聖なる安息日を守り、教会の礼拝に参加し、神を畏れ、またプロテスタントの信仰の下で、自分の子孫および監督する者のすべてを熱心にたゆまず訓練し育成する。むやみに神の名を口にすべきでないが、一方で、呪いの言葉や神を汚す言葉を慎み、あらゆる機会に、他人にも、そうした言葉を吐いたり罪深い行為を行わないように努めるべきである。オレンジマンの行動は、知恵と思慮深さに導かれ、正直、自制、冷静さが際立っていなければならない。神の栄光、人間の幸福、国王陛下の名誉、国王の国土の善、これらこそオレンジマンの行為の動機であるべきである。

オレンジ会の名を世界に有名にしたのは、「オレンジ・パレード」として知られる毎夏の行進であろう。アイルランドに一八世紀以降のプロテスタント支配体制がもたらされたことを祝う戦勝パレードであり、オレンジ会が結成された翌年の一七九六年から始まったと言われているから、すでに二〇〇年以上にわたる長い歴史をもっている。オレンジ公ウィリアムのプロテスタント軍がボイン川の戦いでカトリック軍に勝利した日を祝う七月一二日（旧暦では七月一日）の「トゥエルフス」のパレード、「デリーの解放」を祝する八月一二日に近い土曜日に行われる「アプレンティス・ボーイズ」のパレードなどが有名であり、規模も大きい。両日とも、アイルランド・プロテスタントがローマ・カトリック教会の支配から脱して信仰の自由を獲得したことを祝い、アルスター（かつてはアイルランド）が連合王国イギリスの一部であることに感謝する記念日であり、それを祝して行進するのがオレンジ・パレードなのである。黒のスーツで正装したオレンジメンは、黒色の丸い山高帽（bowler hat）をかぶり、サシュ（sash）と呼ばれるオレンジ色の肩章（collarette）を掛け、各支部の幕旗（banmer）を先頭に、アルスター（北アイルランド）国旗やユニオンジャックを掲げて行進するのである。

一九世紀前半はオレンジ会の活動が衰退した時期でありパレードも低調となったが、一九世紀後半になってアイルランド・ナショナリストの運動が盛り上がるようになると、それに対抗するプロテスタントの行事としてオレンジ・パレードもアルスター各地で息を吹き返し、より最近では、一九六〇年代末のカトリック教徒の公民権運動の昂揚に危機感を抱くプロテスタントの運動と連携してオレンジ会の活動も活発化し、そのパレードに付随して起こるプロテスタントとカトリックの間の騒乱と暴力は世界に報道されており、周知のことであろう。

ところで、時代はさかのぼるが、当初オレンジ会のメンバーは、国教会という地位を有していた「アイルランド教会」の信徒に限られていたが、一九世紀の中葉（一八三四年という説もある）には非国教徒の長老派の加入も認められるようになり、プロテスタントの結集機関としてアイルランド全域で勢力を拡大するようになったと言われているが（Larsen : 283）、長老派のプロテスタントがオレンジ会に、いつ頃から、どれほどふくまれていたのか、という点は議論の余地のあるところである。もともとアイルランド教会系の組織として成立したが、少なからぬ数の長老派がオレンジ会の結成時から参加していたことは間違いないようである（Holmes, 2000a : 76）。最初に結成されたオレンジ会の「第一支部」（Number One）の一つは、オレンジ会結成の契機となったプロテスタントとカトリックの衝突に参加していた長老派の人物によって創設され、この第一支部の地区支部長（master）はすべて長老派の人間であったとされ、数は少数であったはずであるが、アルスター中部や南部の他の支部にも長老派の農民や職工が含まれていた（Latimer : 178）。

ユナイテド・アイリッシュメンに参加していたような長老派の人々は、「ノーザン・スター紙」などで、オレンジ会を時代錯誤の輩と軽蔑していたが、ただ、周囲にカトリックが多く、土地をめぐって宗派的な対立や紛争が頻発するようになったアーマー州などアルスター中部の農村地帯の場合と、カトリックの絶対数がまだ少なかったベルファスト、アントリム州、ダウン州などアルスター東部の場合では、同じ長老派でもオレンジ会に対する態度は大きく異なっていた。実際、オレンジメンとなった数少ない長老派が、アルスター中部・南部地方の農村部の農作業者や、この地方に勃興しつつあったリネン工場の職工層であったことは間違いなく、さらに、デイヴィッド・ミラーなどは、農村部の「古い光」の長老派の場合、かれらは、その統一された同じアイルランド人（United Irish）というアイデンティティの根拠をベルファスト商人の啓蒙的見解よりも、当時依然として色濃く残存していた前近代的信念、すなわち「人間の解放が間近に迫っているといった類の黙示録的で前近代的な信念」の中に求めようとしており、初期には、そのような「古い光」の長老派からオレンジ会への参加が起こったとして、次のように指摘している。

オレンジイズムは、それが急速にアーマー州を越えて広くプロテスタントの間に波及し、ユナイテド・アイリッシュメンを支持した層からさえ参加者が出るようになったという点で、その一七九〇年代における意味以上の重要性をもっている。蜂起が鎮圧されてしまった数年後、「九八年の理想」に対するプロテスタントの愛着は、ベルファストのごく少数の家族の中にかろうじて生き続けるだけとなったが、その一方、オレンジ会のスポークスマンは、一八三五年のある会合で、その数字を誇張する必要などまったくなかったのであるが、オレンジ会はアイルランドのプロテスタントの成人男性の半数以上に当たる二〇万人のメンバーを擁している、と豪語していた（Miller, 1978a, : 55）。

もちろん、ここでの「半数以上」という数字は、いかにも過大すぎるのであって、デイヴィッド・ミラー自身も、一八五一年当時のアイルランドのオレンジメンの数をプロテスタント人口の「四分の一」とする説を妥当と考えているようであるが（Miller, 1978a : 58）、オレンジ会に対するアルスター・プロテスタントの態度は地域によって異なり、「長老派はアントリム州ではユナイテド・アイリッシュメンとなり、アーマー州ではオレンジメンとなった」（Brewer and Higgins：48）という指摘も、大筋としては間違いないようである。この点に関しても、ピーター・ギボンは、アントリム州やダウン州におけるユナイテド・アイリッシュメンとアーマー州におけるオレンジ会、この両者の発生の原因を、双方の地域における農民とリネン職工の利害関係をめぐる階級構造の違いから説明しようとしている（Gibbon：26‒27）。しかしながら、「一七九八年蜂起の二つの震源地は長老派の人口が七五％を超えていた地域であり、それとは対照的に、オレンジイズムが発生した地域はアングリカンのプロテスタントが集住し、多くのカトリックをふくんでいた地域であった」（Wright, 1996：30‒31）のであり、アルスターの東北部と中部・南部の人口の宗派構成の違いという事実も、あるいは階級的要因以上に強調されねばならない点であろう。

一九世紀の長老派の歴史家W・T・ラティマーは、オレンジメンとなったような長老派の人々は教会への寄進を怠り、牧師から見放された農作業人や職人層であったと言い、「地主よりもカトリックを憎むことの多かった長老派はオレンジメンとなり、カトリックよりも地主を憎んでいた長老派はユナイテド・アイリッシュメンとなった」（Latimer：178）という、その後よく引用される言葉を残しているが、いずれにしても、一七九八年の悲劇は、「この蜂起が意図していたイギリスの権力に対する、すべての宗派をふくむアイルランド人の闘争とはならず、アイルランド人のアイルランド人に対する闘争となってしまった」ということであり、長老派の場合でも、「アントリム州やダウン州では反乱軍の各階級に名を連ね、アルスターの中部や西部の州では政府軍の各階級に目立って多かった」のであり、蜂起する側と弾圧する側の双方に身を置いていたことは間違いないのである（Holmes, 1985：85）。

ユナイテド・アイリッシュの蜂起の失敗と、その後のアイルランドとイギリスとの連合の可決は、オレンジ会をこれまでにないほど強大にした。それまで、オレンジ会はそのメンバーをアイルランド国教会からリクルートしてきたが、一九世紀初頭になると、ローマ教皇主義者への恐怖が煽られることによって、とくに借地農層の長老派も多数加入するようになり始めた。一九世紀の中頃になると、オレンジ会は衰退しはじめ、周囲から不評を招くこともあったが、一八八五年にグラッドストンがアイルランド自治へ変身したことがわかると、オレンジ会は劇的な再興を遂げることになる。その性格は一変し、中間層や上層階層の人々までが大挙して参加するようになり、連合の維持に向けて、その内部も概して品行方正な層をふくむ、そしてきわめて強力な政治組織へと変化した（Stewart, 1967：31）。

最後に、オレンジ会のその後についても付記しておきたい。一九世紀中葉、一時、カトリック解放をめぐってイギリス政府と対立したこともあって、しばらく活動が後退した時期もあったが、その後、アイルランド・ナショナリズムが高揚し、とくに後半、「アイルランド自治」を要求するカトリック教徒の運動が進展するようになると、オレンジ会は、連合王国イギリスとの連合の維持を求めるユニオニストの運動を支えるようになった。カトリックのナショナリストの運動に危機感を抱くプロテスタントは、農民も地主も、雇用者も労働者も、保守派もリベラル派も、宗派を越えてオレンジ会に結集し、勢力を拡大するようになってくる。

オレンジ会は「市民的かつ宗教的な自由」を標榜するプロテスタントの宗教団体であると自己規定し、極力、政治への関与を否定しようと喧伝してきたが、それはあくまで表向きのことで、以上のように、プロテスタント支配とイギリスとの連合維持に向けて政治活動を展開してきたことは否めないところである。二〇世紀になると、オレンジ会はプロテスタントの最大政党「アルスター・ユニオニスト党」（ＵＵＰ）と表裏一体の緊密な関係を維持し、北アイルランドの政治に絶大な影響力を行使する。一九二一年から一九七二年までの、いわゆる「ストーモント時代」、ユニオニストの六名の歴代北アイルランド首相はオレンジ会の会員であり、内閣の大臣のほとんどもオレンジメンであった。北アイルランドが「オレンジ国家」と呼ばれた所以であるが、その後もＵＵＰ党首は、ほとんど例外なくオレンジ会のメンバーであったはずである。

注

(1)　イギリスが北アメリカでフランスと戦争中、アイルランドから部隊が派遣された関係で、その防衛が手薄となった一七六〇年、フランス軍がベルファスト湾に上陸するという事態も起こった。

(2)　デイヴィッド・ヘンプトンによると、ユナイテド・アイリッシュメンのラディカル（急進的）な思想は、一つではなく内部にいくつかの思想をふくんでいた（Hempton, 1996 : 162)。フィンレイ・ホームズは具体的に、スコットランド契約派の伝統、一七世紀以来のイングランド・コモンウェルスの共和主義、一八世紀ヨーロッパの啓蒙主義、アメリカとフランスの革命思想などを挙げている（Holmes, 2000b : 17)。

(3)　ウルフ・トーンは、すべての長老派がユナイテド・アイリッシュメンを支持し、カトリック解放にも賛成していると信じていたが、これはアントリムとダウンの長老派に限られた。この二つの地域はカトリックの人口が少なく、宗派間の対決や紛争が比較的少なかった。しかし、長老派のユナイテド・アイリッシュメン支持は、この二つの地域でも減少傾向にあった。アルスター全体でみても、かつて一七八三年にダンガノンに集結してカトリック解放を支持したプロテスタント（長老派）の民兵の大会は、一〇年後の同じ大会では、アーマーからは代議員が派遣されず、カトリック解放をめぐって大会は分裂してしまった。フランス革命での王と妃の処刑はユナイテド・アイリッシュメン支持であった長老派の幻滅を招くという一面もあった（Brewer and Higgins : 48)。

(4)　もとよりアイルランド・カトリック教会はユナイテド・アイリッシュメン協会に対して敵対的であり、その蜂起を支持しなかった。「ディフェンダー」を支援して蜂起に参加したカトリックは破門を覚悟していたと言われている（Brewer and Higgins : 49)。

(5)　余談の類いとなろうが、一九九八年はユナイテド・アイリッシュメンの蜂起から二〇〇年後の年であり、ベルファストのアルスター・ミュージアムでは、その記念展が開催されていた。ユナイテド・アイリッシュメン協会とその蜂起については、記念展の記念誌 *UP IN ARMS : The 1798 Rebellion in Ireland, A Bicentenary Exhibition*, compiled and edited by W.A. Magure, Ulster Museum（1998）が全般的な情報を与えてくれる。

（6）一九世紀になるまでのアルスターは圧倒的に農村社会であった。一八〇〇年になるまで人口二〇〇〇人以上の町は一四を数えるにすぎず、一〇〇〇人以上の地域に住んでいる人口は全体の一〇分の一にすぎなかったと推測されている（McBride, 1998a : 61）。

（7）ここでの論述が負っているイアン・マクブライドの主著は『聖典による政治』（*Scripture Politics : Ulster Presbyterians and Irish Radicalism in the Late Eighteenth Century*）であるが、書名は、一八世紀末のウィリアム・スティール・ディクソン（William Steel Dickson）の説教集、*Three Sermons on Scripture Politics*（1793）に由来する。

（8）フランス革命の影響を受けたアイルランドの政治は、契約派の伝統を保持する人々に「至福千年王国」の神学を呼び起こし、聖書が予言していた「最後の審判」が近いことを悟らせるようになった（Hempton, 1996 : 98–99 : Miller, 1978b : 80–81）。反キリストの打破はカトリック教会の没落を意味することにほかならず、フランス革命はそれを達成した。神の選民であるアルスターの人間にできることは現在のアイルランド支配階級の政治の没落に手を貸すことにつきる。……新しい光の長老派は、キリストと反キリストの闘争を自由と専制（despotism）の間の闘争を代弁していると考えようとした（Hempton and Hill : 28）。

（9）オレンジ会についてのより詳しい論述は、松井清「オレンジ会のパレードとドラムクリーの攻防――北アイルランド紛争の現在（二）――」『明治学院論叢』第六四三号『社会学・社会福祉学研究』第一〇八号、二〇〇〇年、一―五二頁および松井清『北アイルランドのプロテスタント――歴史・紛争・アイデンティティ――』彩流社、二〇〇九年、八〇―八七頁を参照されたい。さらに詳しい研究としては松尾太郎の次の論稿がある。「オレンジ会の成立――宗派的排他性の構造――」（上）（中）（下）法政大学『経済志林』一九八七―八八年、（上）第五五巻第二号、一―二四頁、（中）同巻第三号、一―二六頁、（下）第五六巻一号、四三―一四六頁。

（10）二一世紀の今日に至るまでオレンジ会は会員数を公表していない。オレンジ会のパレードをめぐって紛争が激化した二〇世紀の終わり頃、会員数は四万人から一二万人まで、憶測の数字はさまざまであり、新聞などでよく目にしたのは八万人という数字であった。ただ、実際はそれよりもかなり少なかったように思われ、私見では、おそらく六万人前後という数字が当を得ていたように思われる。かりに六万人程度としても、当時の北アイルランドのプロテスタント成人男子の四人ないし五人に一人がオレンジ会に入会している勘定となり、プロテスタントの組織としては最大のものであった。都市部よりも農村部で入会する率が高く、プロテスタント教会の牧師もかなり加入しており、アルスター警察の警官の中にも会員はいる。なぜ、オレンジ会はかくも高い組織力をもっているのか。その答えの一つとして挙げられるのは、オレンジ会が会員に就職斡旋の機能を果たしてきたという事実であろう。オレンジ会の会員でなければ就職できない企業や職場もあったと言われていた。

(11)　やや公式的な数字になるが、一九八〇年から一九九〇年にかけての時期のオレンジ会の組織は、次のように言うことができよう。会員はアイルランド全体で一四〇〇を数えるという支部に所属する。支部は各市町村の地域や地区別に形成されているのが通例であるが、歴史的な理由からいくつかの町にまたがっている支部や、職能別、教会別の支部もなくはないようであり、また、遠く離れていてもかつて所属していた支部の会員にとどまることが多いようである。各支部はオレンジホールを有し、支部長（Master）、副支部長、秘書、財務担当、支部牧師（Chaplain）を毎年選び、バンドの調達など、各種のパレードを立案、実行する。なお、各支部は六名の代表を「地区支部」（District Lodge）に送る。地区支部は一二六を数え、ベルファストには九つある。主にオレンジホールの管理に当たる。さらに各地区支部は七名から一三名の委員を「地方支部」（County Grand Lodge）に送り、この地方支部から選ばれた代表者と任命者二五〇名が「総本部」（Grand Lodge of Ireland）を形成する。総会は年二回開かれ、一二六の「地方支部」の九〇％近くが総本部に代表を送っているとのことである。ピラミッドの頂上には一名の総本部長（Grand Master）のほか、六名の副本部長がおり、教育委員会、規約委員会、広報委員会といった組織をもっている。

(12)　オレンジ会のホームページは http://grandorengelodge.co.uk/ である。

第六章　ヘンリー・クックの時代

1　アリウス主義論争——第二次署名論争

一八〇〇年八月二日、ダブリンのアイルランド議会はカレッジ・グリーンでの最後の議事を終了した。一八〇〇年の「連合法」(Act of Union) によってアイルランドは翌年一月から連合王国イギリスの一部となり、ロンドンのウェストミンスター議会に一〇〇名の庶民院（下院）議員と三二名の貴族院（上院）議員を送ることになった。イギリス（イングランド）との関係を絶ってアイルランドの独立を求めたユナイテド・アイリッシュメンの目標とは逆に、アイルランドはイギリスとの関係を深める結果となり、「連合」とは名ばかりにイギリスに併合されることになったのである。

「アイルランドでは七〇万人が連合に反対する請願を行い、賛成は七万人にすぎなかった」と指摘されているが (Latimer : 183)、よりいっそうの解放と市民権の拡充を期待するカトリック教会は概して連合に反対ではなかったようである。一方、プロテスタント支配体制の既得権の喪失を恐れるアイルランド教会は連合に反対する声が強かったが、やがて現実の変化の前に、そうした反対の声も勢いを失い、議会の連合と同時にアイルランド教会も現行の教義、教会統治、礼拝様式を維持することを条件にイングランド教会と統合することになり、イングランドとアイルランドは一つのアングリカンの国教会を形成することになった。

イギリスとの連合に対してアイルランドの長老派はどのように対応したのであろうか。「ダウン州の長老派はコーク州のカトリックと同様に反対の急先鋒であった」(Latimer : 183–184) と指摘され、また、先のウィリアム・ドレナンのように「連合法」に強力な反対キャンペインを展開した論客もいたが、多くの長老派は、自分たちを「二級市民」とみなしてきたダブリン議会の廃止を歓迎する空気が強く、アルスター・シノッドが「蜂起」への関与を払拭する目的もあって積極的に連合を肯定する方針を打ち出すようになると、大勢は連合を肯定する方向に歩み出した。イギリスの側も、国家への長老教会の忠誠を強めようとする政策もあって、ほどなく国王の恩賜金は増額され、その受領を拒絶し続ける「改革長老派」(契約派) を除き、市民派と反市民派に二分された「分離派」――当初は支給対象から排除されていた――に対しても一八〇九年から、それぞれ会衆 (信徒集会) の規模に応じて支給されようになった[1]。

ところで一八一〇年、リネン工業の発展や造船業の開始とともに急速に工業化するベルファストに、アルスター住民の高等教育への欲求に応えるべく「アカデミカル・インスティテューション」(The Royal Belfast Academical Institution) という教育機関が誕生している。スクールとカレッジの二つの部分を担い、カトリックの子弟をふくめた宗派を超えた教育をモットーに徐々に組織も拡大し、一八一八年にはカレッジに属する神学校も開設され、アイルランドの聖職者養成機関の一翼を担うことになった。すでにアイルランドにはカトリック教会の「メイヌース神学校」、アイルランド国教会にはダブリンの「トリニティ・カレッジ」という二つの聖職者養成機関があり、それぞれ神父や牧師の養成に当たっていたが、長老派の子弟がトリニティ・カレッジに入学して学位を得る見込みはほとんど無きに等しく、これまで牧師を志す長老派の子弟は遠くスコットランドの大学で神学の学位を得るほかはなかった。その意味でも、アルスター・シノッドをはじめ長老派の人々は、この新しい神学校の開設を、グラスゴー大学やエディンバラ大学に代わり、ここベルファストにおいて長老派の牧師養成機関の誕生として期待したのである。[2] 実際、インスティテューションの当局は、アルスター・シノッドと分離派シノッドの双方に、それぞれの教義にふさわしい神学教授（Divinity professors）の推薦を依頼しており、インスティテューションと長老教会の連携はうまくゆくものと思われた。

開設をめぐっては長老派の有力な牧師やイギリスの政治家が人事や国からの財政援助などをめぐって舞台裏で暗躍する一幕もあったし、イギリス政府は、インスティテューションの評議会にウィリアム・ドレナンのような人物が混じっていることに不快感を示したが、ともあれインスティテューションは順調にスタートしたようである。しかし、神学校に関しては、その開設後ほどなく、アルスター・シノッドの一部の牧師の期待は大きく揺らぐことになった。もとよりアルスター・シノッドには、インスティテューションをコントロールする制度上の権限はなかったのであるが、シノッドはこの神学校の教師たちの思想や神学に疑いの目を向けるようになってくる。

前述のように、約一世紀前には「署名派」と「非署名派」の論争があり、一八世紀を通じて「新しい光」が優勢であったが、この一九世紀初めの時期には「古い光」が「新しい光」を抑え、アルスター・シノッドの牧師や長老の多数派を形成するようになっていた。[3] ただ、シノッドはその後も、シノッドを離れた非署名派の「アントリム長老会」とは良好な関係を回復し、シノッド内部の「新しい光」の同調者に対しても「奇妙な寛容さと手ぬるさをもって……抑制することはあっても抹殺することはなかった」（Leith : 15）のである。実際、個々の長老会の三分の二以上は一七二〇年の「和解令」を踏襲して、聖職候補者への「ウェストミンスター信仰告白」への署名を求めておらず、この前例をむしろ蔑ろにしていたのが実情であった（Holmes, 2000a : 90）。

しかしながら、「一九世紀になってアルスターの社会構造を変質させていた工業・農業革命は、一八世紀の冷静で合理主義的な宗教では対処できない、新しい精神の欲求を人々の心に生みだすようになっていた」（Holmes, 1981 : 8）という背景と、後述するように、この時期以降の福音主義の台頭もあって、アルスター・シノッドのエートスはすでに変化し始めていた。やや先取りして言えば、前世紀の論争の争点が神学上の問題に発展しながらも主に「信仰告白」への同意・署名をめぐる教会の規律に関するものであり、非署名者の側も自分たちを正統派に属していると自認していたのに対し（Brown, 1981 : 30）、今回は神学科の一部の教師たちの神学傾向をめぐって長老教会の教義や神学の正統性が争われることになったのである。保守的な「古い光」の側に立つ多数派の牧師は、「新しい光」のリベラルな神学的見地の中に、再度、三位一体説を否定してイエス・キリストの神性を否定する「アリウス主義」（Arianism）の混入を発見して糾弾することになるのである。(4)

一八二一年も終わりに近づいた時期、アカデミカル・インスティテューションはラテン語・ヘブル語・ギリシア語を担当する教授の後任人事の人選に着手した。その候補者ウィリアム・ブルース（William Bruce）は、同じ名前の著名な父親と同様に、(5)リベラルを任じ、一部からアリウス主義者との風評も囁かれるラディカルな神学の持ち主であった。正統派を自認する「古い光」の側からすれば、ブルース親子を筆頭に幾人かの「新しい光」の牧師は、もはや単なる高教主義者ではなく、伝統的なキリスト教の用語では異端を意味する、アリウス主義の信奉者と目されていたのである。

ブルースの人事をめぐる問題を皮切りに、「第二次署名論争」とも呼ばれる対立が表面化した。「古い光」の支持を背景に、アリウス主義批判の舌鋒とアリウス主義者摘発の先頭に立ったのは一七八八年生まれの当時三〇代の牧師、ヘンリー・クック（Henry Cooke）であった。デリー州メゲラ（Meghera）の零細な農民の息子で、先祖に「デリーの包囲」の際に籠城して戦った者がいたことを誇りとし（Holmes, 1981 : 2）、他方、少年時代に経験したユナイテド・アイリッシュメンの蜂起には消しがたい憤懣の記憶を持ち続けたようである。グラスゴー大学で博士号を取得し、アントリム州のデネイン（Denain or Duneane）で叙任されたのち、一八一八年から、ダウン州のキルリー（Killyleagh）の牧師を長く務めていた。伝統的なカルヴァン主義に立脚し、その強烈な個性と毒舌をもって相手を圧倒するクックは、ア

ヘンリー・モンゴメリー（左）とヘンリー・クック

ルスター長老教会の「正統派の闘士」（Champion of Orthodoxy）として頭角を現し、一八二〇年代以降の約四〇年にわたって同教会のカリスマ的指導者の一人として、端倪すべからざる実力と影響力をもってアルスター・シノッドや教会総会に君臨することになった。

クックと対決した「新しい光」の側の代表は、クックと同年齢の、雄弁でありながらも優雅な振る舞いで人を魅了するダンマリーの牧師、ヘンリー・モンゴメリー（Henry Montgomery）であった。アントリム州の資産家の農家の生まれで、クックと同時期にグラスゴー大学で学んでいるが二人は親しく交わることはなかったようである。一八一七年以来ながらくアカデミカル・インスティテューションの英語学校の校長を務めていた。一八二〇年代の後半、アルスター・シノッドの毎年の年次大会を舞台に「この世紀を通じて最も白熱した議論」（Reid, vol. Ⅲ : 448）がくりひろげられ、長老派のプロテスタントは、アルスター・シノッドの覇権をめぐって論戦する二人のヘンリーの対決を見守ることになる。

一八二二年のニューリーでのシノッドの大会でクックのインスティテューションに対する攻撃が始まった。「私はこう公言してはばからない。ベルファストでアリウス主義の聖職者や教授たちの脳中にあり、学生たちに教えている教義は聖書の教えに敵対するものだ。」クックがシノッドの議長（moderator）に最初に選出されたのは一八二四年度であったが、父親の方のブルースは『聖書の研究とキリスト教の教義』（*The Study of Bible and the Doctrines of Christianity*）というタイトルの著作を公刊しており、その中で、かれ自身もアリウスの見解を容認するだけでなく、そのような見解はアルスター・シノッドの内部に「公言されていなくても広範に浸透している」（extensive though silent progress）と述べていた（Holmes, 1981：33）。このこともあってか、クックのアリウス主義に対する攻撃は勢いを増したようである。一八二五年、クックはイギリス議会のアイルランドに関する特別委員会へ提出した証言の中で述べている（Latimer：194）。「アルスター・シノッドの二〇〇名の牧師のうち約三五名はアリウス主義者であり、ベルファストの（アカデミカル）インスティテューションはいつかアリウス主義の神学校（a seminary of Arianism）になるかもしれない。」

このクックの証言はかえって物議をかもすことになった。翌年のシノッドは紛糾したが、クックは怯むことなく、アントリム長老会との関係を正式に清算すべきだとする動議を提起し、インスティテューションの人事をシノッドのコントロール下に置くこと、そうでなければブルースのクラスから学生を引き揚げる、などと提案している。ただ、この時点でのクックの攻撃は成功とは言えなかったようである。これらの提案をはじめ、シノッドとインスティテューションの関係を凍結しようとするクックの提案は採択されず、クックの思惑は頓挫した。「シノッドの多数派は、これまでもインスティテューションに好意的な態度を示し続けてきたのであり、インスティテューションを支配しようとするクックの政策を拒否した」のである（Holmes, 1981：63）。クックの攻撃には神学的理由ばかりでなく、むしろ政治的思惑が見え隠れしており、シノッドの指導者層には、それを嫌う人々が少なくなかったのである。

ただ、一八二七年にインスティテューションに関するイギリス政府の調査委員会報告が公表され、その中で、インスティテューションの神学的、政治的中立性はおおむね確保されていることを認めつつも（Holmes, 1981：47）、「モンゴメリーとシノッドの書記を務めるウィリアム・ポーター牧師がアリウス主義への共感をはじめて公言した」と報告していることがわかると（Brooke : 149）、事態は一変した。これまでのクックの憶測を裏づけるように、インスティテューションのみならずアルスター・シノッド内部にも、三位一体の教説を否定してアリウス主義を容認する牧師がいることは明らかであり、クックは、インスティテューションへの攻撃を中断して、シノッドの牧師の点検と排斥に乗り出すようになった。

「イギリスでは一八一三年まで（アイルランドでは一八一七年まで）、三位一体の教説に異論を唱えることは処罰に値する罪（punishable offence）であった」（Brooke : 149）が、それからすでに一〇年を経過したこの時期、このような規制はなくなり、ユニテリアンの思想も合法化されるようになった。それもあってか、モンゴメリーらは臆することなく、良心の自由と個人の判断の権利を主張して譲らなかった。プロテスタンティズムの本質は「聖書のみ」と信仰における個人的判断の権利であり、個々人の信仰を無理やり信仰告白という形で一律に明文化し、それに署名させようとすることは個人的判断の権利を侵害することになりかねない。この点でも、かれらはもはやアリウス主義への共感を否定しなかったのである。クックは反論する（Hempton and Hill : 74）。

われわれは何千回も、プロテスタントという宗教は個々人の私的判断の上に基づいていると聞かされてきた。何たることだ、そのようなお粗末な基盤に立脚しているとは。そんなことは断じてない。プロテスタントの宗教は、戒律と神の御言葉《みことば》に立脚し、預言者と十二使徒に立脚し、とりわけイエス・キリストをその基石としているのだ。その宗教は太古の岩（rock of ages）の上にあって揺るぎなく、地獄の入り口もその岩に打ち勝つことはない。

同じ一八二七年にティロン州のストラバンで開催されたシノッドの大会では、アリウス主義者に対するシノッドの手ぬるい対応を非難するクックの動議には四一名の牧師と一四名の治会長老が賛同した（Latimer：195）。それに対抗して、あるベルファストの新聞が「われわれがこれまでに聞いた雄弁さの最も力強いものの一つ」と報じ（Holmes, 1981：71）、反対者からも嵐のような喝采を浴びたモンゴメリーの三時間に及ぶ素晴らしいスピーチが終わり、参加者が固唾をのんで見守る中、最後にクックが「三位一体の教義を信じるか、信じないのか」を票決するよう求めて討議を打ち切った。「四名の牧師が票決の前に退席した。一一七名の牧師と一八名の長老が『信じる』に票を投じ、二名の牧師が『信じない』に投じ、八名の牧師が票決を嫌がった」（Latimer：196）。シノッドは圧倒的多数で三位一体の教説の遵守を票決した。モンゴメリーに共感を抱く牧師も数名いたが、自分の教会（会衆）が厳格な正統派であることを勘案して表立ってモンゴメリーを支持するわけにはいかなかったと言われている。

翌一八二八年のクックスタウンでのシノッドの年次大会は、前年の動議を受けて、牧師候補者の聖書の知識、アタナシウス派に立つ正統派の信仰、個人の霊的経験の実質を点検する委員会の設置などを可決し、アリウス主義に敵対する正統派で福音主義の立場に立った候補者に限って牧師への任用を認める決定を行った（Holmes, 2000a：92）。かくして、そのすべてがアリウス主義者ではなかったが、この決定に抗議してモンゴメリーらのリベラルな牧師はアルスター・シノッドを離れることを表明し、一八二九年八月のクックスタウンでのシノッドの特別集会において一八名の牧師、一五名の学生と牧師補、一九七名の治会長老らが「抗議書」（Remonstrance）に署名し（Kirkpatrick：57）、同年、ベルファストで一七名の牧師とその会衆が「抗議派シノッド」（Remonstrant Synod）を結成することになった。[6]一八三五年、この「抗議派シノッド」に一七二五年にアルスター・シノッドから分離した、先述の非署名派の「アントリム長老会」と、やはり非署名派でアイルランド南部のマンスター地方に結成されていた「マンスター・シノッド」（Synod of Munster）が合流して「アイルランド非署名派長老協会」（Association of Irish Non-Subscribing Presbyterians）が結成され、一九一〇年に改名されて、現在の「アイルランド非署名派長老教会」（Non-Subscribing Presbyterian Church of Ireland）となるのである（一六七頁の図6-1を参照のこと）。

ここでの最後に、「ウェストミンスター信仰告白」への同意・署名の問題に対するクックの対応について触れておこう。前述のように、アルスター・シノッドは内部の「新しい光」の同調者に対する配慮などもあって、長らく、すべての聖職候補者への「ウェストミンスター信仰告白」への同意・署名を強制することを控えてきた。このことに関して正統派を自認する「古い光」の牧師や長老の反発は続き、モンゴメリーらが離脱したあとの一八三六年になって、シノッドはウェストミンスター信仰告白への無条件の署名（unqualified subscription）を議決したが、クック自身について言えば、「一八二六年のシノッドにおいて、ウェストミンスター信仰告白には、自分も、この場の他のメンバーも、署名するのを躊躇する問題が潜んでいる」（Holmes, 1981 : 128）と宣告して以来、無条件の署名には反対してきた。

この問題に対するクックの考え方が変化するのは、スコットランド教会からの圧力によるものであった。かつてアルスター・シノッドとスコットランド教会の聖職者間にあった交わり（ecclesiastical communion）は、アルスター・シノッドの側がウェストミンスター信仰告白への署名への強制を緩和させたことに対応して、一七九九年にスコットランド教会が牧師任用の基準を厳しくしたことが障害となって中断していた。フィンレイ・ホームズは、確たる証拠はないとしながらも、一八三〇年代以降、クックが無条件の署名に反対しなくなった理由には、両教会の交流を回復したいと願うクックの意向が強く働いていた、と推測している（Holmes, 1981 : 129）。

一八三六年五月、クックはスコットランド教会の教会総会（general assembly）に陪席している。この総会でスコットランド教会は、前年にアルスター・シノッドが牧師の任用などに際してウェストミンスター信仰告白への無条件の署名を課することに同意した旨を公表し、本年から同信仰告白がアルスター長老教会の法規（law of the church）となった旨を確認している。かくして、長年にわたる両教会の交流を妨げていた障害が取り除かれた。スコットランド教会の教会総会の期間、クックは賓客として遇され、エディンバラのジョン・ノックス由縁の聖ジャイルズ教会で説教する光栄に浴している（Holmes, 1981 : 132)。

2　政治と宗教

ヘンリー・クックは「自分が叙任された時期、時流は非正統派に向けて激しく流れ、自分はマイノリティであった」と述懐しているとのことであるが（Latimer : 196)、モンゴメリーらとの「論争」を決着させ、[7]アリウス主義者が離脱した一八二〇年代の終わりには、かれはアルスター・シノッドの内部に並ぶ者のいない権勢を誇示する

ヘンリー・クックの像

までになった。四〇歳代に入ったばかりのクックの威信と影響力は頂点を極め、アルスターのいかなる聖職者も得たことのない人気を獲得し、教会の説教壇でも演説会の演壇でも、その周りには聴衆が押し寄せるようになった（Holmes, 1981 : 81)。ベルファストのメイ・ストリート（May Street）には、長老派の礼拝施設としては壮麗すぎる教会がクックの崇拝者によって建てられ、かれの活動の拠点となった。

「長老派の教皇」（Presbyterian Pope）とあだ名され、その後のアルスター長老主義の方向を左右することになったクックにとって、「トーリーイズム、帝国、連合がクックの政治的モティーフであり、かれの神学上のモティーフは、教義としての正統派、福音主義、そして反カトリック主義であった」（Brewer and Higgins : 57）と評され、かれ自身はオレンジ会の会員ではなかったが、「かれの背後では福音主義とオレンジイズムとが手を握っていた」（McMinn, 1981 :

135）とも評されている。しかし、シノッドがつねにクックの行動を全面的に容認したわけではない。とくにホイッグ党（自由党）寄りのリベラリズムをシノッドから一掃してイギリスのトーリー党（保守党）指導部との関係を強めようとするクックの強引な行動は、シノッドや教会総会の場においても疑問と批判を呼ぶことになった(8)。正統派を自認するシノッドの内部においても、非国教徒としての長老派の歴史的伝統の一つであるリベラルな要素はけっして死に絶えたわけではなかったのである。

（二）カトリック解放

クックは自分の行動が政治的理由によるものではないとしながらも、一方で、かりにそれが政治的とみなされた場合でも、それはあくまで宗教的確信に裏づけられたものであると強調している。「政治が宗教の領域を侵略することになれば、教会人は政治に関与せざるを得なくなる」（Holmes, 1981 : 96）。そのような「政治と宗教」をめぐる問題を中心にクックの行動にいくつか触れておくと、まず、一八二〇年代以降に進展する「カトリック解放」の問題への対応がある。一八世紀後半の一連の改革によってカトリック教徒に対する制限は一部緩和されていたが、かれらの政治的、社会的権利に対する制限は残されており、かれらは自分たちの境遇をこのまま甘受するつもりはないことを表明するようになっていた。ダニエル・オコンネル（Daniel O'Connel）は、この問題をとおしてアイルランド人のナショナリズムを高揚させることに成功し、カトリックの司教や司祭までを自分たちの運動に組み入れ、一八二三年には「カトリック協会」（Catholic Association）を設立し、基本的には暴力を排し、世論と議会主義に立脚した大衆運動という方法で、プロテスタントをふくめカトリック解放を支持する議員の増加によって目的を達成しようとした(9)。

当時のイギリスの保守党政権にとって、野党ホイッグ党の議員の中にカトリック解放に賛同する議員が増加しつつあることは悩みの種であり、しかも、オコンネルたちの運動はカトリック解放だけでなく、教会税の廃止、借地農の権利拡大、普通選挙権や秘密投票など議会政治の改革、さらに最終的にはアイルランド独自の議会の回復とイギリスとの連合撤回（リピール）をも射程に入れた、さまざまな改革を要求するものであった。しかも、かれらの背後には過激な手段に訴えようとする勢力があることは間違いなく、かれらの不満が暴発すれば、アイルランド統治は困難になることは必至であり、また、与野党を問わずカトリック解放に賛成の議員がイギリス議会で多数を占めるようになった場合、議会の運営が覚束なくなることも必至であった。こうした事情から、もともとはカトリック解放に消極的であった当時の保守党政権は、連合王国を維持し、アイルランド社会の安定という目的から、反カトリック感情の強い党内右派の反対意見を遮って「カトリック救済法」を成立させ、一八二九年にカトリック解放が実現することになった[10]。

アイルランド教会系のプロテスタントはカトリック解放に反対であったが、長老派の場合は、アルスター・シノッドが一七九三年と一八一三年の二度、カトリック解放を容認する方針を打ち出していたこともあって、カトリック解放に賛成する意見が少なくなかった。ただ、クックは、この問題に関連してあまり目立った発言を控えているようである。その背景として、クックは、「一八一三年にシノッドはカトリック解放の原則を支持しているが、アルスター長老派の普通の（less informed）人々はほとんど例外なくカトリック解放に不賛成である」（Hempton and Hill : 72）ということを察しており、かれらの多くがプロテスタント支配体制の維持を求め、一部にはカトリックとの妥協を拒む頑迷な反カトリック主義の感情も存在しているという事実も知っていた。「アルスターで正統派の長老派の心を最も良く知っているのは自分である」と自負し、おそらくクック自身も内心ではカトリック解放に否定的であったから、この問題では第一線から身を引いて発言した嫌いがある。

一八二五年には「一定の解放を支持する」（in favour of some measure of emancipation）と発言し、「クックはカトリック解放に反対したことはない」と報道されたかと思うと、カトリック解放を「恐怖、不満、落胆をもって静観する」

などと主張もしており（Holmes, 1981 : 64–66）、この問題でクックの一貫した対応を見定めることは難しいようである。フィンレイ・ホームズは、「条件つきの解放」を支持したクックを、イングランドのユニタリアンや非国教徒と連携してカトリックの「全面的な解放」を主張したモンゴメリーと対比している（Holmes, 2000a : 93）。繰り返し言えば、すでにアルスター・シノッドが一定の方向を示している以上、クックは、シノッドの方針に逆らってこの問題で突出することを避けようとしたようである。かれがアリウス主義論争で勝利した一八二九年は、カトリック解放をめぐる問題では不戦敗を喫した年ともなった。

（二）国民教育システム

クックとシノッドとの齟齬は、新しい教育改革をめぐっても顕著であった。一八三一年九月、当時の自由党政権はイギリス議会に、アイルランドの初等教育における「新しい国民教育システム」（new National Education System）の導入を提案している。それは、「学芸は統合、宗教は分離」（combined literary and separate religious education）と形容されるように、世俗教育はすべての子どもを一緒に教育するものの、宗派の異なる子どもたちを擁する学校の宗教教育については、世俗教育とは別の曜日や時間に各宗教・宗派の聖職者を招いて分離して教育することを狙いとするもので、今日の統合教育（Integrated Education）――実現しているわけではないが――の理念を先取りするものであったと言えるかもしれない。ただ、結論的に言えば、この提案は実現することはなかった。

一六世紀以降のアイルランドの学校教育がアイルランド国教会によるアイルランド人のイングランド化（anglicisation）、とくにカトリックの子どもたちのプロテスタントへの改宗を狙ったものであったことは否めない。いわゆるヘッジ・スクール（Hedge Schools）によって、それに抵抗してきたカトリック教会の反発は一九世紀になると強くなり、カトリック教会が統制するカトリックの子どもだけの宗派別学校の設立を求める意見も出てきた[11]。一方、プロテスタントのアイルランド教会の側も、今回の教育改革は、かれらが国教会として独占してきた宗教教育の喪失を意味するものと考えて反対であった。

長老派の対応は割れていたが、この提案に最も強硬な反対の論陣を張って抵抗したのがクックであった。プロテスタントが自分たちの原則を犠牲にして、世俗教育とはいえカトリックと共通の教育システムに参加するというアイディア自体を攻撃し、宗教教育に関しても「カトリックの神父にその破滅的なドグマを布教する自由を与えることと、プロテスタントがその神父の仕事の共犯者になることとはまったく別のことである」と激しい言葉を使い、今度の新しい国民教育システムでは「聖書は通常の学校時間外で学ぶことになり、……聖書は国民学校から追放されようとしている」と警戒するのであった（Holmes, 1981：95–96）。「プロテスタントは宗教改革以来はじめて自分たちの学校に神父が訪れる機会を与え、ローマ・カトリックの教皇派（popery）を勇気づけることを強要されている」（Holmes, 2000a：104）。

クックはシノッドの大多数の牧師は国民教育システムに反対であったと主張していたが、じつは必ずしもそうではなかった。一八三四年のシノッドは、この教育問題に関する票決において、牧師の多数は今回の国民教育システムに賛成する票を投じていたが、総数では反対となり、クックを敗北から救ったのは治会長老の票であったと言われている（Holmes, 1985：107；Kirkpatrick：59）。ともあれ、この反対という結果もあって、アルスター・シノッドは、これまでと同様に長老派の独自の宗派別学校を運営することになり、一八四〇年には、イギリス政府も改革を断念し、今日の北アイルランドにみられる宗派別教育（denominational education）という分離教育が確立することになった。

(三)　アイルランド教会の非国教化

クックとシノッドは、さらにアイルランド教会の「非国教化」（disestablishment）の問題において亀裂を深めることになった。一八六一年当時でもアイルランド教会の信徒は全アイルランド人口の一二%を占めるにすぎず、マジョリティを形成するカトリックの解放は、十分の一税の支払い拒否運動などもあって、マイノリティ教会であるアイルランド国教会の存立を揺るがせることになった。アイルランド教会の非国教化についてはイギリスの自由党議員の中にも賛同者が現れ、一八三〇年代になると、長老派など非国教徒のプロテスタントの内部には、いかにアイルランドの支配階級の宗教とはいえ、ごく限られた信徒数のアイルランド教会が国教制であることに対する疑問とともに、アイルランドのプロテスタント支配体制に対する危機感も流布しかねない状況になってきた。こうした趨勢とは裏腹に、この「非国教化」の問題についてのクックの見解は、長老派の人々もプロテスタンティズムという共通の名の下にアイルランド教会の国教制の維持を支持するよう訴えるものであった。一八三四年のヒルズバラにおけるプロテスタントの大集会では、自分の見解が長老教会の執行部の見解を代弁するものではないと断りながらも、プロテスタントの団結を訴え、以下のように、プレスビテリアンとエピスコパリアンの結婚の予告まで公言している（Holmes, 1981 : 115）。

> プレスビテリアンとエピスコパリアンは一六八八年当時のように統一しなければならない。……同じキリスト教徒でありながらお互いに違ってしまった自分たちの祖先にさかのぼる聖なる結婚であり、お互いに一致しているキリスト教徒の愛に関わる聖なる結婚である。そして、自分たちの関心である共通の安全に関わる事柄すべてにおいて協力し合うキリスト教徒の聖なる結婚である。

長老派の見解は一様ではなかったが、多くは、非国教徒としての自分たちの過去の迫害と差別や、これまでアイルランド教会の特権的地位に憤懣を抱いてきたこともあり、このようなクックの主張には与《くみ》せず、シノッドにおけるクックの立場を弱める結果にもつながった。しかし、アイルランド教会の国教制を維持すべきだとするクックの信念は強固であった。「悪いアイルランド国教会であっても無いよりはましであり、あるいは、カトリックの国教制よりはましである」（O'Leary and McGarry : 80）とまで言い、ややのちのことになるが一八六八年、自由党のグラッドストンがアイルランド教会の非国教化の法案を議会に提出すると、死のベッドに横たわるクックは「ローマ教皇教の罪過と独裁が悪賢く潜行することに警戒し、自由と真理のために団結すること」（Holmes, 1981 : 196）を呼びかけ、長老派の人々には、おりからの総選挙で国教制の存続を公約としている保守党へ投票するように呼びかけている。しかしながら、アルスターでも勝利を収めたのは自由党であり、クックの死の翌年、一八六九年に、グラッドストンが「アイルランド問題」を打開する方策の一つに掲げたアイルランド教会の非国教化が実現することになった。

（四）連合撤回運動

以上のように、クックとシノッドは、カトリック解放、国民教育システム、アイルランド教会の非国教化の問題などをめぐって対応が分かれ、クックの強引な手法に対する批判は大きかったが、アイルランドのイギリスとの「連合撤回」（Repeal）を要求するダニエル・オコンネルらの運動に対しては一致した対応を示したようである。一八四一年一月、ダニエル・オコンネルはアルスターにおけるリピール（連合撤回）の支持拡大を目論んでベルファスト入りしている。クックは、自分を「北のガキ大将」（the cock of the north）などと揶揄していたオコンネルと公開の場で討論することを計画したようである。この計画は実現しなかったものの、オコンネルのベルファスト滞在を知ったオレンジ会のメンバーなどが滞在中のホテルに押し寄せようとすると、それを察してオコンネルは早々とスコットランドへ旅立っていった。この事実もあってか、クックは「ダニエルをやっつけたクック」（the Cooke who dish'd Dan）としてプロテスタントや保守党支持者の喝采を浴びることになった（Holmes, 1981 : 145–147）。「リピーラー（連合撤回派）の撃退」を祝する集会で演説したクックは、一六四一年や一六八九年など、カトリックの反乱によってプロテスタントが被った災禍を想起させると同時に、以下のように、イギリスとの連合維持によるアルスターの繁栄と工業化の恩恵を強く訴えている（Holmes, 1982 : 545）。

ベルファストの街を見よ。自分が青年であった頃、ベルファストは村同然だったことを思い出す。しかし、今、ベルファストは何と壮麗な光景を示していることだろうか。港に群れなす船の帆柱、あらゆる地方の富で充満している倉庫群、四方に繁茂する巨大な工場群、今も人々が足繁く往来する街の通り。数週間留守にしただけでわれわれは町の界隈ではもう見知らぬ顔とされてしまう。これらはすべてイギリスとの連合の賜物なのだ。ひとことで言っておこう。ベルファストを見てからリピーラーになれ。

一九世紀のベルファストはイギリス諸島の都市の中で類例をみない人口増加を経験した都市であった。人口は一八二一年の三万七〇〇〇人が一八五一年に九万八〇〇〇人、一八九一年には二五万六〇〇〇人に達している。リネン工業や工作機械工業、さらには造船業の勃興など、発展する工業都市ベルファストは、その過程で周辺の農村部からカトリック教徒をふくめ多数の労働人口を引き寄せるようになった。一七八五年にはわずか一〇〇〇人程度で町の人口の八％を占めるにすぎなかったカトリック人口は約五〇年後の一八三四年には約二万人を数えて、一時、市の人口の約三分の一に達し、その後、ヴィクトリア時代を通じて二五％から三〇％前後を占めるようになっていた（Hempton and Hill : 106–107）。

ベルファストには歴史的にもリベラルな長老派が多く、町に初めてカトリックのチャペルが建設された際には、その資金の一部を提供する気前よさを示すなど（Hempton, 1996 : 104）、町の宗派関係も良好で、ベルファストは外来者に寛容な町という定評すらあった。しかし一九世紀に入ると、市街地にはプロテスタントとカトリックの居住分離が生まれるようになり、町の雰囲気は変わり始めていた。プロテスタントの来住者にはオレンジ会のメンバーも少なくなく、やがて、オレンジ会の反カトリック主義がベルファストで猛威を振るうことになるのは後述のとおりである。クック自身はオレンジ会のメンバーでなかったが、その一貫した反ローマ教皇と反カトリックの言動は、かれをオレンジメンの英雄（Orangemen's hero）に仕立て上げた。デリー（ロンドンデリー）の町では、オレンジメン（アプレンティス・ボーイズ）の「デリーの城門が閉じられた日」を祝う毎年の式典で、一八三三年にはクックの名とともに乾杯がなされたと伝えられている（Holmes, 1981 : 120）。

3　教会総会の成立

モンゴメリーらが脱退したアルスター・シノッドは、一八三五年、「ウェストミンスター信仰告白」への署名をこれまでの聖職候補者に対してだけでなく、すべての牧師や長老にも課すことを正式に決定し、クックの指導の下で「古い光」の流れを確認する保守的な色彩を強める決定を行った。約一〇年におよぶ論争の結果、多数の学識豊富な牧師や都市部の裕福でリベラルな信徒を失うことになったが、アリウス主義者の去ったシノッドは一体感が強化され、会衆の数も一八三〇年の二〇九から一〇年後には二九二に大きく増加している（Latimer : 203）。そして「長老派にとって一八二九年の『粛清』（purge）は福音主義的な強化と拡大にとって不可欠な前提であった」（Hempton and Hill : 63）と言われるように、シノッドの内部には福音主義への傾倒によって、すでに一八一八年に市民派と反市民派の再統一を実現していた前述の「分離派シノッド」との統合を求める気運も生まれるようになっていた。「アリウス主義論争を通してアルスター・シノッドは分離派シノッドに近づいた」（Brooke : 145）のである。

一八三九年、二つのシノッドはそれぞれの年次大会で合同に向けて協議する準備会を設立した。「ウェストミンスター信仰告白」への署名問題、二つの長老教会の牧師に対する国王の恩賜金の分配問題など、二つの長老派の合同を妨げてきた障壁が取り除かれたと確認され[12]、かくして一八四〇年七月一〇日、二つのシノッドは合同して「アイルランド長老教会総会」(General Assembly of the Presbyterian Church in Ireland)を結成することになった[13]。当日の模様は次のように描かれている[14]。

午前一一時、メイ・ストリート教会を出たアルスター・シノッドの人々と、リネン・ホール・ストリート教会を出た分離派シノッドの人々は、市内の通りで合流し、多くの見物人が見守る中、肩を並べて一八三二年に新築されたローズマリー教会に入り、双方の議長が説教壇に上がり敬虔な祈りをささげ、その後、ジェイムズ・シートン・リードが「合同の法」(act of union)を朗読した。それが終わると、出席していた全員の牧師と長老は起立し、右手を上げてそれを承認し、ここに合同が実現した(Reid, vol. Ⅲ : 477–478 ; Anderson : 84)。

分離派シノッドの側は七つの会衆(信徒集会)と約一四名の牧師が参加を見送った——大半は一年後に合流する——が、その規模は、アルスター・シノッドの二九二の会衆、分離派シノッドの一四一の会衆が統合されて計四三三の会衆と三三の長老会を数え、約六五万人の長老派の信徒を擁するものとなり(Latimer : 209 ; Holmes, 1985 : 104)、二つのシノッドの合流によって組織の頂点に位置する最高決定機関は「教会総会」(General Assembly)となった。一九世紀の終わりまでに新たに一三七の会衆が加入し、牧師の数では、分離派の牧師が全体の三分の一を占めていた(Latimer : 211)。教会総会の初代議長にはサミュエル・ハンナ牧師が選ばれ、その最初の決定は二人の牧師をインドへの海外布教に派遣することであった(Kirkpatrick : 58)。

かくして一六四二年六月にキャリックファーガスの地に五名の牧師によって誕生したアルスター長老教会（アイルランド長老教会）は、一六九〇年のアルスター・シノッドの結成とその後ほぼ一世紀半にわたる分離・分裂と再統合を経て、「アイルランド長老教会総会」、「アイルランド非署名派長老教会」、「アイルランド改革長老派シノッド」（契約派）の三つの組織に編成されることになった。アイルランド長老教会では、毎年の教会総会（general assembly）が最終的な意思決定と法廷機能を行使して、主流派を形成する人々の意思を代弁していくことになった。[15]「アイルランド非署名派長老教会」と「アイルランド改革長老派シノッド」は今日でも、ともに会衆（各個教会）の数が三五前後の組織であり、それぞれ、アルスターに進出したり分離したりしたのちも大きく発展することはなかったようである。前者はエキュメニカル（教会一致の）運動を追求しながら、プロテスタントとカトリックの児童生徒の統合教育（相互理解教育）を推進し、依然としてアルスター長老派のリベラルな部分を自認している。後者は、今なお「契約」の実現を希求し、それが「この世」に実現するまでは「選挙」に参加しないという現世拒否を貫き、教会の礼拝で唱和するのは器楽伴奏を廃した「詩篇歌」だけであり、一七世紀スコットランドの契約派の伝統に忠実な、アルスター長老派の最も保守的な部分と言えるかもしれない。ただ、どちらの長老教会も「アイルランド長老教会総会」と同じ起源を共有していることは強く自覚しており、たとえば一九九二年の長老教会創立三五〇周年の行事などは「アイルランド長老教会総会」と一緒に挙行している。図6-1によって、今日に至るまでのアイルランド長老教会の分裂と統合の歴史の概略を示しておく。

図6－1　アルスター長老教会の分裂と統合

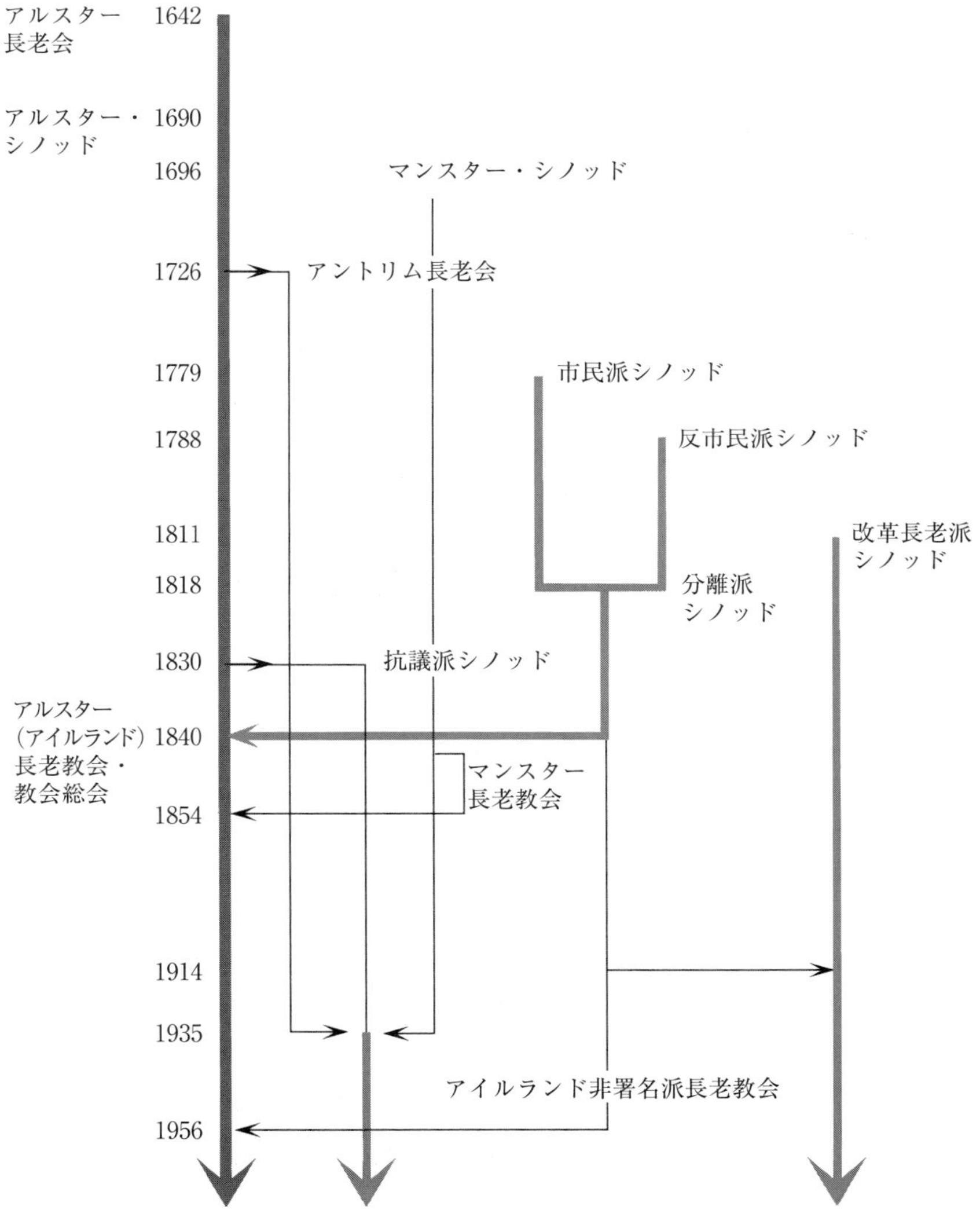

出典：Barkley, 1956, p.118.

注

（1）恩賜金の配分は会衆の規模に応じて年額一〇〇ポンド、七五ポンド、五〇ポンドとする、という政府の課した条件に反対する意見も多く、この牧師の俸給に関する問題は紛争の種となって尾を引いていく。

（2）このインスティテュートは卒業生に文学士（Certificate of Arts）の学位を提供するが、アルスター・シノッドは、それをスコットランドの大学のMAの学位と同等とみなしていた。

（3）一九世紀中頃のヘンリー・クックの回顧によると、「アリウス主義などの容疑のある異端者は一七二〇年代に強大であり、いったん衰退したが、一七七〇年代から八〇年代において再び活況を呈し、その後また下火となった」と言われている（McBride, 1998a : 57）。

（4）言うまでもなくアリウス主義とは四世紀のアレキサンドリアの司祭（presbyter）であったアリウスが唱えたとされる教説で、「父なる神だけが唯一の神であって、子なるイエス・キリストは神でなく、あるいは神性が劣っている」といった類の主張である。「子なるキリストと聖霊の神性も父なる神と同等である」とするアタナシウス派の「三位一体説」が正統とされて、アリウス主義は異端とみなされるようになった。

（5）「ユナイテド・アイリッシュメン協会」の創設者の一人に数えられるウィリアム・ドレナンの父親はベルファストの「第一長老教会」（First Belfast congregation）の牧師であったが、それを継承したのがウィリアム・ブルース（父）であった。

（6）抗議派シノッドの最初の年次会合は一八三〇年五月に開催されており、ウィリアム・ポーターが最初の議長に選出されている（Holmes, 1981 : 85）。

（7）もちろん抗議派が離脱してからも論争が終わったわけではなかった。双方は、それぞれ『正統長老派』（*The Orthodox Presbyterian*）と『聖書キリスト者』（*The Bible Christian*）という月刊誌を発刊して対抗している（Holmes, 1981 : 82）。

（8）教会内のリベラルな勢力の批判を受けてクックは一八四三年から四七年にかけて教会総会を欠席している（Holmes, 1985 : 105）。

（9）カトリックは、議席は与えられないものの選挙に立候補することはできたのであるが（小野、一九八一年、一二五頁）、その年の予備選挙ではオコンネル自身も、カトリックの聖職者や借地農の支持を背景に立候補し当選している。

(10)　カトリックは庶民院（下院）と貴族院（上院）の双方に議席を有することができるようになり、一部の最高職を除き、すべての政府機関の公務員職に就くこともできるようになった。ただ、従来の選挙権有資格者の条件であった自由不動産保有税年四〇シリングが一〇ポンドへと引き上げられることになり、アイルランドでも有権者の数は一〇万人から一万六〇〇〇人へと減少した。また当選した議員はカトリックであっても例外なくイギリス国王に忠誠を誓うことが義務づけられた（Wilson, 1989：23)。

(11)　一九世紀中後半のアイルランドで、最も大きな影響力を誇示した人物の一人はダブリンのカトリック大司教ポール・カレン（Paul Cullen）であろうが、かれは、一八三一年の「アイルランド教育法案」についても、それがプロテスタントへの改宗を目的としたものであると糾弾する一方で、国民学校を実質的には政府の予算で運営されるカトリックの宗派学校に変えてしまい、今日の北アイルランドにみる分離教育を制度化するのに大きな影響力を行使している。

(12)　ヘンリー・クックは、この合同に賛成であり、改革長老派シノッド（reformed presbyterian synod）に向けても、遠からず、この合同に合流するように期待を表明している（Holmes, 1981：139）

(13)　二つのシノッドは同年四月一〇日午前一一時にメイ・ストリート教会で祈禱会（devotional exercise）を開催している。神学教授のサミュエル・ハンナ牧師が「わたしは、あなたからいただいたものを彼らにも与えました。それは、わたしたちが一つであるように、彼らもわたしたちと一つになるためです」という聖句のある『ヨハネによる福音書』の第一七章を朗読し、閉会祈禱はクックが行っている（Paisley, 1958：10)。

(14)　「合同の法」が承認され、サミュエル・ハンナが最初の教会総会の議長に選出される前、「主の家に行こうと人々が言ったとき、私はうれしかった」の文句で始まる『詩篇』一二二番が唱和された（Holmes, 1985：104)。

(15)　ちなみに、この時期に発行されるようになった各長老派の機関誌は、「アイルランド長老教会総会」に属する「アルスター・シノッド」が『正統長老派』（*The Orthodox Presbyterian*）、「分離派シノッド」のそれは『キリスト教自由人』（*The Christian Freeman*）と命名され、「アントリム長老会」と「抗議派シノッド」の機関誌は『聖書キリスト者』（*The Bible Christian*）、そして「改革長老派」のそれは『契約派』（*The Covenanters*）という名称であった（Brooke：153)。

第七章　福音主義とリバイバル

1　福音主義の定着

ジョン・ウェスリーによる一八世紀のメソディズムの運動はアイルランドに大きな成果を残しており、かれが亡くなった一七九一年にはアイルランド全体で約一万五〇〇〇人のメソディストがいたと言われ（Holmes, 1985 : 99）、その数は、一七九九年の一万六二二七人が一八二〇年には三万六五二七人と倍増以上した（Hempton and Hill : 37）。アルスターでも一八世紀の終わりの年には、エニスキレンなどのファーマナ州方面、それにリスバーン、ダンガノン、ニューリーの三つの町をむすぶ、いわゆるリネン三角地帯（Linen Triangle）などを中心に、約二万人のメソディズムの信徒がいたと推測されている（Holmes, 2000a : 88）。一七九九年にはメソディストの「アイルランド・ミッション」（Irish Mission）も結成され、巡回伝道の布教活動も本格化していた。アイルランドへの福音伝道に並々ならぬ情熱と多くの時間を費やしたウェスリーの「枯れた木に実がなるかもしれない」という予言は、それなりに成就していたのである。

言うまでもなく、福音主義（Evangelicalism）はプロテスタント教会の刷新を求めて広くヨーロッパからアメリカへと波及した一八世紀の新しい動きであり、メソディズムの運動が果たした役割は大きい。福音主義を一律に規定することは難しいが、D・W・ベビントン（D.W. Bebbington）は、その特徴として（一）罪を悔いて再生し、キリストとともに生きるよう人生を刷新しなければならないという「回心主義」（Conversionism）、（二）牧師だけでなく回心した一般の信徒は福音の実現に向け他人の回心を願って積極的に行動するという「伝道主義」（Activism）、（三）霊的な真理はすべて聖書に書かれているという「聖書主義」（Biblicism）、（四）キリストの十字架上の犠牲によって人間の救済がなされたことを信仰の基本に置いて十字架の意味を取り戻そうとする「贖罪中心主義」（Crucicentrism）、これら四つの特徴を挙げている(1)（Bebbington：4–17）。福音主義者がすべてそうであったわけではないが、そこに「反カトリック主義」（Anti-Cathoricism）という特徴を限定付きで加えてもよいかもしれない(2)。

これらの特徴にみられるように、福音主義は、一口につづめて言えば、正統とみなされる教義や信仰告白、教会の典礼や儀礼よりも、キリストの十字架上での贖いに神学的な力点を置き、聖書の権威を何よりも優先し、個人の霊的な宗教体験による回心に基づき、キリストとともに新しく生きることの必要性を福音伝道を通じて他人に教えることを重視するのである。メソディズムがしばしば教会と国家に関する既存の秩序に対する批判運動へと発展したように、そこには社会改良への関心といった要素も広く認められ（Brooke：150）、事実、イングランドやウェールズにおけるメソディストの福音主義運動はときとしてラディカルな社会変革を志向する傾向を示すことになったが、アイルランドの場合は、それとは対照的に、むしろ保守的で反革命的な運動として展開する一面をもっていたことが注目される(3)（Holmes, 1985：100）。アルスターをはじめアイルランドのプロテスタントの間では「フランス革命はアナーキカルで破壊的な本性に由来する人間の罪の現れ」であり、「そのイデオロギーと結末はキリスト教に敵対するものである」（Holmes, 1985：88–89）との考えが広まり、福音主義は、「ユナイテド・アイリッシュメンの蜂起」にみられた政治的ユートピアに幻滅した人々に、あるいは、産業革命の進展の中で社会の構造が急激に変化しつつあった時期に生きる人々に、従来のいささか形式的で冷たい教義に代わる熱いキリストの福音を提供することになった。

アルスター長老派にみられたユナイテド・アイリッシュメンの理想は、一九世紀と二〇世紀のアルスターとアイルランドの姿を形成することになる一連の諸力のインパクトの前にその最後の光の掩蔽を失うことになった。そうした諸力の一つは福音主義であった（Holmes, 1982 : 541）。

福音主義はその勃興期の一八世紀においては、イングランド国教会からメソディストの分離、スコットランド教会からの「分離派」の離脱などを生むことになったが、一九世紀イギリスの福音主義の運動は、概して言えば、教会の主流派と対立することはあっても、あくまで教会内部のセクトや支部の運動として展開するようになっていた。このことは、イングランドの場合にもスコットランドの場合――福音主義的なカルヴァン主義の台頭が「自由教会」（Free Church）の分離をもたらす一因となった一八四三年の大分裂（Disruption）のような事態はあったが――にも当てはまるようであるが、この点においてもアルスター長老教会の場合は違っていた。ウェスリーの考え方に付着するアルミニウス主義に向けられた疑念にもかかわらず、一八二〇年代にヘンリー・クックがシノッドの表舞台に登場する頃には、「あたかもシノッド全体が福音主義的なカルヴィニスト（Evangelical Calvinist）の影響を採用したかのようであった」（Brooke : 178）と指摘されるように、内部に福音主義のセクトが生まれるというよりも、シノッド全体が福音主義を正統派の教義として採用するように変化したのである[4]。

「アルスター長老主義の印刷物においては福音主義は正統派を意味する三位一体説と同一のものと考えられがちである」（Brooke : 150）と言われるが、このことの背景には、既述のように宗教的な理由もさることながら、シノッドの権力をめぐる政治的対立も介在していたようである。ヘンリー・クックをはじめ「古い光」の流れをくむ保守派の牧師は、伝統的なカルヴァン主義を擁護する福音主義への全面的な傾倒をもって「新しい光」を攻撃する自分たちの論拠の一端を固めようとしていた。つまり、この時期のアルスター・シノッドの福音主義への転回は、当初は、福音主義そのものに共感したというよりも、シノッドが三位一体の教義を確認し、それを認めずにアリウス主義を志向するようなリベラルな牧師――かれらの中にも福音主義者を自認する牧師はいたが――を排斥する手段として福音主義を採用したという一面があったことは否めないのである（Brooke : 178）。

もちろん、一八三〇年以降の福音主義の隆盛を、シノッド周辺の政治的理由ばかりでは説明することは無理であろう。たとえば「新しい光」の神学が、ビジネス、宗教、政治の各領域における規制を批判し、神秘的で形而上学的なドグマを嫌う長老派の多いベルファストなどの一部の裕福なブルジュア階級に浸透したのとは対照的に、アルスター中西部の零細な農民層などを中心とする一般の長老派の信徒は、合理的ではあっても冷静すぎる「新しい光」よりも、「キリスト教を人間のレベルで扱い、教義によって与えられない、世界の中で孤立した人間に神との関係を創造する」（Holmes, 2000a : 89）、このような福音主義と一体化した「古い光」の安定性と確実さを欲していた、という理由も見逃せないからである。(5)

いずれにせよ、アルスターのプロテスタントが福音主義の運動を開始するのは一七九八年のユナイテド・アイリッシュメンの蜂起の直後になってであり、その嚆矢としては、一七九八年一〇月、一六名の分離派の信徒、アルスター・シノッドに属する三名の牧師、アイルランド教会の四名の牧師らで結成した「アルスター福音協会」（Evangelical Society of Ulster）が挙げられる。この組織は五年間と短命に終わったが、この組織に参加していた牧師のアルスター各地での福音伝道が始まった。福音主義の浸透は、これまで対立してきた長老教会とアイルランド教会の距離を近づけることになり、カトリック教徒への伝道によるプロテスタントへの改宗という試みは、以前にはみるべきものがなかったが、一八二〇年代になると、「福音伝道という衝動に駆られ、アイルランドの『第二の宗教改革』（Second Reformation）、あるいは、やや遅れて『プロテスタント十字軍』（Protestant Crusade）と呼ばれる運動の幕が切って下ろされたのだ」と考え、「アイルランドに関するかぎり、厳密に言えば、宗教改革はいま始まったのであり、その成否が決定されるのは一六世紀ではなく一九世紀なのだ」といった主張まで現れ（Holmes, 1985 : 110–111）、アイルランドの南部や西部へプロテスタント牧師の目が向けられるようになった。

国教会体制の立て直しという目的もあってカトリックの改宗を組織的に展開したアイルランド教会の場合に比べると、長老派の場合は、アイルランド全域を対象とする運動への参加は相対的に遅く、運動の尖兵（Vanguard）でもなかったが、聖書研究会、日曜学校、聖書の配布、貧農層への読み書き教育などとともに、当初はアイルランド南部、西部に点在するごく少数の長老派の会衆の活性化に力が注がれた（Holmes, 1985 : 111）。一八二六年にアルスター・シノッドがアイルランド南部への福音伝道のために「ホーム・ミッション」を設立すると、「他の宗派のキリスト教徒に干渉するいかなる意図もない」という目的にもかかわらず、やがてアイルランド語に堪能な長老派の牧師によるカトリックの改宗活動も盛んとなり、一八四一年にはアイルランドの南部、西部に一七の会衆が誕生し、その数はアイルランドのポテト飢饉の時期を過ぎた二〇年後には四一にまで増加している（Holmes, 2000a : 99）。

この飢饉の時期を代表する長老派の福音牧師の一人は『コナハトからの叫び』（*Cry from Connaught*）の著者としても有名なジョン・エドガー（John Edgar）であろう。かれが活動したアルスター西部のコナハト地方を例にとれば、長老派のミッションは、限られた乏しい財政援助にもかかわらず、飢餓に瀕したアイルランド人にパンと聖書の教えを提供しただけでなく、エドガーによれば、もっぱら神の言葉の絶対的権威と信仰を通じての恵みによる義認を説き、福音の目的がカトリック教徒を長老派に改宗させるのではないことを強調しつつ、貧しい農民に職業訓練校や農耕技術修得のためのモデル農場、女子には編物や裁縫を教える学校などが設立された。かれの努力は実を結び、カトリックの司祭の中に長老派に改宗するものが現れ、コナハトの会衆は六から二〇に増加した（Holmes, 2000a : 101）。

しかしながら、こうした一九世紀前半における一定の成果にもかかわらず、一般のプロテスタント福音伝道も同様であったが、結論的に言えば、長老派のアイルランド南部と西部への進出は失敗に終わったようである。福音主義は、二つのプロテスタント教会を近づけることになったが、その一方で、プロテスタント教会とカトリック教会の関係は険悪なものとなった。この時期、アイルランドのカトリシズムはカレン大司教の下で「教皇至上権主義」（Ultramontanism）へと変容しつつあり、カトリック教会をローマ教会に奉仕する最も従順な教会へと変化させる一方で、プロテスタントの福音主義の進行の阻止に向けて、より毅然とした体制を整えるようになり、プロテスタントの侵略を迎え撃つ体制を完了しつつあったのである。

カトリック教会には敬虔さが復活し、一般大衆の精神的あるいは教育上の要求に奉仕する有能な司祭が多数誕生し、教会や学校の数が増加し、ミサへの参加、日常の礼拝、秘蹟の受容などが奨励され、コミュニティのリーダーとしての司祭の自信も回復するようになった。プロテスタントの福音活動は外部からの侵略と考えられ、そのような侵略に抵抗している司祭の姿を訴えることで、カトリック教会はアイルランド人に宗教的なナショナリズムと新しい国民的アイデンティティを創出することに成功したのである（Holmes, 1985 : 114）。こうしたカトリック教会の反撃に直面したプロテスタントの福音活動は、やがてカトリック教徒の支配地から撤退を余儀なくされ、長老教会の場合も、その福音伝道という使命をアイルランド南部はもちろんアルスター西部でも達成することはできなかったのである。

「福音主義は、つねにフロンティア地方の不安定な状態を餌食にして太ってきた」と評され、さらに「二〇世紀初頭にはフロンティアは、再び闊達なプロテスタンティズムが聖なる天蓋を提供するようになったベルファストやデリーの産業社会の環境へとシフトしていた」と言われているが（Hempton, 1996 : 115）、すでに一九世紀からプロテスタントの福音伝道は、ベルファストの貧しい都市労働者階級への宣教を始めていた。一八三〇年代に入って急増したベルファストの人口の霊的生活を市内の五つの長老教会では対応するのが難しくなりつつあったから、一八二六年には、市内の貧しい労働者の地区に数カ所の中継所（stations）を設け、そこを基点に、牧師や民間の伝道者が各家庭を訪問してパンフレットを配布し、回心者が自分の霊的体験を語り合う、といった活動を中心に「タウン・ミッション」(Belfast Town Mission)が開始されていた。やがて長老教会も関与するところとなり、一八五〇年代以降にベルファストの貧しい地区に誕生した長老派の会衆（教会）は、こうしたタウン・ミッションの活動を背景によって生まれたものであった。[6] ただ、このような都市部の福音主義の活動が、どの程度まで成功したのかは議論のあるところであり、フィンレイ・ホームズの意見などは必ずしも肯定的ではない（Holmes, 2000a : 106）。

たしかに、一九世紀の福音主義はアルスター長老主義に新しいエートスを与え、その後の性格を決定することにはなった。ジョン・ウェスリー以来、福音主義にはつねに反カトリシズムという要素が付着していたが、「福音主義がアルスター・プロテスタンティズムのイデオロギーに与えた最も重要な貢献は、古くから対立してきた宗教的伝統および異なった社会階級を反カトリシズムという共通の旗の下に一つに結集させた、その力量であった」（Hempton, 1996 : 111）とも指摘されている。アルスターの福音主義は、一八五九年のリバイバルにおいて一つの頂点に達するが、反カトリシズムは、この出来事においても顕著に表出することになる。

2　一八五九年のリバイバル

第Ⅰ部第一章3でみたとおり、一六二〇年代にアントリム州のシックス・マイル・ウォーター地区でスコットランド系入植者の間に初期のリバイバル（信仰覚醒運動）が生じていたが、それから約二五〇年後の一八五九年夏、アルスターは再び大規模なリバイバルの熱狂を経験することになった。[7] それは、「イギリス諸島の歴史における最後の偉大な民衆のリバイバルの一つ」（Hempton and Hill : 151）と評され、「一八五九年のアルスターの宗教的リバイバルは一七八九年から一九一三年の間にアルスター農村部で発生したどの運動よりも、そこに動員された人々の数という面で上回っていた」（Gibbon : 44）と言われる規模の大きな宗教的熱狂であった。そして、「一般の信徒が説教者として登場したのは、アルスター長老主義の歴史において最初のことであった」(Latimer : 221)。

その発生の原因や経緯については諸説あるようだが、ほぼ同時期に先行して勃発していたアメリカのリバイバルに触発されたことは疑いないところである。アメリカでは一八五七年以降、ニューヨークを皮切りにニューイングランド地方の湾岸沿いに波及したリバイバルの波は、遠くオハイオ、テキサス、ルイジアナなどの各州の諸都市にも押寄せ、さらにはカナダのオンタリオ州などにも伝播したが、「ニューイングランドのいくつかの町では回心を経験しなかった成人は一人も見つけることができなかった」(Holmes, 1985 : 122)。

アルスターに目を転じれば、この年のリバイバルの萌芽は、すでに前年から始まっていたようで、その淵源はシックス・マイル・ウォーター地区に近く、「ファンダメンタルなカルヴァン主義と旺盛な宗教的熱狂」(Gibbon : 45) の歴史的伝統を有するアントリム州中部バラミナ付近のケルスとコナーの町であったとされている。まさしく長老派住民の心臓部において起こったのであるが (Brown, 1985 : 18)、ただ、より規模が大きく、また罪の意識に圧倒され、救いの確証を求めて集まった人々の間に激しい身体の変調が目撃されるようになるのは一八五九年になってであり、それは、アントリム州の「アホグヒル第一長老教会」(First Ahoghill Church) での、日曜日 (三月一四日) のコミュニオン (聖餐式) に続く翌月曜の夜に行われた感謝の礼拝の場が最初であったという。

霊感を受けた一人の回心者に導かれて、いわば自然発生的に起こったリバイバルでは、かれのくりだす予言のような言葉に人々は圧倒され、叫びとうめき声が轟き、ある者は硬直し、ある者は地面に平伏し、ある者は地面に膝を屈し、多くの人々が自分の罪にさいなまれ、魂の救いを求めて懸命に祈る姿が目撃されたという。このアホグヒルのリバイバルでは七〇〇名が「目覚めた」(awakened) と報道されているとのことであるが (Hempton and Hill : 150)、ジャニス・ホームズの近著には、リバイバルの模様を伝えている地元紙『バラミナ・オブザーバー』の「アホグヒルの異常な宗教的興奮」という三月二六日付けの記事が紹介されているので、少し長くなるが、以下に引用しておこう (Janice Holmes : 5)。

礼拝が始まるや否や、予言者のようなインスピレーションの力をもって、会衆に何かを告げようとする衝動が、その場で「回心」を経験した一人の兄弟の上に突如として起こった。かれを黙らせよう、落ちつかせようと、あらゆる努力を試みたが言葉では無理だった。かれは高らかに公言して止まない。ある神の啓示が自分にのりうつ

出典：Carson, 1994, p. 26f.

リバイバルの震源地、コナーの長老教会（上）とアホグヒル第一長老教会（下）

り、どんな牧師の権威にも勝る力を得て自分はしゃべっているのだと。制止させようとする試みに挑戦して、かれは聖書の言葉を早口で流暢にわめき続けた。信徒は心底から驚愕し、畏れとパニック状態に陥った。教会の二階では会衆が最前列に押し寄せ、建物の崩壊の恐れを危惧して、牧師は毅然として信徒に教会から直ちに立ち去るように命じた。すぐさま、怖ろしい混乱状態が引き続き目撃された。教会の建物が空になると今度は、アホグヒルの通りは、言葉では正確に言い尽くせない、町の古参といえども今まで目撃したことのないような光景が現出することになった。人々を先導することになった「回心者」――かれは豊かな農民でこの教会のメンバーであった――は、幾人かのやはり「信仰心の篤い」話し手に援けられながら、アイルランド教会の国教徒もローマ・カトリック教徒も、あらゆる信仰の、その数三〇〇〇人を数える人々を前に話し出した。激烈な口調で、これからすべての罪人の赦しを乞うことを告げ、罪人に前に出て聖霊の指名を受けるよう促した。自分を仲介者と宣言し、ときに自分の手を上げ、人々に聖霊の働きを受けるよう告げた。人々の集団は完全に麻痺したかのようであった。冷たい雨の降りしきる中、泥がむき出しになった通りで、この話し手の予言めいた激烈な言葉に動かされた新しい「回心者」は、祈禱するポーズで地面に膝をついた。数多くの信徒が電気の火花に感染したかのようだった。……このような集会は飛躍的に数を増し、日に日に「生まれ変わる人間」が増加した。

このアホグヒルの出来事は瞬く間にアントリム州の全域に伝播し、五月になるとリバイバルの運動はアントリム州からベルファストをはじめデリー州東部やダウン州北部の町々などアルスター東北部一帯に波及し、六月末にはファーマナ州とティロン州南部、そしてカトリック教徒が圧倒的に多いキャバン、モナハン、ドニゴールの三州を除き、長老派の多いアルスターのほぼ全域がリバイバルの洗礼を受けることになった（Gibbon：45）。リバイバルの最大の集会は、六月二九日にベルファストの植物園で開催されたものであり、約三万五〇〇〇人が集まったと推定されている（Holmes, 2000a : 109）。

リバイバルの舞台となったのが、以上のように、長老派のプロテスタントが多く集住する地域であったことが注目されるわけであるが、リバイバルの発生をもたらす原因については、不況、政治的扇動、工業化や都市化の進展といった社会的、経済的要因をはじめ、世俗化にともなう宗教の衰退や形骸化に対する反動、神学や教会の役割、とくに回心による再生を説く牧師の影響といった要因、さらには個人の宗教的ないし心理的な霊的体験の重要性など、多くの要因や背景が考えられよう。アルスターの場合でも、前述のように、すでにこの時期、長老教会は回心と再生を重視する福音主義の影響を強く受けており、また一八五三年には野外説教が公式に認められるなど（Hempton and Hill : 148）、リバイバルに先立つプロテスタント教会の変容ということも無視できない点であろう。さらには「そのアイデンティティなり連帯感が脅威を受けているような社会とリバイバルの間には直接の関係がある」（Hempton and Hill : 160）とされるならば、アルスターに急激な社会変動をもたらした社会的、経済的要因とともに、この時期に台頭してきた強大なカトリックのナショナリズムという「外部の脅威」にも注目すべきであろう。

この点で興味深いのはピーター・ギボンの見解である。その分析は、アルスター地方の工業化にともなう産業構造の変化、とりわけ農民層の分解、農民層とリネン工業に従事する職人層との階級的利害関係の深刻化をふまえた上で言われているのであるが、ギボンは、回心経験者に若い女性が多かったことに注目し、リネン工業の発展とともに女子労働力として家族から離れて生活する未婚女性の結婚機会の減少傾向というデモグラフィックな要因とリバイバルが勃興した地域との関連性を強調している。「一八四一年から六一年を通じて結婚率が減少傾向にあった地域ではリバイバルは最も強かった。結婚率の上昇がみられた地域ではリバイバルは弱く、また、結婚率の回復が最も顕著であった地域ではリバイバルは進展することはなかった。繰り返し言えば、男性に対する女性の性比は一般に上昇していたのであるが、その上昇が最大であった二、三の地域こそリバイバルの中心地であった」（Gibbon : 62）。

リバイバルでは未婚女性の回心者が多く、過度の興奮状態や身体的な変調を経験するのも女性に多いという事実も広く知られており（Janice Holmes : 10–13）、その意味でもギボンの分析は注目されるのであるが、ただ、ここでの興味に即してさらに言えば、若い未婚女性の結婚機会を阻害する危機が少なく、リバイバルのインパクトが比較的少なかった地域とは、地図の上では、概して長老派の浸透が弱かった地域にほかならなかった。逆に言えば「一八五九年のアルスターのリバイバルの重要性は、それが主として――けっして例外がなかったということではないが――長老派のコミュニティに影響を与えたということである」（Hempton and Hill : 148）とされるように、リバイバルがもっぱら長老派の多い地域を席巻したことは疑いないのである。しかも、この一八五九年のリバイバルを経験した人々の社会的構成については、後述のリバイバルを肯定的に評価する意見と否定的な意見とでは違いがあるにしても（Gibbon : 47）、長老派に関して言えば、おそらく富裕層、貧困層を問わず、あらゆる階層の人々を巻き込むことになったようである。(8)

さて、一八五九年のアルスター・リバイバルは、その勃発と同様、やはり突如として沈静化することになった。この間、約一〇万人が回心を経験したとも推定されている（Holmes, 1985 : 123）。回心と再生を経験することになったのは長老派の信者に多かったという説もあるが（Anderson : 89）、もちろんリバイバルそのものは長老派の現象ではなかった。メソディストをはじめアイルランド教会、より小規模のプロテスタントの各宗派、とくにバプティスト教会、ペンテコスタル教会、プリマス・ブリズレンなどの霊的経験と回心を重視する宗派は、リバイバルの結果、著しく信徒数が増加し、さらには一部のカトリックにも回心を経験してプロテスタントに改宗する者があった。その反面、長老派の場合は、一八五〇―六〇年の間に会衆（教会）数の増加があったが、それ以降は目立った変化はなく、むしろ信徒数は減少したとする意見もある（Holmes, 1985 : 123）。また長老派に改宗したカトリックに対する再洗礼の是非、リバイバルの過程で強調された個人的な「救済の確証」と「ウェストミンスター信仰告白」に記されている選びの予定との関係など、いくつかリバイバルに関連して神学上の議論が再燃することもあった。

いずれにせよ、リバイバルの発生と進捗は一八世紀以降の福音主義運動の一つの頂点をなすものであった。このことは間違いないにしても、それに対するアルスター長老派の評価は一様ではない。一八五九年を、迷信が勝ち誇り、群集ヒステリーが頻発し、平伏（prostration）という問題が論争を生み、知性によるキリスト教理解を認めない不信心が結果することになった「惑いの年」（Year of Delusion）と考える向きがあり、また、リバイバルを経て牧師が神の福音を説く際に、人間の知性よりも感情に訴えるようになった結果、清貧、貞潔、従順といった福音的勧告の全体を教えることがおろそかになり、いくつかの限られた神学上の原則だけが前面に出るようになったことを危惧する意見などもある（Holmes, 2000a : 112）。

この種のアンビヴァレントな要素がつきまとっていたことは否めないが、大多数の長老派の牧師や信徒は、リバイバルの中で強調された人間の内在的な罪という考え方こそ、カルヴァン主義の神学の中核に位置するものであったと解し、教会総会も「恵みの業がわれわれ信徒の内部に深まり、かつ浸透するかもしれない」（Hempton and Hill : 154）と期待を表明し(9)、一八五九年を神の摂理によって人々に教会に対する信頼とキリスト者として生きる喜びをもたらした「恵みの年」（Year of Grace）と考えるようになった（Holmes, 1985 : 124）。「アイルランドの長老派の牧師の四分の三以上が運動に助力を惜しまず、目立った反対の行動をとったのは一〇分の一に達しなかった」（Latimer : 219）。なお、長老教会において、賛美歌や楽器の使用が認められるようになったのは、このリバイバルの時期を経てからのことである。

フランク・ライトはアルスター長老主義にリバイバルが与えた影響について、第一に、教会から遠ざかっていた信徒に宗教的な義務を喚起し、カルヴァン主義の信仰の基本に対する関心を強化させたこと、第二に、それまでの長老派の既存の慣行にはなかった熱狂的（enthusiastic）な宗教的表現を容認したこと、そして第三に、長老派とカトリック教徒の間の分離に新しい次元を提供し、カトリシズムに対するプロテスタンティズムの精神的な優越感を大きくしたこと、この三点を挙げているが（Wright, 1996 : 228）、とくに、この第三のカトリックとの関係について参考になるのはD・ヘンプトンとM・ヒルの見解であり、かれらは、すでに国民教育システムの導入の問題をめぐる苦い経験やカトリック教会のヒエラルヒーの確立によって緊張が醸成されていたプロテスタントとカトリックの対立は、リバイバルによってさらに先鋭化することになったと考え、次のように論じている。

一七世紀を通じて、予定説の教義はプロテスタントのコミュニティに、反キリスト教的な偶像崇拝と迷信に四方を囲まれた神の民という自己規定を助長することになった。この種の硬直した教義はすでに衰退していたが、リバイバルを神聖なる神の恵みとする解釈——リバイバルはローマ・カトリック教徒の住む地域にはほとんどインパクトを与えなかった——こそ、一九世紀に見合った新しい別の自己規定を提供するものであった。リバイバル運動は、半世紀にわたって社会的、政治的、宗教的な激動を経験してきた一つの社会の信仰を義と認め、そこに神聖な承認を与えることになった（Hempton and Hill : 159）。

神の恵みであるリバイバルがカトリック教徒のコミュニティには訪れなかったという認識こそ、長老派をはじめとするプロテスタントに新しいアイデンティティの根拠となり、カトリック教会に対する優越感を抱かせることになったというのである。そしてP・ギボンによれば、このことに由来する重要な帰結は、本来的に反カトリシズムであった福音主義の洗礼を受け、さらにリバイバルを経験した人々の中には、オレンジイズムへ傾斜する動きが顕著に認められるようになった、ということであった（Gibbon : 51）。ギボンに見解によれば、リバイバルが本格的に起こった地域の範囲は「六〇年前にユナイテド・アイリッシュメンのラディカリズムが活況を呈した地域に限られていた」

(Gibbon : 51) とされ、しかも、このような地域とは「リバイバルの時期まではオレンジ色であったことはなく、そこに隣接する周辺の伝統的にオレンジ会の地盤であったような地域でさえ、地主のリネン職工に対する『保護』が目に見えて弱まる中でオレンジ会の活動は、その実効性において、かなりの陰りをみせていた」(Gibbon : 63) と考えられている。リバイバルは、こうした地域のプロテスタントの行動に大きく影響し、リバイバルが即座にオレンジイズムへの迎合を鼓吹したわけではないにせよ、リバイバルは農村部においては、オレンジイズムの背後を支えているエスノセントリズムと熱狂主義を受け入れる気運を助長することになった、というのである。

少しリバイバルの問題から離れるが、プロテスタントの牧師が日曜日などに定期的に野外説教 (open-air preaching) を行うことは福音主義の発展とともに盛んになった。それはリバイバルの時期に最高潮に達するが、こうした牧師の説教は、ときに、周期的な不況の中でカトリック人口の増大による失業や低賃金をおそれるプロテスタントの労働者の反カトリックの宗派的排斥の感情を煽ることになった。一八一三年のオレンジ会のデモを契機とする暴動からアイルランドが南北に分割される一九二〇年まで、ベルファストは計一五回の宗派間暴動を経験したが (松尾、一九八〇年、一九六頁)、暴動の先頭に立つのは、いつもオレンジ会のメンバーであった。とくに一八五七年、一八六四年、一八七二年、一八八六年の暴動などは、長く激しいものであった (Farrell : 16)。

リバイバルに先立つ一八五七年の暴動では、アイルランド教会の牧師で、市内に自分の大きな会衆 (教会) をもつトーマス・ドリュー (Thomas Drew) の、七月一二日恒例の「トゥエルフス」で二〇〇〇名ものオレンジメンを前にした特別説教がきっかけになって発生した。(10) かれはオレンジ会総本部のチャプレンに登録されていた。もう一人、「咆えるハンナ」(roaring Hanna) という異名で全イギリスに聞こえた、大声、巨漢の長老派の牧師、ヒュー・ハンナ (Hugh Hanna) もプロテスタントの非寛容さを象徴する反カトリシズムの扇動者であった。同年、ヘンリー・クックでさえ、ハンナに対しては事態が落ち着くまでは野外説教を控えるように要請していたが、かれの九月六日 (日曜)

の野外説教は暴動を引き起こす原因となった。ハンナもドリュー同様、オレンジ会のメンバーであった（Boyd：39-41）。

3　長老派の職業と教育

アルスター地方のプロテスタントが福音主義とリバイバルの洗礼を受けた一九世紀の中・後期、一般の長老派の信徒はアルスター社会においてどのような位置を占めていたか、ここでは、このような問題の一端を職業と教育に焦点を当てて垣間見ておきたい。

言うまでもなくアイルランドは今も昔もカトリックの国である。一八七一年センサス（国勢調査）ではアイルランドを構成するレンスター、マンスター、コナハト、アルスターの四地方の中で、プロテスタントの人口が過半数近くに達しているのはアルスターだけであり、レンスター、マンスター、コナハトの三地方ではプロテスタントの人口は合計しても一〇・〇％である。宗派別にはアイルランド教会の信徒がその八四・四％と圧倒的であり、長老派は六・一％、メソディストは四・二％にすぎない（Walker, 1989：26）。アイルランド全体と同様にアルスターでも一九世紀後半は人口減少が著しいが、アルスターに関して言うと、そのカトリック人口は一八六一年の五〇・五％を最後に、過半数を下回るようになり、一八七一年以降はプロテスタントが多数を占めるようになった[11]。

アイルランドの長老派に関して言えば、その九六％（約四三万人）はアルスター地方に住んでおり、アルスター以外の三地方への進出はきわめて少ない。アルスターでは一九世紀中葉以降、長老派がアイルランド教会のプロテスタントを上回るようになっており、この傾向は二〇世紀に持続する。ちなみに一八七一年当時のベルファストの宗派別人口[12]は、カトリック三一・九％、アイルランド教会系二六・六％、長老派三四・五％、メソディスト三・九％、その他三・一％という内訳で、長老派が最大の宗派となっていた。

表7-1は、同年のアルスター在住の男性の職業を宗派別に示したものである。[13]この表では、農業部門の所有者の土地の規模（広さ）がわからないうらみがあるが、おそらく今日の研究者の見解に即して間違いなく言えることは、「アイルランドの大部分の農地はアイルランド教会のメンバーによって所有されて」（McMinn, 1981 : 132）おり、このことはアルスターでも大差なく、B・ウォーカーの見解によると、「アルスターではカトリックや長老派の大土地所有者は皆無であり、より小規模な土地所有者でもアイルランド教会に属さない地主はほとんどいなかった」（Walker, 1989 : 18）と考えられている。

アルスター男性の二〇％弱に当たる約一五万八〇〇〇人は農民であり、そのほとんどが借地農である。半数以上（五二・九％）はカトリックで、長老派も四分の一以上（二七・四％）を占めている。このことは一九世紀中頃、アイルランド教会系の地主層に対するカトリックの借地権運動が展開し、一部の長老派の牧師が運動に参加した理由の背景を物語っていると言えよう。近年の研究は、長老派が概して中規模の借地農であったのに対して、小規模の借地農にはカトリックだけでなくアイルランド教会の信徒も多かったことを明らかにしている（Walker, 1989 : 18）。なお、農作業人（agricultural labourers）や召使（farm servants）として雇われているのはカトリックである。当時（一八七一年）、アルスターの人口に占めるカトリックの比率は四八・九％であったから、男性とはいえ、農作業人と召使の多さはやはり注目に値する。

次に商業部門であるが、従業者の総数こそ少ないが、商人・貿易卸商（merchants）や商業事務・店員（commercial clerks）などはプロテスタントが優位し、とくに長老派の進出が目立っている。これはベルファストを中心に一八世紀以来の長老派の伝統と地盤を物語るものであろう。一八世紀末のユナイテド・アイリッシュメンの蜂起の一翼を担ったのは、こうしたベルファストの長老派の商人であった。さらに工業部門をながめてみると、リネン製品の労働

表7-1　アルスター男性の宗派別職業構成（1871年）

	実数	カトリック	アイルランド教会	長老派	メソディスト	その他
専門職						
公務	758人	33.1%	36.7%	24.1%	3.6%	2.5%
政務担当	132	7.6	80.3	9.8	0.8	1.5
警察	2,979	57.4	30.7	10.4	2.8	1.9
聖職	2,043	27.1	33.5	28.8	7.2	3.4
弁護士	311	14.1	57.2	22.5	1.3	5.1
牧師	3,006	39.5	28.3	25.2	2.0	1.9
家内職						
ホテル・パブ	2,216	55.5	18.8	24.0	0.5	1.2
家内労働	4,470	46.3	32.7	19.3	0.8	0.9
商業						
商人	1,539	22.3	25.5	41.2	5.8	5.2
商業事務	3,405	15.9	28.2	43.1	6.1	5.0
店舗管理	3,328	59.7	17.6	20.0	1.8	0.8
農業						
土地所有者	904	24.2	48.2	22.2	2.1	3.2
借地農	157,898	52.9	17.1	27.4	1.4	1.2
農作業人	99,718	57.3	20.5	21.0	0.5	0.6
家内雑業	94,379	63.1	14.8	20.6	0.7	0.7
工業						
リネン製造	25,371	30.4	29.8	35.5	1.7	2.7
織り手職工	12,756	26.6	34.5	34.4	2.6	2.0
造船	1,064	16.9	28.0	49.2	2.7	2.2
鉄鋼	1,023	25.4	29.0	38.5	4.0	3.0
機械	1,352	25.3	26.7	40.2	5.2	2.7
計	879,805					

出典：Walker, 1989, pp. 17-18.

表7-2　アルスターの宗派別非識字率

（%）

年	5歳以上人口	ローマ・カトリック	長老派	アイルランド教会	メソディスト
1861	30.0	39.8	9.8	18.7	7.6
1891	15.4	24.0	5.7	11.4	4.9

出典：Walker, 1989, p. 33.

者は、この産業がアイルランド教会の信徒の多いアーマー州を中心に発展してきたこともあり、その労働者が多いと想像したが、この時期になると長老派の労働者の方が多くなっている。もっとも繊維関係の織り手職工（weavers）となれば、アイルランド教会と長老派の労働者の進出は拮抗している。

さらに、造船、製鉄、機械製造・販売などの重工業の労働者についてであるが、表にみるように、カトリックやアイルランド教会よりも長老派の労働者が多く雇用されている。この事実はどのような理由に求められるのだろうか。これらの業種が長老派の多い工業都市ベルファストを中心に展開していたことも事実であろうが、この種の一定程度の熟練を要する業種への長老派の労働者の多さは、長老派の人々の高い教育程度とくに識字能力の高さの結果であることも間違いないであろう。製品の製造過程においてマニュアルを読み、簡単な図面を読み書きする能力が必要であることは言うまでもないからである。

表7-2にみるように、一八六一年当時、アルスターの五歳以上の人口の非識字率は三〇％であったが、それは宗派的にかなりの差があり、カトリックは三九・八％、アイルランド教会が一八・七％、長老派は九・八％、メソディストは七・六％といった内訳であった。この数字は三〇年後の一八九一年には大きく改善し、全体で一五・四％にまで低下し、カトリックは二四・〇％、アイルランド教会が一一・四％、長老派は五・七％、メソディストは四・九％となっている（Walker, 1989 : 33）。ちなみに、以下はベルファストの数字となるが、一八七一年、五歳以上の人口の非識字率はカトリックが二八・一％、アイルランド教会が一四・〇％、長老派が七・四％であったが、教育程度に関する宗派別の違いは、識字能力だけでなく、高等教育に進学した人口の割合でも歴然としており、同年、最高学府（superior education）に進学した人口はカトリックで九・九％、アイルランド教会が二五・二％、長老派は五五・八％であり、当時のベルファストのクイーンズ大学の在籍者はカトリックが一二名、アイルランド教会が七四名、長老派は二八五名を数えていた。

読み書きのできない非識字人口は二〇世紀になって解消するが、一九世紀後半以降の、識字能力に象徴される長老派の高い教育程度は、かれらを、成長いちじるしい新興の工業部門の熟練労働者として雇用される機会を大きくしたことは間違いないであろう。しかしながら、このような高い教育程度にもかかわらず、かれらの社会的な進出は依然として大きく制限されていたのであり、この点は表7-1における専門職（professional）の部門の数字が如実に物語っている。かれらは、公務職、政務担当者（magistrator）、警察、聖職、弁護士（barristers and solicitors）などの職種で見劣りし、これらの職種にはアイルランド教会の信徒が多数を占め、政務官僚（八〇・三％）や弁護士（五七・二％）では圧倒的な優位を誇っていた。警察関係や教職関係にはカトリックの警官や教員の多いことも目立つ点であるが、長老派はそれほどでもない。この表とは関係ないが、さらに一例を挙げれば、一八八四年の議会の調査では、アルスターの地方判事（justice of the peace）の七二・六％はアイルランド教会の信徒であり、長老派は一四・〇％、カトリックは八・五％にすぎなかった（McMinn, 1981 : 132）。

表としては示さないが、一八九一年のアルスター・センサスによると、たとえば四八〇人の男性の弁護士は、アイルランド教会の三八・三％に対して長老派が二九・二％を占めるまでになり、三〇年前は前者が五七・二％で後者が二二・五％であったことを考えると、この間、この職種においても長老派の進出は明白である。しかし、一八六九年にアイルランド教会の「非国教化」が実現したあとになっても、カトリック教徒と同様[14]、長老派の人々はアルスターの社会における自分たちの位置をまだ二級市民（second class citizen）であると考えており、アイルランド教会の人々に対して、公務員職などの任職において不当な贔屓がなされていると感じていた。一八八一年六月の長老教会の教会総会では、「アントリム州の長老派は約一二万三〇〇〇人を数えるが政務担当職に従事するのは一二名にすぎず、他方、四万六〇〇〇人にすぎないアイルランド教会は同職に一〇五人を数える」という事実が披露されていた（McMinn, 1981 : 139）。一八八〇年の長老派系の新聞『神の証人』（*Witness*）は「きわめて高い職位から低い職位まで、プロテスタント優位の支配体制をエピスコパシーによって維持しようとする傾向が存在する」と記していた（Walker, 1989 : 32)。

一九世紀の後半は、長老派のコミュニティにとって新しい教会や学校の建設が相次ぎ、職業生活面でも借地農を脱した自営農民の増大、新しい産業や各種のビジネスに携わる人口の増大など、豊かさの到来を実感した時代であった。ただ、繰り返し言えば、かれらが社会の公正さと格差に疑問を抱き、自分たちの相対的剝奪を感じ、アイルランド教会の人々に憤懣をもち続けていたことは明らかであった。後述するように、一九世紀後半はグラッドストンの「アイルランド自治」の提案がプロテスタントのコミュニティを震撼させることになり、大多数のプロテスタントは宗派を超えて「自治」に反対して団結するが、大きな力とはならなかったにせよ、ごく少数の長老派の牧師の中には、アイルランドに自治政府を創設することがアイルランド教会の優位体制を打破し、残存する不平等や差別を解決することになると考えて「自治」を容認する者もいた。アイルランドの不平等構造はプロテスタントの間の宗派的対立をも温存しながら二〇世紀を迎えようとしていたのである。

ここでは、時期は前後するが、一般の長老派の人々から長老教会に議論を戻し、一九世紀後半のその内部に起こった変化をいくつか列挙しておきたい。

（一）アイルランド教会の非国教化には多くの長老派の牧師が賛成したが、その一方で、牧師たちの懸念は「非国教化」によって長老教会が長らく享受してきた国王の恩賜金（*regium donum*）が停止されることであった。このことから、国教制の維持に賛成するクックの主張に同調する牧師もいたようである。当時、恩賜金は毎年五万ポンド、牧師一人当たり生涯にわたって年七〇ポンドが支給されることになっていた。この権利を放棄して、代わりに政府による教会への給与基金の一括支給を受け入れるかどうかが議論されてきたが、一八七〇年一月の教会総会の会合で、恩賜金支給の権利を正式に放棄することが決定された。政府からの一括支給の額は約六二万ポンドであった（Kirkpatrick : 65–66）。

（二）長老派の個別教会が設置する「日曜学校」の盛況について。アルスターでもその歴史は一八世紀後半にさかのぼるが、一八三四年にはアイルランド教会が主導する「日曜学校協会」（Sunday School Society）に長老教会も参加し、この協会には二七四六の日曜学校が加盟し、約二二万人の子どもが登録していた。長老教会独自の日曜学校（Sabbath School）の開始は一八六二年のことであり、一〇年間で、九一五校の日曜学校が約六万二〇〇〇人の子どもを教えるようになり、個人や教会の図書室に聖書や教理問答集の配布などを行っている。

（三）一八六八年の教会総会は、教会の礼拝にオルガンを用いる傾向をめぐって議論が紛糾した。キリスト教の教理や礼拝様式に関わる問題であり、議論は数年続き、その使用に躊躇する教会総会の決議が無視される事態も起こったが、一八九一年の教会総会で正式に認められる以前に、ほとんどの教会がオルガンを用いるようになっていたようである。

（四）さらに、教会の礼拝における賛美歌使用の問題がある。過去、長老教会の礼拝ではスコットランド詩篇歌集（Scottish Psalter）を韻律で唱和するのが伝統であった。人間の創作になる賛美歌の使用には、詩篇歌集だけを認め賛美歌には反対する分離派教会系の流れもあって、この問題の解決も長引いたが、他のプロテスタント教会の影響もあって長老教会でも一九世紀の終わりには賛美歌を歌うことが一般化した。その他、聖餐式（Communion）の頻度、聖餐式で発酵したワインを使用することの是非、禁酒の問題などをめぐってキリスト教の教義に関して論争が展開したことも付記しておこう。

以上はアルスター長老教会に関する変化であるが、最後にオレンジ会についても付言しておこう。一九世紀の中頃は停滞していたオレンジ会は「アイルランド自治」に反対するイギリス保守党の意向もあって、一九世紀の終わりに向けてメンバーを急速に増加させるようになった。もとよりオレンジ会はアイルランド教会系の組織であったが、その発展の過程で長老派の農民や都市労働者も加入するようになった。オレンジ会の機能の一つは就職の斡旋であり、しばしばオレンジ会の職長が工場の新しい労働者の採用を左右するようになり、その結果、その従業者のすべてがオレンジメンで占められるような職場も現れ、造船や機械など高い賃金の仕事は、オレンジ会に加入するプロテスタントの労働者がしばしば独占する傾向が明らかになりつつあった。ベルファストの工業労働の中で造船業は花形であったが、一八六六年当時、「ハーランド&ウルフ社」――やがてタイタニック号を建造する――で働く約三〇〇〇名の労働者のうちカトリックは二二五名（七・五％）にすぎなかった。この数字は一九一一年になってもほとんど変化しておらず、ベルファストの造船業で働く全労働者（船大工を含む）六八〇九人の中で、カトリックは五一八人（七・六％）に止まっていた[15]（Farrell : 16）。

注

（1）パトリック・ミッチェルによれば、キリスト教原理主義の研究で有名なアメリカの宗教学者G・マースデンの場合も、福音主義をベビントンとほぼ同様に考えている。すなわち、（一）聖書の最高権威という宗教改革の教義、（二）聖書に記録されている神の救いの御業、（三）イエス・キリストを通しての永遠の救済、（四）福音伝道の重要性、（五）霊的に刷新された生活の重要性、これらの諸点を強調している（Mitchel : 111）。宇田進の場合は、福音派という言葉が多義的な概念であることを指摘した上で、（一）一六世紀の宗教改革の根本精神と信仰的伝統、（二）カトリックではなくプロテスタントであることの代名詞、（三）ヨーロッパ大陸での敬虔主義、アングリカンの低教会派、イギリスのピューリタンや分離派、アメリカの信仰覚醒運動のキリスト教徒など、（四）イングランド国教会ではキリストの贖罪死を信じる個人的回心と救済を強調する一群のキリスト教徒、（五）カルヴァン主義者と区別されるアルミニウス主義者、（六）福音伝道主義の別称、（七）聖書の無謬性を主張する人々、（八）エキュメニズム（汎キリスト教運動）に反対する人々やセクト、（九）

狭量、頑迷、反啓蒙主義の象徴とみなされているファンダメンタリスト（原理主義者）から自分たちを区別する際の呼び名、といった使われ方があることを指摘している（宇田、三五—三八頁）。

（2）プロテスタントの福音主義運動は一八二〇年代になると反カトリシズムを強調し、その過程でカトリック教徒の改宗を試みるようになり、緊張を高めることになったが（Ruane and Todd : 23）、ヘンプトンは、やや違った視点から次のように論じている。「反教皇（anti-popery）はウェスリー以来、福音主義の一つの要素であり続けたが、エピスコパル（アイルランド教会）とプレスビテリアン（長老教会）という二つのプロテスタントの連帯を創り出す役割は、古い時代からの敵に汚名を着せるやり方とは同じではなく、それ以上のことである。宗教的な信念や実践が一般の人々を強制するだけの力を失い、宗派への所属が自発性に左右される私的選択になってしまった近代世界において、宗派の違い、階級の違い、聖職者と平信徒の違い、教会とヴォランタリー組織の違いなど、これらの違いを溶かしてしまう福音主義の能力は、共通の敵に対処する際の共同体の連帯に容易に使うことができ、情緒的にも合致する信条（creed）となって膨張した（Hempton, 1996 : 111–112）。

（3）ウェスリーはイングランドでは自分を貧しい下層の人々のために働く牧師を自認し、しばしばイングランド教会の世俗性やその背後のジェントリのパトロン層を辛辣に批判していた。ところがアイルランドでは、かれの伝道活動は、ジェントリ階級から下に向かって、あるいは軍の駐屯地から外側に向かう方向で、およそイングランドとは正反対のやり方で展開した（Hempton and Hill : 8）。

（4）ヘンプトンとヒルは、この点を別の角度から次のように述べている。「有能かつ強い印象を与える雄弁家のクックは、福音主義の原則をアルスター・シノッドの内部に普及させ、それによって、シノッドの『古い光』もしくは正統派のメンバーを再結集させようとした。しかし、すでに明らかなように、神学的、政治的なリベラリズムから保守的な福音主義への突然の転換という考え方は、一七八九年には長老派の急進主義が全面的に普及していた、といった周知の伝承と同様に、やはり危険な単純化なのである。一八二〇年代後期におけるアルスター・シノッドの『粛清』も一九世紀の最初の四半世紀に長老主義の内部で強くなった福音の影響力という文脈の中に位置づけて考察されねばならない」（Hempton and Hill : 69–70）。

（5）ここでの文脈と直接には関係しないが、ジョン・M・バークリーは一八世紀のアルスター・シノッドの六一九名の牧師（三〇名のスコットランド人、一名のアメリカ人をふくむ）の出自（父親）について調べている。その結果は、七一％が農民、二〇％が牧師（長老派）、四％が商人（一八世紀の終わりに向けて多くなる）、一％が他の職業、不明が四％という内訳であった。「長老派牧師の社会的背景は、明らかに、かれらの大部分を占める農村部の中間階級コミュニティの利害を反映していた」（Hempton and Hill : 18）。

(6) 一八八八年のベルファスト市の誕生とともに、タウン・ミッションは改名してシティ・ミッションとなった。

(7) ヘンリー・クックは、一八五九年のリバイバルを「信仰をめぐる偉大な闘いは天にましますの諒とするところとなって出現した」という趣旨の発言を残している（MacIver : 365）。

(8) フランク・ライトは次のように述べている。「聖職者の指導や援助をまったく必要とせずに始まったリバイバルは、その後、長老派の多い北部の大多数の地域に広く波及した。リバイバルの形は、それが波及した地域に応じて多様であったが、いかなる意味でも、特定の階級や職業集団の経験ということに尽きるものではなかった。機織産業の盛んな地域、都市部のリネン工場地域、農村地域、農村部の小さな町、それにハーランド造船場まで、リバイバルは至るところに現出した」（Wright, 1973 : 227）。

(9) 一八五九年度のアイルランド長老教会の教会総会の議長は、その年の教会総会で「この総会に集まったわれわれは、世代の違いを越えた多くの信仰心の深い信徒が待ちわびてきた時を一緒にするように定められていたのだ」（Carson : 1）と述べていた。

(10) ドリューの説教の中で反カトリック主義としてよく引用される部分を紹介しておく。「あなたたちは地の塩、世の光である。あなたたちの善行がみえるように、その光を明るく照らし、天にまします神を賛美しなさい。……山上の垂訓は、あらゆる不寛容に対する、いつの世にも続く叱責である。……その昔、地位の高い貴族は、自らの手を汚して、かよわきプロテスタントの婦人の手足を縛って拷問し、カトリックの高位聖職者は、そのような犠牲者の血のりを弄んだのだ。ローマ教皇庁の監獄は、焼かれた人骨で床が舗装され、人間の血と髪の毛で固められている。……神の言葉はすべてを平易に明らかにしている。つまり、迫害する者には永遠の恥を知らしめよ。教皇の厚顔な虚偽と、その血の浸み込んだ宗教の乱暴な教理を永遠に非難して焼印を押せ。……プロテスタントの教会は扉を釘打ちにされ、教会の会衆は集会を止めさせられた。アイルランドのプロテスタントの生命と財産は、カトリック神父の略奪の餌食になっていた。この非情な苦難の時期に解放者（Deliverer）がキャリックファーガスに上陸したのだ（Boyd : 12-13)。

(11)　表は示さないが、アルスター九州の中で、プロテスタント人口が明白な多数を占めているのはアントリム、ダウン、デリーの三州で、これらの州ではアイルランド教会よりも長老派のプロテスタントの方がかなり上回っている。ドニゴール、キャバン、モナハンの三州は、カトリックが圧倒的に多い。

(12)　ベルファストの宗派別人口が集計されるようになったのは一九一一年の国勢調査からであり、それによると、市のカトリック人口は、その四一％がカトリックが九一％以上を占めている地区に住んでおり、同様にプロテスタント人口の六二％はプロテスタントが九一％以上を占めている地区に住んでいた（Boal : 253)。

(13)　この数字は必ずしも正確と言えない面があり、たとえば農業部門の土地所有者（proprietors）の数九〇四名は疑わしいとのことである（Walker, 1989 : 18)。

(14)　プロテスタント支配体制は二〇世紀になっても存続した。アルスターにおけるカトリックに対する差別とかれらの剝奪状態は長老派の場合とは比肩できず、地方自治への参加をみても、一八七一年、カトリックはベルファスト人口の約三分の一を占めていたが、市議会にカトリックの議員は二名にすぎず、カトリックが市人口の過半数を占めているロンドンデリーの場合でも、二四名の議員のうちカトリックの議員は二名にすぎなかった（Walker, 1989 : 24)。

(15)　造船業だけでなく機械工業のカトリックの場合も大差なく、カトリックの労働者はその労働者の一一・四％を占めるにすぎなかった（Farrell : 16)。

第八章　アイルランドのナショナリズム

1　アイルランドのナショナリズム

一九世紀はアイルランドのナショナリズムが大きく前進した時代である。具体的にはダニエル・オコンネルに率いられたカトリック解放運動とリピール運動（連合撤回運動）にはじまり、「青年アイルランド党」の蜂起、「独立アイルランド党」による借地権闘争、「フィニアン」の武力蜂起、さらには「自治連盟」や「全国土地同盟」の運動を継承する「アイルランド自治（ホーム・ルール）」獲得の運動など、最終的には「自治から独立」を志向するナショナリストの運動が急展開をみせることになった。以下、アルスターからアイルランド全体に視点を拡げ、いくつかの運動とその背景について簡単に列挙しておこう。

(一)　カレン大司教とカトリック教会

ポーランドを除けば、近代において宗教とナショナリズムがこれほど密接に関連した例はアイルランド以外には見当たらないとのことであるが（McCaffrey : 66）、ダニエル・オコンネルのナショナリズムも、カトリック教会の司教や司祭を中心とする地域社会との連携を不可欠の要素とするものであった。一八四〇年代のポテト飢饉以前でも、カトリック教会の精神的復興を準備する動きは、教区中心の布教活動、ミサへの参加、祈禱の徹底などを通じて進展していたが、大飢饉のあとになると、こうした動きは、それまで古来のケルト教会の伝統や迷信に縛られていたアイルランド中西部の貧しい農民層にまで及ぶようになり、広範な地域に広がるカトリシズムとナショナリズムの連携が認められるようになった。

一九世紀の中葉、アイルランドで最も大きな影響力を誇示した人物の一人はダブリンのカトリック大司教ポール・カレン（Paul Cullen）である。かれはローマ教皇ピウス九世の親しい友人で、ヴァチカン在職中の一八四八年にはマッチーニによる教皇の追放劇を目の当たりにしている。復帰した教皇によってアイルランド・カトリックの主教座のあるアーマーの大司教に任ぜられ、さらに一八五二年にはダブリン大司教に就任している。多くの有能な司祭、修道僧・修道女を登用し、教会や学校を増やし、ミサへの参加、秘蹟（サクラメント）の受容、日常礼拝の奨励などによって、アイルランドのカトリック教会を「教皇至上権主義」（Ultramontanism）と称される、ローマ教会に奉仕する最も従順な教会へと変えたのである。ピウス九世のローマは当時のヨーロッパで最も保守的な都市であり、カレン大司教とヴァチカンとの密接なつながりは、アイルランドのカトリシズムが政治的にも社会的にも一段と保守的な制度となったことを意味し、一九世紀後半から、福音主義の洗礼を受けたプロテスタンティズムと教皇至上権主義を掲げるカトリシズム、という対立が展開するのである。

カレン大司教はアイルランド農民に同情を惜しまなかったが、アイルランドのナショナリズムには反対で、カトリックの司祭が政治に関与するのを止めさせようとしていた（Steele : 239）。暴力的な革命運動を嫌悪し、後述のチャールズ・ダフィ（Charles Duffy）はアイルランドのマッチーニであり、青年アイルランド党は青年イタリア党であり、独立アイルランド党は革命思想の手先にほかならなかった。「共和主義にとって最も強大な敵はカレン大司教の率いるローマ・カトリックの組織であった」（McCaffrey : 70）。大司教の考えるところ、カトリック教徒でなければアイルランド人ではなく、アイルランドのナショナリズムはローマ・カトリシズムと不可分の関係にある。さらに、プロテスタントへの敵意も激しいものがあり、アルスター長老派は、アイルランド人の土地を収奪した侵略者であって、そもそもアイルランド人とは考えていなかった（Holmes, 1982：544；Steele：256）。

カレン大司教の下で、カトリック教会の財政的基盤は好転し、地域社会でのリーダーとしての司祭の自信は回復し、オコンネルの時代より司教や司祭などがナショナリズムの運動へ傾倒する動きは薄れるようになってきたが、カトリックの聖職者がいかなる国の聖職者よりも政治的にアクティヴであり続けたことは疑いない。「実力行使をふくむ小作人の闘争は復古的ロマン主義を思想的バックボーンにしたことから、アイルランド・カトリック教会の伝統のうちに心の支えを見出したのであるが、これらの急進的運動と、カトリック教会との関係は、一方で教会当局がそれらの運動を暴力主義として批判し、他方で大衆と接する教区神父のなかから急進的運動の支持者を出すという、微妙な形をとることになった」（松尾、一九八〇年、一七八―一七九頁）とされ、カレン大司教ら上層部の方針にもかかわらず、多くの司教、司祭が急進的なナショナリズムの運動に共鳴し、ナショナリズムを支えるようになったことは間違いない。かれらの多くは農民出身であり、貧しい借地農の悲哀と憤りを知っていたからであろう。

（二）「青年アイルランド党」

雑誌『ネイション』に参集した「青年アイルランド党」のメンバーは、ダニエル・オコンネルが創設した「リピール国民協会」（Loyal National Repeal Association）に参加していたが、かれらとオコンネルの考え方はしだいに相容れなくなってくる。かれらは、カトリック教徒であることとアイルランド人であることを概念的に区別し、かつてのユナイテド・アイリッシュメンの精神を引き継ぎ[1]、カトリックもプロテスタントもアイルランド人という一つのアイデンティティの下に結合し、アイルランド固有の精神、言語、伝統、歴史に立脚した文化的ナショナリズムの高揚によってリピール（連合撤回）を実現しようと考えていた。他方、オコンネルは、アイルランドのナショナリズムはカトリシズムと不可分のものであり、それはカトリック教会の聖職者の協力がなければ持続しえないと考えていたから、両者の考え方は対立せざるを得なくなったのである。(2)

一八四六年、かれらは「リピール国民協会」を脱退し（McCaffrey : 52）、その一部の活動家は、アイルランドのナショナリズムが大衆の支持を得るにはリピールよりも地主制や土地所有の問題を議会外で優先的な課題とみなすようになり、この点でも、イギリスの自由党との連携によって、あくまで議会闘争に重点を置いてリピールを実現しようとするオコンネルらと離反するようになり、より過激な方向でアイルランド問題の解決を模索するようになった。かれらはヨーロッパ大陸の二月革命やフランスの第二共和制の成立などに触発され、一八四八—四九年にかけて無謀な武力蜂起を試みたが失敗に終わった。

（三）「借地権同盟」と「独立アイルランド党」

武装蜂起に失敗した「青年アイルランド党」の党員の多くは海外に逃れたが、アイルランドにとどまって活動を続けたのはチャールズ・ダフィであった。かれは『ネイション』を復刊させ、イギリスのどの政党とも組まない「独立アイルランド党」（Irish Independent Party）を結成して、土地（農地）問題、すなわち借地権の問題に取り組むようになり、一八五〇年には、いわゆる「三つのF」、つまり公正な借地料（fair rent）、安定した（立ち退きを要求されない）借地権（fixed tenure）、借地権の売買自由（freedom of sale）を掲げる「借地権同盟」（Irish Tenant League）の結成にこぎつけた。「借地権同盟」の樹立は、アイルランド選出の国会議員を「独立アイルランド党」に入党させ、一八五二年の総選挙では四八名の議員を当選させている。

しかしながら「独立アイルランド党」は、この総選挙後、もろくも数カ月で破綻の憂き目をみる。(3) 一八五一年に自由党のラッセル内閣が成立させた「聖職就任資格法」（Ecclesiastical Titles Bill）は、ローマ教皇ピウス九世がカトリックの聖職者の肩書にイギリスの地名をつけたことに対抗して、カトリックの司教が国教会（イングランド教会とアイルランド教会）の既存の主教区の名称を用いてカトリック司教座（新設）に就任するのを違法とする法案であった（Holmes, 2000a : 118）。これを新たな「異宗派刑罰法」の導入と考えるカトリック系の議員が反発して「独立アイルランド党」の党内は不協和状態となった。(4) さらに、先の総選挙で同党から当選した二名の議員が、選挙後、野党として活動するという党の方針を裏切り、アイルランド行政府の高官に就任してしまうということもあり、「独立アイルランド党」は崩壊に向かい、党の母体であった「借地権同盟」も衰退してしまった。

（四）アイザック・バットと「自治連盟」

海外に逃れていた「青年アイルランド党」のメンバーが中心となって、古代ケルトの部族軍団の名に由来する「フィニアン」（別名「アイルランド共和主義団」（Irish Republican Brotherhood: IRB）が一八五八年にダブリンおよびニューヨークで秘密裏に結成された。革命的な軍事組織を標榜するフィニアンも一八六七年三月、アイルランド共和国の独立を目的に、勝算のない武力蜂起に走り、その試みはあえなく失敗に終わった。

フィニアンの運動が後退するに応じて、一八七〇年以降、アイルランドのナショナリストの間に息を吹き返したのは、イギリス議会を舞台に合法的な手段によってアイルランドに分権的な「自治」を樹立しようとする運動であった。一八六八年に登場したグラッドストン（William Ewart Gladstone）の自由党内閣は一八六九年、アイルランド教会が享受してきた国教会制度の廃止に踏み切り、さらに翌年には「第一次土地法」で「三つのF」を承認するなど、(5) いくつかアイルランドの改革を実施するようになった。これらの改革を肯定的に評価する形で、この時期のアイルランド・ナショナリズムを指導したのは「青年アイルランド党」や「フィニアン」のメンバーの法廷弁護で敏腕をふるったアイザック・バット（Issac Butt）であった。かれは、アルスターのプロテスタント牧師の家庭に生まれ、ダブリンのトリニティ・カレッジに学び、母校で政治経済学の教鞭をとったのち、法曹界に転じ、保守派の論客として頭角をあらわすようになっていた。

バットは、当初、アイルランド経済と生活水準の向上にはイギリスとの連合が不可欠と考えていたが、イギリスのレッセフェールの経済政策がアイルランドの経済と農民に及ぼす悪影響を自覚するようになり、アイルランドの内政問題を独自に決定する自治議会の開設を痛感するようになった。そのような「自治」は、イギリスとの連合維持となんら抵触しない。ただ、工業国イングランドと農業国アイルランドの違いに起因する問題は連合王国イギリスの共通の法制によって解決するのは無理である（McCaffrey : 77）。「自治領カナダ」（Dominion of Canada）の先例に倣い、「連邦制という形での自治」の導入という主張は、アイルランドの一部のプロテスタント商工業者層の支持を受けるようになり、やがてカトリックの中間層にも浸透していった。一八七三年一一月には「自治連盟」が結成され、翌年の総選挙では五九名の自治を標榜する議員が当選し、バットを党首とする「アイルランド議会党」（「アイルランド国民党」とも呼ばれる）が誕生している。

しかしながら、この「アイルランド議会党」の活動も停滞を余儀なくされる。バットの採った党運営の方針は、厳しい党則で議員を縛るよりも議員一人ひとりの自主性を重んじ、自治（ホーム・ルール）の実現は、同党の議員一人ひとりがロンドンのイギリス議会でアイルランドの窮状を訴え、理を尽くして相手を説得することによって可能となる、といった宥和路線であったが、政治的にも宗派的にも、さまざまに相反する要素を内包する議会党を一つにまとめるには、かれの指導方法と議会戦術はあまりに穏当すぎた。自治連盟の内部では、カトリック農民層の支援を受けて、バットの方針を「プロテスタント地主に後援されたナショナリズム」とみなす意見は根強く、議会党の内部でも、プロテスタント系議員とカトリック系議員の利害と対立が鮮明となり、バットの指導に対する不満は募る一方となってきた。実際のところ、それが「連邦制」といった類の限定されたものであっても、アイルランドの自治を志向する動きは「イギリスの心臓に突き刺さるナイフ」(McCaffrey : 92) であり、アイルランドにカトリック支配体制の樹立を目論むものとして映り、イギリス議会で可決される見込みはなかったのである。

(五) パーネルとグラッドストン

「理性がイギリスの議員を説得しアイルランドに正義をもたらす」と考えた理想主義者バットの死後、一八八〇年の総選挙後に「アイルランド議会党」の党首の地位に就くことになったのはチャールズ・パーネル (Charles Stewart Parnel) であった。バット同様、プロテスタントの地主階級の出身であったが、かれはバット流の穏当な路線とは決別し、議事の引き延ばし戦術などを駆使し、イギリス政府に「妨害か宥和か」(obstruction or conciliation) と迫り、その巧緻な議会活動によってアイルランド自治を実現しようとした。かれにはイギリス政治の本質を見抜く鋭い洞察があり、アイルランド・ナショナリズムの力量についても冷静な判断を欠いていなかった。パーネルによれば、ホーム・ルールの成否は、借地農から自作農へと脱皮したがっているカトリック農民大衆の支持とアメリカのアイルランド系市民の資金力にかかっている (McCaffrey : 92)。

パーネルは、土地の所有権をアイルランド農民の手に取り戻そうとする「国民土地同盟」(National Land League) の議長を兼ね、「土地戦争」と呼ばれる激しい農民運動をアイルランド全土で展開し(6)、不当な地代に対する農民の地代不払い運動などを指導し、一八八一年にはイギリス政府に第二次の「土地法」の制定を余儀なくさせるなどの成果をあげた。この法律は借地農の土地購入の費用を借地期間に応じて政府が肩代わりするものであり、これで土地問題に一定の成果を確信したパーネルは、やがて運動の方法を議会闘争に切り換え、「自治連盟」を「アイルランド国民同盟」(Irish National League) に改名し、カトリック中間層の利害を代弁する形で運動の照準を「アイルランド自治」の獲得に向けていく。

一九八〇年代を通じてバルカン政治家としてのパーネルの活躍はめざましいものがあった。「アイルランド議会党」の議員の結束は固くなり、イギリス議会で最も統制のとれた政党へと変貌していった。一八八五年の総選挙で「議会党」は全アイルランドの一〇三議席中、八六名の議員を当選させ、アルスターでも三三議席中一七議席を獲得しているが、さっそく「アイルランド自治」に有利な改革を提示していた保守党に加担して、グラッドストンの自由党に代わり保守党のソールズベリーが首相に就くのを助けている。しかし、グラッドストンが「アイルランド自治」を認めることを示唆するようになると、今度は、教育問題やアルコール飲酒などをめぐる双方の違いを超えて自由党と連携し、グラッドストンが三度目の内閣を組織するのを手助けするといった具合であった。

パーネルのやや早い晩年はスキャンダル続きで、イギリス世論のパーネルに対する批判は辛辣なものとなり、カトリック教会もかれの非道徳行為を糾弾するようになった。グラッドストンも、アイルランド自治の実現のためにパーネルに辞任を勧告するまでになり、パーネルの凋落は明らかであった。みじめな結果に終わった補欠選挙の選挙戦で健康を害したパーネルは、一八九一年一〇月六日に四五歳の若さで死去した。グラッドストンの「アイルランド自治法案」（第二次）の提出を知ることはなかったのである。かれの遺体はオコンネルの墓の近くに埋葬された(7)。

（六）文化的なナショナリズム

一九世紀後半から二〇世紀にかけて、アイルランドには、アイルランドの文化や歴史に対する覚醒運動が進展していた。アングロ・サクソンの物質主義に代わり古代以来のアイルランドの精神的な伝統の優位を主張する動きであり、「アイルランド人のアイルランド」を標榜し、ゲール語（アイルランド語）の復権と使用を急務と考える動きであった。かりにアイルランドが政治的に独立を達成しても、アイルランド人の心と精神がイングリッシュやブリティッシュであれば、アイルランドの真の独立にはほど遠い。一八八七年創立の「ゲール体育協会」(Gaelic Athletic Association) は、イングランドのテニス、ポロ、クリケットなどの外来競技に代わり、アイルランド式のホッケー、サッカー、ラグビー、ハンマー投げなどを推奨し、一八九三年創立の「ゲール連盟」(Gaelic League) はアイルランド伝統の音楽やダンスの復興を目指すようになった。「文芸復興運動」(Literary Revival) の活動はさらにめざましいものがあった。イエイツ (William Butler Yeats)、ジョイス (James Joyce)、シング (John Millington Synge)、ラッセル (George Russell)、グレゴリー婦人 (Lady Gregory) など、かれらの見解は、文学と政治の関係、カトリック教会の役割、文学作品にアイルランド語を使用することの是非などの点で一様ではなかったが、一九世紀から二〇世紀にかけて、かれらの活躍はアイルランドの文化と歴史に新しい意味を注入し、活力を失っていたダブリンの町を文学や演劇のメッカに変化させることになった (McCaffrey : 114)。これらの動きは、一口に「文化的ナショナリズム」とも呼ぶべきものであり、(8) 二〇世紀のアイルランド・ナショナリズムとアイルランド共和国の成立に大きな力を与えることになった。

2　「アイルランド自治」と長老派

すでに触れたように、シノッド時代のアルスター長老教会は一八世紀から一九世紀にかけて二回、カトリック解放に賛成する決議を行っていた。多くの長老派の人々も、同じ非国教徒としての過去の経験もあってか、一九世紀後半のアイルランド人 (カトリック) の境遇に同情を惜しまず、かれらの政治運動にも概してリベラルな対応を示すことが多かった。とりわけ土地問題に関して、長老派の人々には借地農の農民が多く、かれらのアイルランド教会の地主層に対する反感は強かったから、「三つのF」を求めるカトリックの運動には、長老派の牧師が「土地同盟」に加入してカトリックの司祭と手を携えて運動に参加する姿が認められ、ヘンリー・クックなどの保守派からは顰蹙を買ったものの、こうした連携の動きを教会総会はむしろ容認する姿勢を堅持していたと言われている（Holmes, 2000a : 117–118）。

ただ、長老派とカトリックとの協力は長続きすることはなかった。前述のように一八五一年の「聖職就任資格法」に対してカトリック教会が「カトリック防衛協会」を設立して反対運動を組織化し、そこに借地権運動で協調していたカトリック司祭の参加が明らかになるにつれて、長老派の内部にもカトリックとの連携を危惧する感情が広がり、先のリベラルなモンゴメリーも保守派のクックと歩調を合わせて「カトリックの侵略」に抗議する集会の演壇に立っている（Holmes, 2000a : 118）。

一八六八年の年末にグラッドストンの自由党政権が誕生した。アイルランドの長老派は伝統的にホイッグ党（自由党）支持者が多かったから、グラッドストンに対する期待も大きかった。総選挙の公約どおりに翌年にはアイルランド教会の「非国教化」が実現し、公務職などへの任用の面で不公平な扱いを受けているという長老派の不満は、この「非国教化」で幾分かは溜飲を下げ、かれらは、グラッドストンの今後の改革がアイルランド社会の宗教的、経済的な不平等をさらに是正するものと考える一方で、アイルランドとイギリスとの「連合」については、グラッドストンといえども、それを維持するものと信じていた。ほどなく、かれらの期待は裏切られることになる。

アイルランドに「自治」（ホーム・ルール）を実現しようとするナショナリストの運動に翻弄されながらも、グラッドストンは、膠着状態のアイルランド問題を自分の政権で決着しようと決意していた。アイルランドのナショナリズムとはアイルランド人のアイデンティティに関するものである以上、かれの結論は、それを満たすにはダブリンに権限移譲型の自治議会を開設し、連合王国の内部ではあるがアイルランドに法制上の一種の独立を与える以外に道はない、ということであった[9]。カトリック側の内紛もあって一時は衰退する気配もあった借地権の問題について第一次の「土地法」を皮切りにいくつかの法案の導入によって一定の目的を達成すると、一八八六年四月八日、グラッドストンは最初の「アイルランド自治法案」（Government of Ireland Bill）を議会に提出した。その内容は、アイルランドの内政をあつかう自治議会と行政執行府（executive）をダブリンに設けるが、外交、帝国の政策、王室、戦争と平和、関税・物品税、郵政、貨幣鋳造などはイギリス議会に残す、といった法案であった。

これまで大部分のアイルランド長老派の人々は、農地改革から教育、軍事、選挙制度など多方面にわたりグラッドストンの改革を支持してきたが、「アイルランド自治」に関しては、それがカトリック教会の支配体制につながり、「連合」が破綻することでアイルランド経済は大きな打撃を受けることは必至であるとして、他のプロテスタントと同様に強硬に反対してきた。しかし、グラッドストンはプロテスタントの意向を知りながらも、同法案を議会へ提出する道を選んだのである。

アルスターを中心とする長老派の人々も、七五歳のグラッドストンの変節（conversion）に驚愕し、それをなじり、他のプロテスタント宗派の人々と声を合わせて「自治はローマの支配」（Home Rule is Rome Rule）と叫び、カトリック教会の支配するアイルランドの将来を懸念し、率先してホーム・ルールに反対するキャンペインに傾倒していった。一八八六年三月に特別会合をもった教会総会は、この種のイギリスから分離した自治議会の開設は、アルスターの経済に致命的な打撃を及ぼすばかりでなく、「宗教、教育、行政に関する諸問題において一つの階級と信条の支配体制につながり、アイルランド各地に分散しているマイノリティが、立法および行政の機能を与えられたマジョリティの侵犯に対抗して、その権利と特権を守ることができるような保証は、道徳的にであれ、物質的にであれ、いかなる形でもなされるとは信じがたい」と宣言している（Holmes, 1985：134）。同年六月にはベルファストで「アルスター・ユニオニスト集会」（Ulster Unionist Convention）が開催され、アルスター全域から約一万二〇〇〇人の代表が集まり、「自治」法案に盛り込まれたダブリン開設予定の自治議会を粉砕する合唱となっていた。

二〇世紀になってアルスター・ユニオニズムの活動に顕著な貢献をすることになる長老派のトーマス・シンクレア（Thomas Sinclair）は、ベルファストの成功したビジネスマンで自由党員であったが、まもなくその初代会長に就任する「アルスター自由党ユニオニスト協議会」（Ulster Liberal Unionist Association）の場で演説している（Graham Walker, 1996 : 26）。

> カトリック解放が実現したあとも、われわれはアイルランドに関してイングランドが諒としないような法律の成立を支持してきた。これはわれわれの名誉とするところであり、われわれは、これからもこの方向を維持してゆく。しかしながら、われわれが連合王国の中核的な部分であることは宣言するまでもなく、アルスター自由党の綱領にアイルランド自治という項目はありえないのである。

シンクレアのように、「アイルランド自治」が自分たちの権益に対する脅威と考えるのは、アルスターの商工業者だけでなく、これまで「土地同盟」に加入していた長老派の借地農なども、一八八〇年代になってパーネルが運動の矛先を「自治」の獲得に向けるようになると、「土地同盟」を脱会し、階級的な利害よりもイギリスとのつながりを求めるようになっていた。これまでカトリックとプロテスタント双方から支持を得ていたアイルランドの自由党は分裂し、アルスターでは急激に凋落することになった（McCaffrey : 96）。プロテスタントの保守党支持の傾向がはっきりするようになり、プロテスタントの反カトリックの機運が強くなり、「アイルランド自治」は、将来、専制的なカトリック教会の支配するアイルランド独立によって連合王国（大英帝国）の崩壊につながるという宣伝が横行するようになった。

一八八六年の時点では、まだ「プロテスタントのアルスター」対「カトリックのアイルランド」という対立の図式は明確な姿とはなっていなかった。しかし、アイルランド教会の非国教化によってプロテスタント各宗派間の垣根が低くなり、かれらが「アイルランド自治」が実現した場合のカトリック教会の支配体制の強化という危機感を共有する過程で、もとよりリベラルなアルスターの長老派の人々も保守的なアイルランド教会系の人々との連携に進んでいった。長らくアイルランド教会に束縛され、一八六八年にその国教会支配体制に引導を渡した長老派は、今度は、カトリック支配体制の樹立を阻止する先頭に立ち、大多数の牧師も信徒も、イギリスとの連合の維持に自分たちの将来を託するユニオニストになっていったのである。

ところで「アイルランド自治」法案の経緯についてであるが、一八八六年六月、第一次の「アイルランド自治」法案は、自由党が党内に九三名の反対者を出して分裂状態となり、三四三票対三一三票で否決されてしまった。(10) グラッドストンは議会を解散し、「法案」の是非を直接有権者に問うことにした。保守党の論客ランドルフ・チャーチルが、有名な「オレンジのカードを切る」という表現で、アルスターのプロテスタントは自治法案が議会を通過すれば武装抵抗すると表現し、そのように扇動したのは、このときの選挙キャンペインの時であった。選挙結果は、保守党三一六議席、「自治」に反対の自由党（ユニオニスト）七八議席、賛成の自由党一九一議席、アイルランドのナショナリスト八五議席という内訳で、自由党（ユニオニスト）の支持を得て保守党のソールズベリーが首相に復帰し、グラッドストンは下野することになった。

それから六年後、グラッドストンが四度目の、かれ最後の内閣を組閣するのは一八九二年六月のことであった。さっそく翌年二月には第二次「アイルランド自治法案」を提出している。法案は第一回目の内容とほとんど同様で、前回のときに批判が集中した点を修正し、「ダブリンに自治議会が成立したときには、アイルランド選出の議員はアイルランドと大英帝国の関係に関する議案のときにだけウェストミンスターの帝国議会に出席する」という内容を加えていた。一八九三年三月、長老派の教会総会はグラッドストンの新提案について議論したが、その結論は第一次「自治法案」のときと同じであった。「アイルランド自治はエピスコパルな優位体制の悪に対する治療薬かもしれない。しかし、治療薬の方が病気に悪い影響を及ぼす」という雰囲気が支配していた（McMinn, 1981 : 142)。

この第二次の自治法案のときにはアイルランドのプロテスタントは、前回以上の動員力を発揮して法案粉砕の運動を展開したが、アントリム州バリマニの長老派の牧師J・B・アーモア（J.B. Armour）のように、「アイルランド自治」を積極的に評価して、アルスター長老教会が無条件にユニオニズムへ傾倒してしまうことに警鐘を鳴らす論客も現れた。一八九四年三月にベルファストのメイ・ストリート教会で開催された教会総会の特別大会には四〇三名の牧師と二五四名の長老が参加したが、アーモアは総会の決議案に修正動議を出して「自治法案」はアイルランドに残る差別を壊滅させる神の手段であると説き（McMinn, 1985 : xli）、イングランドやスコットランドの非国教徒のプロテスタントが「自治」を支持していることを代議員に喚起している。アーモアによれば、「自治がアイルランドに経済的破綻をもたらす」という予測は根拠に乏しく、それ以上に、「そもそも自治の原則は長老派の原則」であると考えていたのである（McMinn, 1985 : xli）。

しかし、「アイルランド自治」を肯定的に評価する長老派の牧師や長老はごく少数であり、結局、特別大会は、三〇四票対一一票でアイルランド自治へ反対する決議を行っている。ただ、棄権票も三四一票あったことが注目される（Holmes, 2000a : 122）。ちなみに、この第二次の「アイルランド自治法案」は庶民院（下院）を通過したものの、同年九月、貴族院（上院）の拒否権に遭って否決され、グラッドストンは貴族院の改革を争点に総選挙に打って出ようとしたが支持を得られず断念し、政治の舞台から去ることになる。

「ユニオニズム」（Unionism）とはイギリスとの「連合」（ユニオン）を標榜するイデオロギーあるいは政治的言説であり、ユニオニストとは連合王国イギリスの国制が維持され、その内部において占める自分たちの位置が維持されることを望み、自分たちが〝ブリティッシュ〟であることに誇りをもっている人々である。スコットランドやウェールズもさることながら、イギリス諸島の内部でユニオニズムの運動が最も顕著な歴史的展開を示すようになったのは、一八〇〇年の「合同法」（Act of Union）によって翌年から連合王国の一部となったアイルランドの場合である。連合撤回（リピール）運動から始まり、アイルランドの自治・分離・独立を追求するカトリック教徒のナショナリズムの運動に対抗して、一九世紀後半から「連合」維持を要求するユニオニズムの運動が始まり、その運動は現在まで連綿と続いている。カトリックのユニオニストもいるが、その大多数はプロテスタントであった。「アイルランド自治」の問題が起こるまで、スコットランドに先祖をたどるとはいえ多くの長老派の人々は、自分たちがアイルランド人（アイリッシュ）であると自認し、同時にアイルランド人でもイギリス人でもある、と考えることに矛盾を感じていなかった。アイルランドの利益はイギリスとの「連合」によって保証されるという前提でアイルランドの愛国者でもあったのである。かれらのナショナル・アイデンティティは一九世紀の終わりに向かって大きく動揺することになる。

ユニオニズムの起源には諸説あるようだが[11]。ユニオニズムという政治的言説がイギリス議会の内外で組織的運動となって現れてくるのは、やはり一九世紀後半をまたねばならないであろう。この時期、アイルランド問題がイギリス国内の深刻な政治問題となってくる過程で、アイルランド自治の動きに危機感を募らせた多くのプロテスタント住民は、イギリス国内のユニオニストや議会内の保守党との連携を強めながら、アイルランド全体のイギリスとの「連合」を求める運動に参加し、その過程で、ナショナリストとユニオニストとの対立はカトリックとプロテスタントという宗派的対立を意味することになった。

いずれにせよ、アイルランドのユニオニズムは、まずアイルランド全体をカバーする「アイルランド・ユニオニズム」（Ireland Unionism）を母体として出発したわけであるが、自由党のグラッドストンが第一次（一八八六年）と第二次（一八九三年）の「アイルランド自治法案」を議会に提出した時期において、すでに、この運動がアイルランド島の北東部アルスター地方を中心に展開していたことは疑いなく、二〇世紀に入ると、ユニオニズムは、ますますアルスター地方に運動の拠点を置く「アルスター・ユニオニズム」（Ulster Unionism）という性格を強めるようになった。

このことの背景には、まず何よりもアイルランド資本主義の不均等な発展、つまり、一九世紀のアイルランドの工業化がベルファストを中心とするアイルランド東北部において起こり、この地方のリネン産業、機械工業、造船業などの発展がグラスゴーやマンチェスターなどイギリス諸都市と密接な関係をもって大英帝国の世界市場と不可分な関係を維持しながら発展してきた、という点に注目すべきであろう。

注

（1）イアン・マクブライドはかれの主著の冒頭で、「青年アイルランド党」や「イースター蜂起」を経て今日のシン・フェインにつながるアイルランドの共和主義（republicanism）は「考えてみれば皮肉なことに、剝奪された貧しいカトリックの間から生じたものではなく、アルスターの、とくにベルファストの長老派から生まれたものである」と述べ、ユナイテド・アイリッシュメンの一面を強調している。毎年、アイルランド首相（*Taoisearch*）はダブリンのボーデンスタウン（Bodenstown）にあるウルフ・トーンの墓を表敬するとのことである（McBride, 1998a : 1）。

（2）「青年アイルランド党」とオコンネルとの対立は、イギリス政府の「カレッジ法案」――この法案によってコーク、ゴールウェイ、ベルファストの三都市にクイーンズ・カレッジが誕生することになった――をめぐり決定的となった。高等教育におけるカトリックとプロテスタントの共学（mixed education）を、カトリック教会の見解に配慮して反対するオコンネルに対して、「青年アイルランド党」は共学が宗派を超えて共通のアイルランド人のアイデンティティを創ることになると考えたのである。

（3）破綻の背景には、この党自体が「借地権同盟」とともに、ローマ教皇のブラスバンドと揶揄されることもあった「アイリッシュ・ブリゲート」と呼ばれる集団を加えた、二つの勢力の寄り合い所帯であったことが指摘されねばならないであろう。

（4）「アイルランド独立党」内のローマ教皇に忠実なカトリックの党員は、カトリック教会の「カトリック防衛協会」に呼応したアイルランド選出のホイッグ党系のグループであった。

（5）「第一次土地法」には、借地農が開墾した土地を地主が売却する際には借地農にその分の補償を与えるという内容がある。

(6) よく知られているように、この土地戦争の一つに、ボイコットという言葉の起源となったことで有名なイギリス人不在地主の土地管理人、チャールズ・カニンガム・ボイコット大尉の事件がある。

(7) 具体的には、パーネルがフェニックス公園での刺殺事件――ダブリンのフェニックス公園でイギリスのアイルランド担当大臣と次官が過激なカトリック共和主義者に刺殺された事件――にパーネルが関与していたとする捏造文書を掲載した『ロンドン・タイムズ』の個人攻撃をはじめ、かれの友人が、パーネルと自分の妻との不倫を理由に離婚訴訟を起こしている。事実を認めてパーネルはこの長年の愛人と結婚することになるが、このスキャンダルをめぐってアイルランド議会党は大きく動揺し、これを機会にパーネルを追い落とそうとする勢力は力を得るようになった。カトリック教会もかれの非道徳行為を糾弾し、アイルランド議会党と自由党との連携に支障が出ることを恐れるグラッドストンもアイルランド自治の実現のためにパーネルに辞任を促す勧告までするようになったのである。

(8) 吉野耕作は、文化的ナショナリズムとは「ネーションの文化的アイデンティティが欠如していたり、不安定であったり、脅威にさらされている時に、その創造、維持、強化を通してナショナルな共同体の再生を目指す運動」（吉野、一一頁）と規定している。

(9) グラッドストンの考え方とは対照的に、この期の保守党は、アイルランドのナショナリズムはアイルランドの社会的、経済的な苦難を反映したものであり、その経済的条件が好転すればナショナリズムの運動も鎮静化すると考える一方で、アイルランド自治を考慮せず、カトリックに対する宗教的偏見をもってユニオニズムの強化に利用しようとし、アイルランド問題の解決をさらに遠ざける結果となった（McCaffrey : 109）。

(10) 長老派の議員もふくめ第一次「アイルランド自治法案」に反対したアイルランド出身の議員は、その多数が土地所有階級出身者であり、このような傾向は一八九〇年代にまで持続した（Walker, 2004 : 11）。

(11) ユニオニズムやユニオニストという言葉の起源については、「ユナイテド・アイリッシュメン」（United Irishmen）の蜂起が失敗に終わり、この蜂起に参加したリベラルなプロテスタント住民がしだいにカトリック勢力から離反するようになり、アイルランドの支配層で「アイルランド教会」（アングリカン）の保守的なプロテスタントとの連携を強める過程に早くもその萌芽が認められるとする意見（Cochrane : 36）や、ユニオニストという言葉についても、ダニエル・オコンネルの指導する「連合法」の撤廃を目指した「連合撤回運動」（リピール運動）に対抗して、一八三四年、あるプロテスタントが「いまやわれわれはリピーラーとユニオニストとに分かれた」と明言していたことに着目する意見などもある（Burnett : 41）。

第Ⅲ部　二〇世紀のアルスター長老教会

第九章　北アイルランドの成立

1　ネ・テメレとマッキャン家の事件

二〇世紀に入ると、工業化の進展したアルスターとアイルランドの三地方（レンスター、マンスター、コナハト）との経済的格差は広がる一方であった[1]。以下、マイケル・ファレル（Michael Farrell）の『北アイルランド：オレンジ国家』から引用するが、一九一一年、アントリム、ダウン、デリー、アーマー、ティロン、ファーマナのアルスター六州では人口の二五％――アルスター九州では二一・五％――が商工業部門に従事していたが、アルスター以外のアイルランドではその数字は一三・九％であった。ベルファストは、ダブリンの人口三〇万四八〇二人を上回る三八万四六六二人の人口をもち、商工業部門に従事する人口が三九・四％を占め、ダブリンの三一・五％を上回っていた[2]。工業労働者になると、アルスターは全アイルランド労働者の四八％を有し、アイルランド総人口の八・八％にすぎないベルファストは全工業労働者の二一％を擁していた（Farrell : 17–18）。

一九一〇年当時、ベルファストだけでも、ヨーロッパのどの国よりも多くのリネンのスピンドルが用いられていた。ヨーク・ストリートの「フラックス・スピニング・ミル社」（Flax Spinning Mill）は世界最大のリネン工場であり、ベルファスト近郊の「バーボア・オブ・リスバーン社」（Barbours of Lisburn）も世界最大のリネン製糸会社であった。リネン工業の隆盛は、繊維機械を製造する機械工業を生むことになり、一九一〇年までに、二つのベルファストの会社、「フェアバーン・ローソン・コーム・バーボア社」（Fairbairn, Lawson, Combe, Barbour Limited）と「ジェイムズ・マッキー社」（James Mackie's）は、イギリスにおけるリネン製品製造機械の製造を独占しており、製品の海外向け輸出で発展していた。造船業について言えば、しかるべき規模の事業所がベルファストに誕生したのは一八五八年であったが、一九一一年には「ハーランド&ウルフ社」（Harland and Wolff）の造船所はイギリス最大となっており、この年、世界最大のドライ式ドックを完成している（Farrell : 18）。

ベルファストを中核とするアルスターの経済的優位は、その産業生産高と輸出高をみればさらに瞭然としている。一九〇七年、ベルファスト中心の産業はアイルランドから輸出された製品二〇九〇万ポンドのうち一九一〇万ポンドを占めていた。アイルランドの全産業製品の八〇％は、リネン製品、造船およびエンジニアリング（機械製品）、それに醸造、ウイスキー蒸留、炭酸水製造の三品目であった。最初の二つは広くアルスターに中心があったが、それでもベルファストは、輸出ウイスキーの六〇％を生産し、炭酸水の貿易をも支配していたのである（Farrell : 18–19）。

ベルファストとその後背地は、これまでにも増して工業国家イギリスのアイルランドにおける前哨基地であり、ベルファストは、イギリス本国のクライドサイド、マージーサイドと産業の三角形を結ぶ一角となっていた。グラスゴーやリバプールに製品を海上輸送した方がダブリンに鉄道輸送するよりも安く、ベルファストはいまやイギリスの経済膨張の恩恵を享受し、イギリス帝国の貿易構造にしっかり組み込まれていた。こうした繁栄を謳歌しながら、アルスターの経営者はこれまで以上に、イギリス本国あるいは大英帝国とのつながりを強め、アイルランドのナショナリストの運動や「アイルランド自治」の要求のように、それを弱めかねない動きには断固抵抗する姿勢を明確にしていた。この点では、自分たちの権益と良い労働条件を守りたい造船所や機械工場のプロテスタントの労働者も同様であり、かれらもまた一致して経営者に歩調を合わせた（Farrell : 19）。

二〇世紀に入るまでに、このような経済過程に並行して、アルスター・プロテスタントの多くは保守的なオレンジイズムの主張と行動に同調する方向へ踏み出していた。プロテスタントの中ではリベラルな長老派の伝統も声高なオレンジイズムの前に意気消沈したかのようであった。イギリス保守党との連携を堅持して、ベルファストのスラム街に住むカトリックとプロテスタントの労働者の反目を利用し、プロテスタントの覇権主義の記憶を呼び起こし、福音主義の宗教的熱狂を利用して反カトリックを声高に呼びかけるオレンジイズムの浸透は、「アイルランド自治をめぐる危機」（Home Rule Crisis）がいっそうの切迫感を増す中で、多くのプロテスタント労働者の心をとらえて離さなくなったのである。

ところで一九一〇年一〇月、経済的繁栄を謳歌するベルファストで、プロテスタントの人々を憤慨させ、かれらの反カトリックの感情を一段と強めることになった事件が起こっている。「マッキャン家の事件」（McCann case）である（Lee, 1985 : 16 ; Barkley, 1972 : 97）。マッキャン夫妻は、夫のアレクサンダーがカトリック、妻のアグネスは長老派のプロテスタント、いわゆる異宗派婚（mixed marriage）の夫婦で、長老派の教会で一九〇八年五月に結婚し、結婚後も夫婦は別々の教会に通うことを了解していた。夫婦には二人の幼い子どももいた。ある日、かれらの西ベルファストの家庭にアレクサンダーの通っている教会のカトリックの司祭（神父）が訪ねてきた。いわく、二人の結婚は正当なものではなく、このままでは神の罰を受けることになる、と。

バチカンのローマ教会がネ・テメレ（*Ne temere*）という法令を発したのは一九〇八年の聖金曜日の週であった。それは、カトリックとプロテスタントのような異宗派間の結婚はカトリック教会でカトリックの司祭によってなされなければ正当な結婚とはならない。そして、生まれる子どもはカトリックとして育てる旨を文面で誓約しなければならず、そうでない子どもは非嫡子（illegitimate）とみなされる、といった内容である。司祭の訪問後、アレクサンダーは自分が罪を犯しているという意識に苛まれるようになった。このままでは子どもたちも呪われると信じるようになり、アグネスにカトリック教会で結婚をやり直すよう求めたが聞き入れられず、しだいに妻を虐待するようになった。ある日、アグネスが帰宅してみると、アレクサンダーは家財ともども二人の子ども（下の子は生後二カ月）を連れて行方をくらましていた。夫に捨てられ、貧窮状態に陥り、子どもたちを捜してベルファストの街をさまよう哀れなアグネスのことが知られるようになると、結婚の世界にまで介入する「毒蛇のようなローマ教皇」（Lee, 1985 : 11）が糾弾の的となり、プロテスタントの間にはカトリック教会への反感と恐怖が一気に増幅されるようになった。(3)

長老派の牧師や信徒にとっては、長らく、「アイルランド教会」の支配体制下で長老派の牧師の司る結婚は認められなかった時代が続いたこともあって、この問題に対する反応は敏感で、ネ・テメレ令を法的に規制するよう訴える意見も少なくなかった。アグネスの通っていた長老派教会のコーキー牧師（Rev. William Corkey）は、かれらの結婚が正当であることを主張して、ネ・テメレについて次のように述べている（Lee, 1985 : 19）。

この法令はイギリス法の最高権威に挑戦するものである。私は、アレクサンダー・マッキャンとアグネス・ジェーン・バークレーの結婚を記している大英帝国の刻印の押されている二人の結婚証明書を保持している。この証明書は、イギリスの法律によって、この二人が夫であり妻であることを宣言している。一方、教皇の法令は、この結婚はもとより結婚ではない、と言っている。グレイト・ブリテンで、どちらの法令がより至高なのか。

もとよりネ・テメレ令はローマ・カトリック教会が安易な結婚や同棲婚を防止する目的もあって、広くヨーロッパ諸国に向けて発せられたものであって、アイルランドを対象とするものではなかった。また、当時のアルスターでも異宗派婚の実例はさほど多いわけではなく、マッキャンの事件は、プロテスタントのユニオニストの側が意図的に煽って大きくしたという意見もある（Lee, 1985 : 11）。ただ、間違いなく言えることは、この事件の発現によってプロテスタントは、「アイルランド自治はローマの支配」にほかならず「自治」が導入されればアイルランドは専制的なカトリック教会の支配するところになる、といった警戒心を強く抱くようになったという点である。一九一一年度の教会総会は、連合王国におけるネ・テメレ令の施行を強く非難し、長老派の牧師に、かれらの教会の信徒たちが異宗派婚の危険性に注意を払うように喚起している（Kirkpatrick : 72）。

2　「アルスターの契約」

議論を「アイルランド自治」をめぐるイギリス政治の動きに戻す。一八八六年六月の総選挙に敗北して下野したグラッドストン内閣（第三次）から一九〇五年末にバンナマン内閣が誕生するまでの約二〇年間、自由党が政権の座にあったのは第四次グラッドストン内閣の一八九二年八月から一八九五年二月までの期間であって三年に満たない。この時代、保守党のソールズベリー卿が二回内閣を組織し、一九〇二年以降は、かれの甥にあたり、一八八七年から九一年までアイルランド担当大臣を務めた経験のあるアーサー・バルフォアが首相を引き継いだ。この期の「保守・ユニオニスト」の政権のアイルランド政策は「丁寧にホーム・ルールを抹殺する」（kill home rule with kindness）と言われたように、「アイルランド自治」の動きが先鋭化するのを避けることに専心する政権であった。ただ、その一方で、アイルランド農村部の貧困に目を向けて社会開発事業に着手するなど、アイルランド問題に一定の貢献があったことは間違いない。とくに一八九八年の「地方自治体法」（Local Government Act）は、それまでプロテスタントのジェントリ層が支配してきた財政・行政の陪審制度に代わり、その権限をイギリスと同様に有権者によって選ばれた地方自治議会に移そうとしたものであり、また一九〇三年の「ウィンダム土地法」（Wyndham Land Act）は、借地農に耕地を売却する際、地主に売却額の一二％の奨励金を現金で与え、借地農にも長期のローンを提供し、自作農の創出を促進しようとするものであった。その結果、一九一六年までに農地の六三％が自作農地に転換された（松尾、一九九四年、一〇八頁）。

一九世紀末から続くボーア戦争は国内世論を分裂させながらもイギリス人にグレイト・ブリテンに対する誇りと愛国主義の機運をもたらし、ボーア農民に同情的な一部のアイルランド人の態度はイギリス保守層の世論を苛立たせることになった。一九〇六年の総選挙は、新しく結党された労働党が二九名の議員を当選させたが、自由党が、以前に同党を離脱していた議員を復党させて大勝する結果となった。第二次の「アイルランド自治法案」が貴族院の拒否権によって葬られてから、自由党の「自治」への取り組みは概して熱意を欠くものとなっていたが、選挙後、「アイルランド議会党」の支持を得ずとも下院でマジョリティを形成するようになった自由党の「自治」への取り組みはさらに消極的なものとなってくる。

もちろん、この時期の自由党政権がアイルランド問題を等閑視していたわけではなく、たとえば、バンナマン（Henry Campbell Bannerman）の政権は、カトリックの要求に沿ってアイルランドに国立大学を設置する法律を制定したり、先の「ウィンダム土地法」を改正して農地購入の基金を増額し、自作農創設を促進させたりしている。さらに一九〇七年、パーネルのあとを継いだジョン・レドモンド（John Redmond）率いるアイルランド議会党の受け入れるものとはならなかったが、アイルランドに「協議会」（Council）という形で一種の限定的自治を導入する案を打診することなどもしていた。ただ、こうしたイニシャティヴは「アイルランド自治」の問題に正面から取り組もうとする姿勢からはほど遠いもので、「自治」問題が再びクローズアップされるのは、一九〇八年四月に誕生するハーバート・アスキス（Herbert Asquith）の政権をまたねばならなかった。

一八七〇年代以降の長引く経済不況の中で、社会改革と社会福祉の実行を模索する自由党にとって悩みの種は、保守党を支持する議員の多い貴族院の拒否権であり、とくに予算案に対する拒否権の行使であった。「アイルランド自治」を求める「アイルランド議会党」にとっても、この拒否権の問題は第二次「自治法案」を廃案にさせた元凶であり、同様に頭の痛い問題であった。アスキスは一九一〇年一月、貴族院の改革を争点の一つとして総選挙に打って出たが、思惑は外れ、自由党は一〇〇議席以上を失って二七五議席、保守ユニオニスト党は二七三議席という僅差となり、前回の総選挙での両党の差二四四議席は、わずか二議席に縮まってしまい、その他、アイルランド議会党が八二議席、労働党が四〇議席という結果であった。保守党の盛り返しの要因については、自由党の救貧政策のための増税策に対する反感、ドイツの軍備増強に対する無策といった要因のほかに、やはりアイルランド問題が色濃く影を落としており、「自由党は貴族院改革を実現してアイルランドに自治を導入し、連合王国の解体を実行しようとしている」といった保守党の戦術が効を奏したことも否めない。

アスキスは同年一二月、またもや議会を解散し選挙に打って出た。今回は、ダブリンでの遊説で、アイルランド自治には貴族院の拒否権を除去することが必要であると述べ、「自治」の導入を約束している。保守党はアスキスをレドモンドの手先と呼び、貴族院の改革にも反対した。結果は前回と大差なかったが、「自治」に対する選挙後の下院の意見は変化しており、賛成が三一五名、反対が二五四名と伝えられていた。

一九一一年二月にアスキス自由党政権は「下院を通過した法案に対する貴族院の拒否権の有効期間は三議会まで、あるいは二年までとする」という「議会法」(Parliament Act 1911) を提案した。保守党や貴族院議員の根強い抵抗もあったが、最終的には貴族院で一三一対一一四の得票で可決され、法案が国王の勅可を受けて法律となると、公約どおりアスキスは、一九一二年四月一四日に第三次の「アイルランド自治法案」を議会に提案した。内容はグラッドストンの前二回の法案と大差ないものであった。レドモンドのアイルランド議会党は、この案を受け入れることを表明したが、問題はアイルランドのプロテスタントであり、とくにアルスターのプロテスタントの意向であった。かれらを納得させるだけの成算をアキセス政権はもちあわせていないのが実情であった。

アルスター・プロテスタントは、もともとアイルランドのいかなる部分の、いかなる形の「自治」にも反対であったが、「アイルランド自治」の動きがもはや動かしがたい流れとなると、かれらの反対は、プロテスタントの多いアルスターを自治から除外する方向へ変わりつつあった。一九〇五年三月には「アルスター・ユニオニスト党」(Ulster Unionist Party：UUP)の支持母体となる「アルスター・ユニオニスト評議会」(Ulster Unionist Council：UUC)が結成され、[4]多くのプロテスタントはこの組織を通じて「アイルランド自治」の阻止とイギリスとの「連合」を維持する方針を掲げて結束を固めるようになっていた。ほどなくダブリン出身の法律家でイギリス政府の閣僚を経験したエドワード・カーソンが指導者となると、「自治」に反対するだけではなく、自治法案が議会を通過した暁には、アルスターにプロテスタントの地方政府(the government of the Protestant Province of Ulster)を樹立する責務があると公言し、徹底抗戦を構える向きも出てきた。

長老派のプロテスタントに関して言えば、一九一〇年の総選挙に向けて教会総会は、歴代一一名の総会議長が連名で、イギリスとの連合を求めてマニフェストを発表するという前例のない行動までとったが(Holmes, 2000a：123)、総選挙の結果は自由党の多数維持を変えるものではなく、いよいよ「アイルランド自治法案」の議会可決は不可避の状勢となった。三月に開催された一九一二年度の教会総会は、次のように決議している(Holmes, 1985：134)。

アイルランドに別個の議会を設置することは、われわれの判断では、宗教、教育、行政などに関する問題で一つの階級や主義信条の優位体制をもたらすことは必至である。われわれは、それが道徳的なものであれ物質的なものであれ、アイルランド全域に分布するわれわれに対して、立法的かつ行政的な機能を付与されたマジョリティが、われわれマイノリティの権利と特権が蚕食されないよう保護する方策を講じる、などといった類の保証を信じるわけにはいかない。

言うまでもなく、「アイルランド自治」をめぐるプロテスタントの危機感と、かれらの連帯感を象徴することになる出来事は、「アルスターの日」と命名された一九一二年九月二八日の「厳粛な同盟と契約」（アルスターの契約）への署名活動であろう。一六四三年のスコットランドにおける契約派革命の故事にちなんで起草された二〇世紀の同名の「契約」は、あの宗教的契約と政治的同盟を盛り込んだ昔の文面と比べれば、いかにも簡略であり、宗教的な色彩は影を潜めることになったが、アルスター長老教会の長老、トーマス・シンクレアの手になる全文は以下のとおりである。

その名を下記に署名するアルスターの男、慈しみ深き国王ジョージ五世に忠誠を誓う臣民であり、神の卑しい僕、そして父祖が抑圧と試練の時代にも確固として神への信仰を抱き続けたわれわれは、自分たちの良心において、アイルランド自治はアルスターのみならずアイルランドの物質的幸福に壊滅的打撃を与え、われわれの市民的かつ宗教的自由を剝奪し、市民権と大英帝国の結合にとって破壊的であるとの確信の下に、この脅迫と災難の時期を迎えるにあたり、連合王国における平等な市民の権利という、かけがえのない地位を守るために、またアイルランドに自治議会を樹立しようとする今般の陰謀を粉砕するために、必要と思われるあらゆる手段をもってお互いに約束し合うことを、ここに、厳粛なる契約をもって誓うものである。そして、そのような議会が強制されるような事態に至った際には、その権威を認めるものではないことも、さらに厳粛かつ相互に誓い合うものである。神が、われわれの権利を守りたもうであろうことを確信し、以下に、われわれの名前を署名する。なお、以下に署名する個人は、この契約にまだ署名していないことも宣言する。

長老派の教会をはじめ多くの教会では同日一一時から特別の礼拝が行われ、その日には数えきれないほど多くのプ

「アルスターの契約」に署名するカーソンとユニオニストの指導者

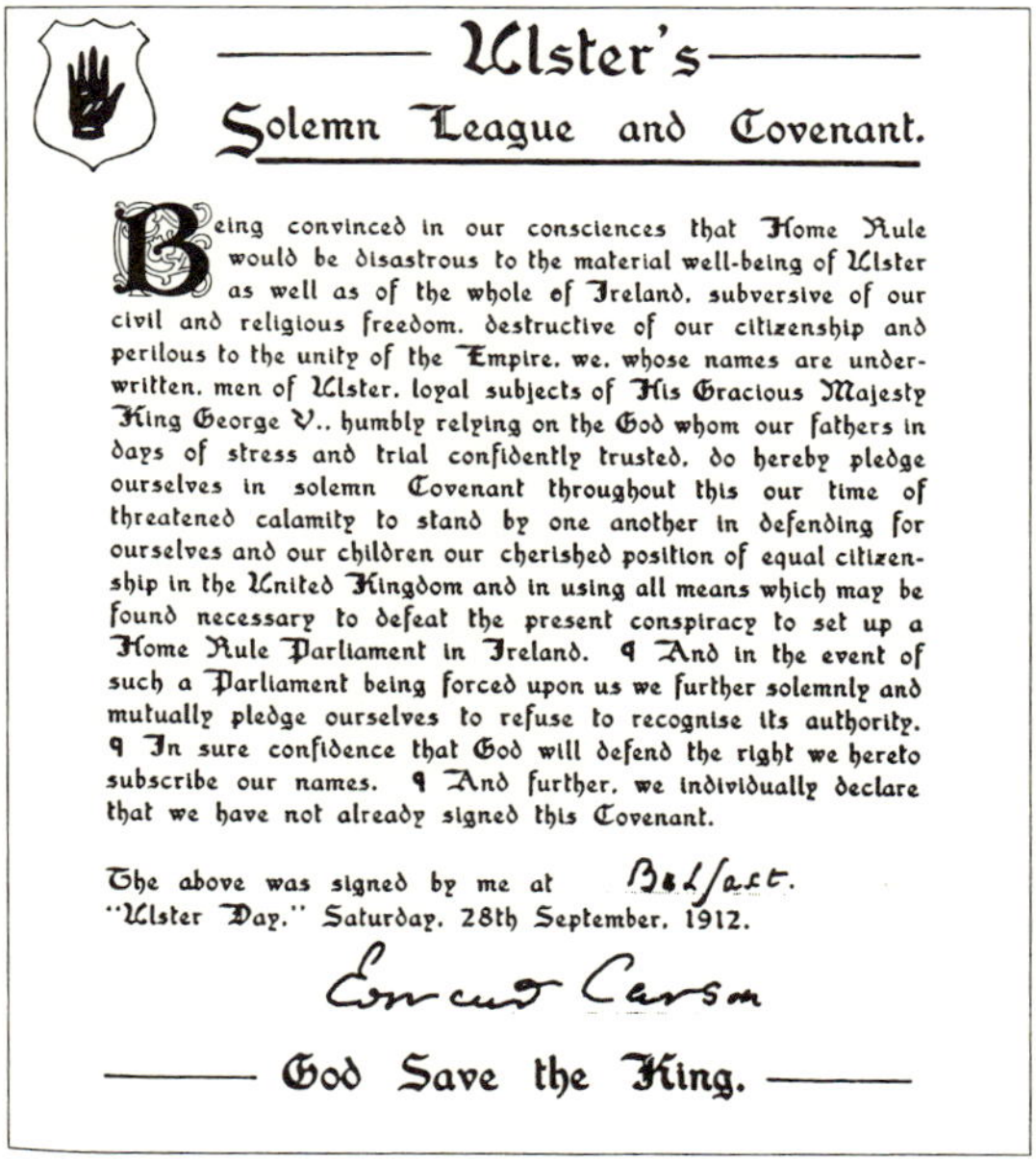

Ulster's
Solemn League and Covenant.

Being convinced in our consciences that Home Rule would be disastrous to the material well-being of Ulster as well as of the whole of Ireland, subversive of our civil and religious freedom, destructive of our citizenship and perilous to the unity of the Empire, we, whose names are underwritten, men of Ulster, loyal subjects of His Gracious Majesty King George V., humbly relying on the God whom our fathers in days of stress and trial confidently trusted, do hereby pledge ourselves in solemn Covenant throughout this our time of threatened calamity to stand by one another in defending for ourselves and our children our cherished position of equal citizenship in the United Kingdom and in using all means which may be found necessary to defeat the present conspiracy to set up a Home Rule Parliament in Ireland. ¶ And in the event of such a Parliament being forced upon us we further solemnly and mutually pledge ourselves to refuse to recognise its authority. ¶ In sure confidence that God will defend the right we hereto subscribe our names. ¶ And further, we individually declare that we have not already signed this Covenant.

The above was signed by me at Belfast.
"Ulster Day." Saturday, 28th September, 1912.

Edward Carson

God Save the King.

「アルスターの契約」

ロテスタントの署名活動が繰り広げられた。二三万七三六八名の男性と、同文の女性版に二三万四〇四六名の女性が署名することになり、アルスター・プロテスタントの成人人口の三分の二近くが署名したことになる。一九一三年度の教会総会で六時間に及ぶ討議を経て、あらためて「自治」に反対する決議を賛成九二一票、反対四三票、棄権一六五票という圧倒的票差で可決した。長老派の人々は、いまや保守もリベラルも等しく、政治的にはイギリスとの「連合」を求めるユニオニストであり、自分たちのアイリッシュ（アイルランド人）・アイデンティティに疑問を感じるようになり、ブリティッシュ（イギリス人）――もしくはアイリッシュでもブリティッシュでもある――アイデンティティの方向を志向するようになった。

ユニオニストの指導者に躍り出たエドワード・カーソン（Edward Carson）や彼の有能な参謀格ジェイムズ・クレイグ（James Craig）らは、この「アルスターの契約」の中の「あらゆる手段を用いてアイルランド自治を粉砕する」という文面に沿って、アルスターに暫定政府の樹立も辞さない方針を表明し、「アルスター義勇軍」（Ulster Volunteer Force）を結成してイギリス政府に武力をもって反抗する構えをみせている。それがどこまで本気であったかどうかは疑問の残る点であるが、一九一四年四月には三万五〇〇〇丁のドイツ製ライフル銃と五〇〇万発の弾薬を密輸入し、アントリム州のラーン港から荷揚げして気勢をあげている。同年の長老派の教会総会は、教会のメンバーに冷静さと自制を求め、「コミュニティに平和と良好な秩序を促進する」ことを条件としつつも、武力による抵抗を黙認するかのような姿勢を示していた[5]（Holmes, 2000a : 124）。

ところで、もとより「契約」という観念や思想に乏しいアイルランド教会やメソディストの信徒をふくむ膨大な数の男女が、二五〇年前のスコットランド長老派に由来する「厳粛な同盟と契約」に署名することになった理由とは何であろうか。グラハム・ウォーカーも指摘するように、今回の「契約」の当事者は、昔のように長老派の貴族や牧師が国王と結ぶものではなく、広くアルスターのプロテスタントがイギリス国王と結ぶ契約であったが（Walker, 1995 :

13)、それにしても、なぜ、このような「アルスターの契約」が生まれたのであろうか。この背景には、まず何よりも、すでにアルスター長老教会がかつての非国教徒としての立場を完全に脱し、アルスターのプロテスタンティズムを主導するだけの実力を備えていたことが挙げられよう。そして同時に、一九世紀以降の福音主義の定着は各宗派間の違いを薄め、宗派間の結婚も増えていたこと、さらには、長びく「アイルランド自治」をめぐる危機の中で、プロテスタントのコミュニティは、かつてのプロテスタント優位の支配体制が崩壊しつつあり、自分たちがアイルランドの宗教的マイノリティになりつつあるという現実を直視し、長老派の人々も、アイルランド国教会やメソディストと同様に、等しくイギリスとの連合を求めるユニオニズムという思想に自分たちの将来を託すようになっていたことが挙げられよう。

ただ、アルスター長老派にとって、今回の「契約」は古い契約の繰り返しに終わるものではなかった。ピーター・ブルックは一九世紀を通じてアルスター長老主義に起こった変化を「長老派からプロテスタントへ」（From Presbyterian to Protestant）という過程として考えている（Brooke : 175–197）。その意味は、アルスター長老派の文化が衰退したのでも、まして消滅したのでもなく、長老派の文化がより広範なプロテスタントのコミュニティに浸透していったことを意味している。一七世紀にスコットランド系移住者の宗教としてアイルランドの北東部に移植された長老派の文化や伝統的な価値観が広くアルスターのプロテスタントのコミュニティの中に浸透し定着したことにほかならなかった。この点に関連してドナルド・エイケンソンは、「アルスターのすべてのプロテスタントが、根本的な点において、アルスター・スコッツの『考え方の枠組』（conceptual framework）を受け入れるようになっていたからであった」と述べ、やがて一九二一年に成立する北アイルランドも「道徳的にはアルスター契約の上に立脚しており、現実的には、選ばれた民であるプロテスタントのためのプロテスタントの国家であるという約束の上に立脚していた」と考えている（Akenson : 148–149）。

一六四一年の「カトリックの反乱（アルスターの反乱）」、一六八八年からの「名誉革命期の二人の王の戦い」、一七九八年の「ユナイテド・アイリッシュメンの蜂起」、そして一九世紀末以来の「アイルランド自治」をめぐる危機など、アルスターのプロテスタントにとって「アルスターの危機」とは、つきつめて考えてみると、神と特別の契約関係を交わした神の民である自分たちに与えられた試練にほかならない。アルスターという約束の地、その周囲のカトリックという異教徒、厳格な神の掟への服従、人間の運命に対する予言的解釈、聖書の言葉に見合った外的世界の解釈など、「神に忠誠を欠く多数の中の少数の忠誠者」（the faithful few among faithless many）であり、「異教徒の土地で神への忠誠をつらぬく義なる者の生き残り」（a faithful remnant of righteousness in pagan land）であるという自意識をもつ人々の社会は、かれらの祖先がそうであったように、依然として、宗教的あるいは人種的な多元主義を容易に受け入れることも、あるいは、世俗的な外部の良識を即座に受け入れることもできない社会であった（Hempton, 1990 : 248 ; Hempton, 1996 : 100）。「契約という神との約束を守るためには、その社会は、もとより妥協してはならず、一徹で、しかも自己充足的でなければならない」（Akenson : 42）。

3　「北アイルランド」の成立

ユニオニストの「アルスター義勇軍」に対抗してナショナリストと共和主義者の側にも「アイルランド義勇軍」が結成され、ユニオニストとナショナリストの対立が抜き差しならない段階へ進むようになると、ジレンマに陥ったアスキスは、一九一三年秋から翌年春にかけて「自治法案」の修正も念頭に置いて、レドモンドとはもちろん、カーソンやクレイグらとも非公式に協議を重ねている。若干の修正案や可能性が検討され[6]、最後に残された案の一つは「自治の中の自治」（home rule within home rule）、すなわち「ダブリンに全アイルランドを法域とする自治議会を設ける一方で、その法域を前提としてアルスターにも特別の自治議会を設ける」という案であり、ナショナリストの側はこれを受け入れる意向を示したが、ユニオニストの側が、この案は結局のところ「ダブリンの支配」につながるとして強硬に反対して頓挫した。もう一つの案は「ダブリン議会の法域からアルスターを除外する」（exclusion of Ulster from the jurisdiction of a Dublin parliament）という案であった。ユニオニスト側にはおおむね異存はなくイギリスの世論もこの案に傾きつつあった。しかしナショナリストの側は、この案がアイルランドの分断につながると反対したが、ただ「自治議会の開設」という長年の願いがかなうことは間違いなく、いくつかの留保事項を残しながらも、この案に歩み寄る姿勢をみせるようになった。しかしユニオニストの側はさらに、アルスターの「適用除外」が永続的であることの保証を求めて譲らず、議論が決着したわけではなかった(7)。

さらにもう一つの難題は、一時的にせよ永続的にせよ、かりに「アイルランド自治」からアルスターを適用除外とする場合、アルスターの範囲をどう考えるか、端的には、アルスター九州とするか六州とするかという問題であった。一九一一年当時、ドニゴール、キャバン、モナハンの三州はカトリックが七五％以上を占め、残り六州でもファーマナとティロンの二州はカトリックが五五％程度、さらにデリー、アーマー、ダウンなどプロテスタントの方がやや多い州でも、州内にはカトリックが多い地域があった。住民の政治的信条などを加味すると、「アイルランド自治」から除外するアルスターの範囲をどのように決めるのかはきわめて難しい問題であった。当初カーソンらはアルスター九州を除くよう求めていたが、しだいに六州でもやむなしという考えに傾きつつあった。そして一九一六年四月にダブリンで「イースター蜂起」が勃発すると、この南の事態に茫然としているユニオニストに対して、カーソンらの指導層はアルスター東北部六州を永久に除く形で早急に「自治法案」を通過させた方が得策であると説得するようになった（Harkness : 29）。

一九一四年八月四日、イギリスはドイツに宣戦布告し、第一次世界大戦に参戦した。貴族院の拒否権に関して、先の「議会法」は「下院で三度継続審議して可決された法案は二年以内に自動的に法律となる」（堀越、一九七九年、一一二頁）という改革をともなっており、アルスターのユニオニストや両院保守党の反対を尻目に「第三次アイルランド自治法案」は同年九月一八日に議会を通過した。貴族院での反対を押し切って成立した例は過去三回しかなく、きわめて異例のことであった。アスキスはユニオニストの側に、アルスターの「範囲」を未定にしたままであるが「自治」が施行されるについては別の法案を用意する旨を約束する一方、同法の執行を戦争の終結まで停止することになった。戦争の勃発とともにイギリス国民の関心がアイルランドからヨーロッパ大陸に移り、「アイルランド自治をめぐる危機」はひとまず解除されたわけである。

ユニオニストは「アルスター義勇軍」をイギリス軍に編入して参戦させた。この部隊はアルスター第三六部隊として一九一六年夏のソンムの戦いで甚大な犠牲者を出すことになった。この犠牲の意味はアルスターがイギリスの一部であることの証明であり、この部隊はアルスター・プロテスタントの大英帝国に対する献身のシンボルとして神話化されるようになった。一方のレドモンドも「アイルランド義勇軍」をユニオニストの義勇軍とともに祖国防衛の戦列に参加させることを申し出て、イギリス議会から喝采を浴びることになったが、このようなレドモンドの戦争協力の姿勢に反感を抱く一部のアイルランド共和主義者は、アイルランドを占領しているのはドイツではなくイギリスであり、「イギリスの危機はアイルランドの好機である」と考え、武力革命によるアイルランドの独立を計画するようになった。

第一次世界大戦中の一九一六年に勃発した「イースター蜂起」と臨時共和国宣言、戦争終結後の総選挙におけるシン・フェインの勝利と「国民議会」の開設、アイルランド共和国軍（ＩＲＡ）の創設、イギリスとの独立戦争、休戦条約をめぐるナショナリストの間の対立と内戦の勃発など、その後アイルランド共和国の独立に至る動きについては広く紹介されているので繰り返すことは避け[8]、以下、プロテスタント側の動きに絞って論じることにするが、アイルランドのナショナリストが「自治」から「独立」を達成する中で、「アイルランド自治法案」は実効をみることなく、その歴史的使命を終えた。臨戦体制を敷いていたユニオニストも、南の事態の推移に目を凝らしつつ、アイルランドが分断される場合の「北アイルランド」の範囲をめぐってイギリス政府との政治的駈け引きに奔走するようになっていたが、現在の「北アイルランド」を誕生させ、アイルランドを南北に分断させることになったのは、アスキスの後継となったロイド・ジョージ内閣が提案した一九二〇年一二月の「アイルランド統治法」(Government of Ireland Act)である。それは当初の計画では、ダブリンとベルファストに、二つの自治議会および自治政府を設置しようとするものであった。ベルファストが管轄する北アイルランドの範囲についてはアルスター六州とし、将来のアイルランド統一を見込んで、双方の自治政府による「アイルランド評議会」(Council of Ireland)の設置を盛り込んでいる。

アルスターが「アイルランド自治」から除外されることに全力を傾注してきたユニオニストは、アルスター(北アイルランド)に自治議会を設置することを望んでいたわけではなく、二つの自治議会――ナショナリストや共和主義者が拒否することは間違いなかった――という決着にしても、それは必ずしもかれらの期待どおりのものではなかった。実際、カーソンなどは、あくまで北アイルランドは連合王国イギリスの一地方であるべきで、自治政府や自治議会を置くという計画自体に難色を示していた。さらに、ユニオニストの間には、ドニゴール、キャバン、モナハンの三州を離すことは、その地域のプロテスタント住民を「狼の中に投げ込む」ことになるとして、あくまで九州案を追求すべきであるという意見は消えたわけではなかった。

ユニオニストは迷っていたが、やがて「風がどちらに向かって吹いているのか」(Buckland : 19) を慎重に勘案し、はじめは不承不承だったが、ほどなく熱意をもって「アイルランド統治法」のアイディアを受け入れるようになった。一九二〇年五月の「アルスター・ユニオニスト評議会」の評決で、九州案を支持したのは三九〇名中八〇名にとどまった。六州案ならプロテスタントのマジョリティが脅かされないからであった。ユニオニストは、三州のプロテス

タントを見捨てたのである。(9)

プロテスタントの心に出来上がっていたアイルランドの南北分断は、いまや地図の上に存在するようになった。ユニオニストは「アイルランド統治法」を最終的に受諾したが、一方、アイルランド独立への意思を固めたシン・フェイン主導の南の共和主義者やナショナリストは、「イースター蜂起」の際に宣言された共和国を継承する姿勢を貫き、「アイルランド統治法」を無視したから、この法律が指定していた自治議会と自治政府はベルファストにだけ設置されるほかはなかった。その結果、連合王国イギリスに帰属する「北アイルランド」という法域が誕生することになり、アイルランドは南北に分断された。

モナハン州などに少なからぬ数の長老派の人々が残されることになったが、その数は、多くの信徒を南に残すことになったアイルランド教会に比べれば少なかった。南北分断後、アイルランド教会もオレンジ会やＵＰなどを通して長老派に協力するようになり、アルスターのプロテスタンティズムにおける長老派の力はいっそう強くなってきた(Bruce, 1986 : 15)。アルスター長老教会は、一九二一年の教会総会で、アイルランドの現状に関する次のような委員会報告を満場一致で採択している（Holmes, 1985 : 145)。

アイルランドの統治に関する今回の変化は長老教会のメンバーが求めてきたものではない。われわれはあくまで帝国議会にとどまること、そして、その法域にあることを繰り返し表明してきた。しかしながら、われわれのメンバーは、平和という目的のために、この法案を受け入れ、この国に安定した政府が生まれ、法と秩序が確立するように、この法案の条項を忠実に実行しようと準備するものである。

アルスター六州を法域として誕生した北アイルランドは住民の約三分の二がプロテスタントという結果となった。

北アイルランド政府の最初の首相には長老派のジェイムズ・クレイグが就任し、「オレンジ国家」とも形容されるユニオニストのプロテスタント支配体制を強化していくことになるが、アイルランドの南北分断によって南部二六州には約五万人の長老派の住民が「南に取り残される」ことになった。教会総会はアルスター長老教会の会衆が南北にわたることを確認し、シン・フェインの共和主義者が支配するようになった南部の長老派住民に対する宗教的な迫害を懸念していたが、この問題を討議した一九二三年の教会総会に参加した南部の長老教会の牧師は、長老派住民への宗教上の理由による迫害を否定している。

ただ、この間の南部や西部における長老派住民の減少が著しかったことも事実であって、一九一六年から二二年にかけて、コーク長老会で四五%、マンスター長老会で四四%、コナハト長老会で三六%、アスロ長老会で三〇%、ダブリン長老会でも一六%といった大幅な減少をみせている（Holmes, 1985 : 146 ; Kirkpatrick : 73）。このことの理由には、多くがユニオニズムへの共感者であり、中にはイギリス軍に加担したような長老派住民も少なくなく、そのような住民への殺戮をふくむ政治的迫害もあったようであるが、より根本的には、一九世紀以降のアイルランド南部から北部への住民の移動という長期的な理由をはじめ、内戦の時期における地主層やビジネスマンの移動にともなう雇用条件の悪化によって長老派住民の中にも北アイルランドへ移動した人々が多かったことが挙げられよう。[10]

注

（1）　一九一一年の国勢調査において、アルスター地方の人口は一五八万一六九六人であり、アイルランド全人口四三九万二一九人の三六・〇%を占めている。プロテスタントの人口は全アイルランド人口の二六・一四%であるが、アルスター九州ではプロテスタントが五六・三%と過半数以上に達し、アルスター東北部のアントリム、アーマー、デリー、ダウン、ティロン、ファーマナの六州――ティロンとファーマナはカトリックがわずかに上回る――ではプロテスタントの比率が計六六・〇%となっていた（Buckland : 2)。

（2）アルスター第二の都市ロンドンデリー（人口四万七八〇人）でも、商工業従事者の比率は三四・七%で、ダブリンの数字を上回っていた。

（3）マッキャンの事件以外にも、よく知られた異宗派婚のトラブルは、比較的近年のことであるが、一九五七年のアイルランド共和国レンスター地方の村（Fethard-on-Sea）で、プロテスタントの妻が三人の子どもを北アイルランドに連れて帰ってしまい、カトリックの夫に、子どもたちをプロテスタントとして育てるのに同意すれば戻る、と主張した事例があった。カトリックの多い村は、村のプロテスタントが妻が北アイルランドに帰るのを共謀して助けたという理由で、プロテスタントの商店を数カ月にわたってボイコットした。カトリックの司祭はカトリック村民の行動を支援したが、当時首相であったデ・ヴァレラはカトリック住民を批判していた。ネ・テメレ令の攻撃的な性格は徐々に修正されるようになり、ヨハネ・パウロ二世の時代の一九八三年に、従来からの「異宗派婚の双方の当事者には結婚前の同意に基づき、生まれた子どもとその子孫をカトリックとして育成する」という文書を提出させる慣例を止め、カトリックの当事者にだけ「カトリックの信仰を貫き、すべての子どもを、できるだけカトリック教会で洗礼させ育て上げる」という文面を提出するものの、それへの宣言や約束を求めないことになった。ただ、特別な事情がないかぎり、結婚はあくまでカトリック教会で挙行されねばならない（Irvine : 154)。

（4）この評議会には、アルスター地方の各選挙区選出の一〇〇名の代議員とともに「オレンジ会」選出の代議員五〇名をメンバーとしており、アルスター・ユニオニズムが当初からオレンジ会の強い影響を受けていたことを指摘しておくべきであろう。

（5）あまり指摘されることがないようであるが、第三次の「自治法案」が議会で論議されていた時期、アルスターのプロテスタントに同情する一部のイギリス保守党の政治家は「イギリスの契約」（British Covenant）という文面を作成し、広く署名を求める動きに出ていた。「アイルランド自治が実行されるのを防ぐために有効な行動を支援すること、とりわけ、イギリス軍がアルスターの人々の連合王国の市民としての権利を剝奪するために行使されないようにする」といった趣旨の文書は一九一四年三月に公表されているが（Rodner : 81)、同月、イギリス政府がアルスター義勇軍の非合法な実力行使を鎮圧することを準備する過程で、政府の方針に背いて、アルスターへの派遣を拒否することを宣言した「カラー駐屯地の反乱」（Curragh Mutinity）が勃発したこともあって、「イギリスの契約」は、それほど大きな関心を引くことなく、やがて忘れ去られることになったようである。ただ、この契約には、保守党の政治家ばかりでなく、文学者のキップリング、作曲家のエルガー、社会運動家のブースなども署名していた（Rodner : 82）。

（6）もう一つ、「連合王国の連邦化」（federal re-organisation of the United Kingdom）という選択肢も検討された。これは“home rule around”とも言われるように、イングランド、ウェールズ、スコットランドに各々一つ、アイルランドにもアルスターに一つ、マンスター・レンスター・コナハトの三地方に一つ、計五つの自治議会と自治政府を、ロンドンのウェストミンスター議会に従属させる形で開設しようとする案である。ナショナリストとユニオニストの双方が賛成できる案であったが、現実には法制上の問題など手続きが錯綜し、実現には時間がかかりすぎる難点があり、またイングランドなどのイギリス側がこの案を受け入れることは望めなかった（Buckland : 14-15 ; Loughlin 1998 : 8-9）。

（7）アスキスは、今後予定される少なくとも二回の総選挙で住民の意思を判断できるのではないかとの予想に立って、アルスター地方に六年間のアイルランド自治の適用除外を提案し、双方の妥協を求めている。ユニオニストの側はこの提案を「死刑執行を六年間猶予するにすぎない」と一蹴し、一九一四年六月には国王ジョージ五世の諮問に答える形で開催されたバッキンガム宮殿での各党間会談も結論を得ないまま終了した。

（8）ここではやや古くなるが堀越智『アイルランド民族運動の歴史』（三省堂選書六七、一九七九年）と松尾太郎『アイルランド問題の史的構造』（論創社、一九八〇年）の二冊を、比較的最近の労作として森ありさ『アイルランド独立運動史――シン・フェイン、ＩＲＡ、農地紛争――』（論創社、一九九九年）を挙げておく。

（9）アルヴィン・ジャクソンによると、一九〇五年から二一年にかけて、ユニオニズムがアルスターへ運動の拠点を移す過程で、ユニオニズムは従来のイギリス議会を舞台にした運動からアルスターという地域に根ざした住民運動へと変化し、そのリーダー層も、かつての地主層や軍出身者から商工業者をふくむ地域の中間階級の出身者へと様変わりし、一部にはロイヤリストと呼ばれる過激な活動家がふくまれるようになった（Jackson, 1994 : 35）。第一次世界大戦が終結し、アイルランド問題の決着が再燃する過程で、アルスター・ユニオニストは、アイルランド全体の「連合」を断念し、アイルランドの南北分断を認めて南のプロテスタントを見捨て、アルスター九州中の六州を北アイルランドの範囲として受け入れるようになった。「北と南の二つのユニオニズムの間の統一は、表面上は一九一二―一三年まで保たれたが、その後の亀裂は深刻で補修できないものとなった」(Jackson, 1994 : 51)。

(10)　南北分断以降の南のアイルランド共和国におけるプロテスタント人口の減少の原因として、ネ・テメレ令の存在を指摘する意見があるが、それほど説得力のあるものとは認められていないようである。

第一〇章　モダニストとファンダメンタリスト

1　異端論争――アーネスト・デイヴィ教授の場合

一九二〇年一二月、「アイルランド統治法」はイギリス議会を通過し成立した。翌二一年六月、ユニオニストはベルファストの市庁舎に国王ジョージ五世を迎えて北アイルランド自治議会の開設を盛大に祝った。さらに翌二二年一二月、同議会は、イギリスとアイルランドとの休戦条約の規定にしたがって、北アイルランドが「アイルランド自由国」(Irish Free State)――休戦協定に調印する際にアイルランド側が英連邦内の自治領という資格で受け入れたアイルランドの領域――の法域に含まれないことを満場一致で議決した。これによってアイルランド統治法は、北アイルランドにだけ適用されるように修正され (Lawrence : 17)、北アイルランドという準国家 (statelet) が発足した。さらに一九二五年、イギリスとアイルランド自由国は休戦条約を修正して北アイルランドの範囲がアルスター六州であることを追認し、双方の暫定的な境界も確定した。ちなみに南北分断が恒久化するのを避けるために休戦条約が規定していた「境界確定委員会」に、その後、北アイルランド側は代表を派遣することはなく、南北の境界線は既成事実化して今日に至っている。

アイルランドの南北分断後、カトリック人口が圧倒的多数を占める南のアイルランドでは、ユニオンジャックの掲揚禁止、議会や軍隊においてイギリス国王への忠誠宣誓の停止、公務員をアイルランド自由国市民に限定、アイルランド語の学習などの政策とともに政治や教育の面におけるカトリック教会の影響力が強まるようになったが（Hennessey：117）、それに対抗するかのように、北アイルランドでは人口数で多数を占めるプロテスタントのユニオニストが急速に支配体制を固めることに成功した。慢性的不況と世界恐慌の時代、ユニオニストの政府や実業家は、プロテスタントとカトリックの宗教上の反目を利用して労働者階級を分断し、頻発する労働争議や騒乱をプロテスタントの治安警察が暴力的に取り締まるようになった。初代北アイルランド首相となったジェイムズ・クレイグは、北アイルランド政府が自己の法域下のすべての事案に対して「完全に正直かつ公正に対処する」（Holmes, 1985：148）と公言し、「カトリックはプロテスタントのマジョリティを恐れる必要はない」（Todd, 1993：198）などとも言っていたが、実際には、イギリス国王と北アイルランド国家への忠誠を公務員への条件とするようになり、「自分の誇りはプロテスタントの議会とプロテスタントの国家をもっていることだ」といった趣旨の本音をもらしていたはずである。

「アルスター・ユニオニスト党」（ＵＵＰ）はゲリマンダリングと呼ばれる選挙区の有利な区割りを駆使してその後半世紀にわたってカトリック住民の権利を抹殺し、ベルファスト郊外ストーモントに完成した自治議会堂を根城に一党独裁型の政治を実践することになった。「トラブル」（Troubles）と呼ばれる北アイルランド紛争の激化によって一九七二年に北アイルランドがイギリスの直接統治となるまでの、いわゆる「ストーモント体制」の時代、歴代六名の北アイルランド首相はすべてオレンジ会の会員であり、大臣のほとんどもオレンジメンであった(1)。

ここでも議論を長老派の動静に向けることにするが、Ａ・Ｔ・Ｑ・スチュアートは「アイルランド長老主義の歴史は、古い光と新しい光、ファンダメンタリストと知性派、過激派と穏健派といった具合に、まるでマニ教徒の二元性（Manichaean duality）のような様相をみせている」（Stewart, 1977：99）と観察している。すでに第四章2と第六章1で、一八世紀初頭のジョン・アバーナシの見解をめぐる論争、一九世紀前半のクックとモンゴメリーの論争を紹介したところであるが、北アイルランドの建国まもない一九二七年、その波紋の広がりはシノッドを二分した過去の論争に比べると小さかったが、アルスター長老教会の内部で新たな論争が生じている。その思想や教授内容が異端の嫌疑を受けて糾弾されたのはアーネスト・デイヴィ（Ernest Davey）教授であった。父親もベルファストの大きな会衆の牧師で、「アイルランド長老派の申し子」（Livingston and Wells：62）ともみなされた人物である。ケンブリッジ大学を卒業し、牧師の資格をもち、一九一七年には歴代最年少の教授として一八五三年設立のベルファスト長老派カレッジ（Presbyterian College, Belfast）に迎え入れられていた。教会史を講じ、論争当時は聖書批判研究（biblical criticism）を担当する学識豊かな牧師として一目置かれていた（Kirkpatrick：76）。デイヴィ教授の思想は、とくに「キリストの受肉」（incarnation）と「キリストの贖罪」（atonement）に関して一部の長老派の牧師や知識人から疑問視されていたが、ベルファストのノック（Knock）地区の牧師で、信徒からも敬愛されていた年配の牧師、ジェイムズ・ハンター（James Hunter）は、一九二七年三月、デイヴィ教授のカレッジでの講義内容とともに、一九二三年に出版された『変化する信仰の相貌』（*The Changing Vesture of Faith*）の何箇所かの記述をキリスト教に対する異端の嫌疑でベルファスト長老会（Presbytery of Belfast）に告発することになった。

アーネスト・デイヴィ教授

その後の告発の経緯について述べる前に、この問題の背景についても若干述べておこう。周知のように、二〇世紀になるとプロテスタントの宗教思想を中心にいくつか重要な変化が生じてきた。たとえばドイツなどでは、福音書の作者や初期のキリスト教会によって色づけされ、ときには過大な信仰によって変質されてしまったイエス・キリストの真の姿を求めようとした「史的イエス」究明の動きがあり、聖書の記述に関しても、近年の歴史学や考古学の発見によって、とくに奇跡や超自然の記述や装飾された文言や言説について、その不可解な要素の意味をさぐり、聖書の言語的背景や文学的意味を厳格に分析することで、聖書が科学やテクノロジーの発展を知っている近代人の合理的な信仰に耐えうるようにしようとする、いわゆる「高等批判」(higher criticism) と呼ばれる動きが生じてきた (Bruce, 1986 : 17–18)。この動きの極論は、聖書とはもはや神の啓示した言葉ではなく、さまざまな古代の著者によって書かれたテキストの集成であり、さまざまな古代の文献を借用したり、装飾を加えたりした一種のコレクションであると考え、個々の著者は、自分自身の神話体系に依拠して自分の経験したことが意味をもつように創作している、と考えるのである。こうした批判に基づいて、聖書の事実を徹底的に吟味する高等批評が意義を確保できるようになれば、紅海が二つに割れたり、ヨナが大きな魚の中で生きたりするはずはないと信じている近代のキリスト教徒にとって意味のある、真に合理的な信仰の原典として聖書の姿を生みだすことにつながるのである。

こうした聖書の高等批判のもつ合理主義は、プロテスタントの主要な宗派に徐々に浸透し、神の福音が時代に適応できるようにプロテスタンティズムの伝統を調整して、その歴史的役割を高めようとするリベラリズムの考え方や、宗教的真実の相対性を認めたうえで聖書への文学的批判（聖書の高等批評）や科学的方法の導入に開かれた対応を示すモダニストの考え方をともなって教会内外に浸透するようになったが (Livingston and Wells : 74)、一方、このような動きに反発する保守派のプロテスタントの動きも目立つようになってきた。一八世紀以来の福音主義や一九世紀後半のリバイバルの中で明らかなように、キリスト者の信仰にとって最も必要なことは、聖霊の働きによって人間が生まれ変わる回心を経験することであり、福音を説教し、人間を救い、救済された義なる人間が生まれて、社会的、経済的な変革と繁栄が訪れる。そして、聖書とは神が啓示した言葉であって、そこには間違いはなく（無謬性）、いかに科学が進歩しようとも、もしも科学と宗教の間に解釈の違いがあれば科学の方が間違っている。このような考え方の極端な展開とみなされるファンダメンタリスト（キリスト教原理主義者）とは、宗教理解に関する自由主義者（リベラリスト）や近代主義者（モダニスト）の動きに危機感をいだく保守派の反応であり、自分たちを、聖書の高等批判に対決する形で生まれた真のキリスト者であると自認する。(2)

アメリカの一九二〇年代は二五年に有名なスコープス裁判（Scopes Trial）が人々の関心を呼び、進化論を学校で教えることが禁止され、科学に対する保守的なキリスト教の力が誇示された時代であった。カルヴァン以来の改革派を自認するアメリカ長老教会の内部では、すでに一九二〇年代後半から保守・伝統主義と自由・近代主義との対立が激しくなっていたが、一九三三年にはプリンストン神学校を舞台に論争が起こり、「ウェストミンスター信仰告白」を擁護して、より保守的な神学を掲げるグループが離脱して分派を形成する分裂劇が生じることになった。スコットランドでも一八四三年の「大分裂」によって「スコットランド自由教会」が分離独立したが、二〇世紀に入ると、その内部においても「ウェストミンスター信仰告白」を保持しつつも「新しい時代精神を受けて、硬直化した正統主義的カルヴァン主義を見直」し、「穏健な高等批評と、最新の科学的発見を受け入れ」て「合同長老教会」との合同へ進もうとする多数派と、スコットランド宗教改革の理念と「自由教会」の原点に立って合同に反対する伝統的な少数派（袴田、八〇―八一頁）の対立が深刻な様相を示すようになっていた。こうしたアメリカやスコットランドの長老教会内部の対立がアルスター長老教会に影響したことは想像に難くないところである。(3)

前置きが長くなったが、アルスター長老派の多くは、聖書解釈や科学の問題に関してモダニストとは異なった反応を示しつつも、概して穏健に対応し、保守・伝統主義者の主張には与しなかった模様である。趨勢としては、科学的方法の導入に前向きで、聖書の解釈にも従来と異なる見解を受け入れようとする考え方がアルスター長老教会内部で優勢に転じつつあり、「古い光」の立場に立つ前記のジェイムズ・ハンターらの危機感が強まりつつあったことは疑いないようである。かれらからすれば、デイヴィ教授は、カール・マンハイムの知識社会学や精神分析の手法などを用いて聖書を分析し（Livingston and Wells : 64）、「神の啓示は固定的ではなくつねに変化する（あるいは進化する）」と主張して憚らず、「われわれはウェストミンスター神学者会議に参加した当時の神学者よりも世界をよく知っており、聖書のテキストの創作方法についてもより良く知っている。このことは間違いないのに、なぜ、過去の神学者が用いた思考のカテゴリーに拘束されねばならないのか」と公言し、さらには「われわれは聖書から誰がみても間違いない一定の一般的原則だけを選び、他の部分は間違いか神話の類として片づけることができる」などと嘯いている。アーネスト・デイヴィ教授は、まさしく、このようなリベラリストの神学者であり、モダニストの権化にほかならなかった（Bruce, 1986 : 20, 22）。

デイヴィ教授の告発には、おおよそ、以上のような背景があったわけであるが、直接には、ハンターらは以下の五点でデイヴィの考え方は異端の容疑があり、また疑わしい教説や誤った聖書理解をカレッジの神学生に教えているとして、かれをベルファスト長老会に訴えることになった（Barkley, 1972 : 108）。

（一）デイヴィ教授は、「神は、キリストの義のゆえに、わたしたちのすべての罪を赦し、わたしたちを御前に義なる者として認めてくださる」ということを否定している。

（二）デイヴィ教授は、「主は完全無比である」という聖書の規定に反することを学生に教えている。

（三）デイヴィ教授は、「聖書の霊感（inspiration）、無謬性（infallibility）、神聖な権威（Divine authority）」に関して、神の御《み》言葉（Word of God）やウェストミンスター信仰告白と異なることを学生に教えていた。

（四）デイヴィ教授は、「あらゆる罪が罪であるのは創造物においてであり、神に由来するのではない」と、教義に反する自分の思想を学生に教えていた。

（五）デイヴィ教授は、「三位一体の教義は神の御言葉の中にはない」と考え、そのように教えていた。

これら五点[4]に関する、より仔細な告発文やデイヴィ教授の反論などを神学の教理や聖書の記述に即して紹介することはできないが[5]、ある専門誌の記事が「興味深いことは、審問が進行する中で、デイヴィ教授は基準から離れず、最も忠実なカルヴァン主義者のように見受けられた」と伝えているように（Barkley, 1972 : 108）、かれはこの教会裁判の中で自説を過度に開陳するのを控え、きわめて慎重に証言したようである。結論的に言えば、一九二七年前半に一四回に及ぶデイヴィ教授からの意見聴取と審査を終え、ベルファスト長老会は六六票対一一票の大差で、デイヴィへの告発を斥けた（Livingston and Wells : 68）。しかし、ハンターらは断念せず、この決定を不服として教会総会に訴えたが、同年六月一〇日の教会総会も七〇七票対八二票の圧倒的多数でデイヴィに対する嫌疑を否決している（Kirkpatrick : 76）。ちなみに（二）から（五）は挙手によって否決されている。

2　W・P・ニコルソン

ところで、デイヴィ教授告発の資料を提出したのはウィリアム・グレア（William J. Grier）というベルファストの長老派カレッジの学生であった。デイヴィ教授の授業を受け、そのノートの記述を告発の証拠として提出したのである。かれは、その後ハンターと行動をともにすることになるが、アメリカのプリンストン神学校に短期滞在したのち、一九二二年にベルファストに戻り、W・P・ニコルソン（William Paterson Nicholson）という名の福音伝道師に遭遇して回心を経験している。第二次世界大戦後のアルスター・プロテスタンティズムの中にもファンダメンタル（キリスト教原理主義的）な動きが現れてくるが、その先陣として一九二〇年代のニコルソンの活動の影響は端倪すべからざるものがあった。

ニコルソンの前半生は謎めいた部分もあるようだが、アルスター生まれ（ダウン州のバンガー）で、若くしてアメリカに渡り、当時のアメリカ原理主義の洗礼を受けながらロサンゼルス近辺で活動していたと伝えられており、特定の宗派や教会に属せずに各地を移動して福音伝道する巡回説教師として活動したのち、アルスターに戻ってきた。かれの言動は、一九二〇年代の前半、北アイルランド建国期の政情不安、多発する犯罪や破壊行為、弱体化した治安警察活動、不安定な地域社会関係などの中で不安に駆られていたプロテスタント住民の心をとらえることに成功した(6)。とりわけ、ベルファストの造船所で働くプロテスタント労働者階級から絶大な支持を獲得したようで、多くの労働者がニコルソンの説く「人間の永劫の罰」「悔い改めと救い」などのメッセージを聴くためにドックランド（造船所地区）のある東ベルファスト地区の集会所や公会堂に押し寄せ、これまでの荒れた生活を反省してキリストと出会うことになった。一時、この地区の労働者の話題はニコルソンの説教であった。

「多くのアルスター・プロテスタントにとって、ニコルソンは上昇期にあるモダニズムに対抗する正統派の声であると同時に、アルスターにおける偉大な宗教的リバイバルの扇動者でもあった」（Bruce, 1986：34）と評され、一時は長老派をはじめ既存の宗派の牧師もニコルソンの福音伝道を支援するかのようであったが、各宗派を巻き込んだニコルソン現象は短命に終わった。その理由としては、北アイルランド建国期の政情不安が一段落し、この時期、人々の関心が南のアイルランドでの共和主義者間の内戦の行方に向けられるようになると、多くのプロテスタントが自分たちのもとの宗派へ戻り、宗派を超えた一つの宗教的イデオロギーへの熱狂が減衰したことも理由であろう。そして同時に、ニコルソンの福音主義に固有なファンダメンタルな傾向に対する牧師層の疑念と警戒感が浮上してきたこともあった。プロテスタント教会の中のリベラルな牧師に対する攻撃の結果、一九二〇年代も半ば近くになると、ニコルソンはプロテスタントの連帯をもたらす人物とはみなされず、かれのモダニズムやリベラリズムに対する攻撃は各宗派の内部の亀裂を深くする危険人物とみなされるようになってきた。

ニコルソンは保守的な意見の長老派の牧師に対してアルスター長老教会から脱退せよ、とは誘導しなかったが、説教を通じて段々と長老派のカレッジの中のリベラルな教師に対する攻撃を強めていった。その一つの現れは、聖書の「無謬の真理と聖なる権威」(the Infallible Truth and Divine Authority) を主張して「聖書基準連盟」(Bible Standards League) なる組織の設立に精力を傾注したことであり、前述の「聖書から一定の無謬的な一般的原則だけを選び出し、他の部分は間違っているか神話的であるかのどちらかとして捨てることができる」などと論じている、アーネスト・デイヴィ教授のようなリベラルな神学の持ち主に鉄槌を下そうとした。この「聖書基準連盟」は少数の組織であったが、長老派の保守的な考え方の牧師や信徒が集まり、そのリーダー格となったのがジェイムズ・ハンターであり、かれの補佐役がウィリアム・グレアなのであった。かれらは、真のプロテスタンティズムは内部から脅かされていると考え、自分たちの至高の使命は神学的リベラリズムの浸透を食い止めることにあると意気込んだのである。

ハンターたちは、自分たちの告発が教会総会で否決されると、ほどなく、アルスター(アイルランド)長老教会を脱退して「アイルランド福音教会」(Irish Evangelical Church) を設立している。ただ、「聖書基準連盟」の牧師や信徒の大半は新組織に移行せず、その組織は小規模に終始した。一九四一年のハンターの死去後はグレアが中心となって運営されたが、この組織は一九六四年に「福音主義長老教会」(Evangelical Presbyterian Church) と改名して今日に至っている。

いずれにせよ、ハンターらの行動はアルスター長老教会に大きな影響を残さなかった。ただ、ニコルソンの福音主義やハンターらの分派行動を積極的に評価する人物がいないわけではなかった。(7) やや逸話の類となるが、その人物の回顧談の一節を紹介しておこう (Bruce, 1986 : 34)。

私の最初の日曜礼拝が終わったとき、会衆の中にいたニコルソンが立ち上がり、聖餐卓に近づいてきて軽くテーブルをたたきながら言った。「青年よ、いままで雌牛の舌を見たことがあるか」と。私が「見たことがある」と言うと、「どんな様子だった」と尋ねてきたので、「まるで、やすりのようでした」と答えた。するとニコルソンは片手をあげて祈った。「主よ、この青年に老いた雌牛のような舌を与えたまえ」。なんとも奇怪な話である。おそらくニコルソンが「やすりのような雌牛の舌」に譬えたのは「人々に強い刺激を与えるような鋭い弁舌」ということであろう。かれがそのように祈った青年牧師とはイアン・ペイズリー（Ian Paisley）であった。次にみるように、ニコルソンの祈りは成就したと言うべきかもしれない。

3　イアン・ペイズリー

二〇世紀後半から二一世紀初頭にかけての約五〇年間、政治と宗教の両面で北アイルランドを代表した顔の一人がイアン・ペイズリー牧師であったことに異論はないであろう。精悍な風貌、メガネの奥の鋭い目、しゃがれ声、人を惹きつける激しい説教、レトリックを交えた攻撃調の容赦ない街頭演説。原理主義的なプロテスタンティズムと福音主義の擁護、ローマ教皇やカトリック教会への激しい憎悪、エキュメニカルな汎キリスト教運動の糾弾など、宗教と政治に関する北アイルランド住民のペイズリーに関する話題は尽きない。無届けの違法な集会やデモを扇動した罪で収監の経験も二回ある。かれのキリスト教の神学や聖書に関する深い知識を疑うものはいない。禁欲的な生活振りも定評があり、夫唱婦随で妻も長らく政治活動をともにしてきた。「神とアルスターのために」（For God and Ulster）と叫ぶかれの主張と行動をアナクロニズムと一笑に付すことはたやすいが、かれが一部のプロテスタントの支持層から絶大な支持を受け、北アイルランドの現代史に端倪すべからざる政治的影響力と動員能力をもってきたことは否定できないのである。

イアン・ペイズリーは宗派の違うプロテスタントの両親の下に生まれた。父親のジェイムズ・ペイズリーの家系は「アイルランド教会」の信徒だったが、ジェイムズはバプティストに改宗し、自分自身もバプティストの牧師となった。ただ自分の属する教会のリベラルな傾向を批判して離脱し、アントリム州のバラミナで単立（independent）のバプティスト教会を設立した（Paulin：158）。その教会の創設時にはF・ノリス（Frank Norris）やT・T・シールズ（T. T. Shieds）といったアメリカ原理主義の錚々たる牧師が招かれて説教している。母親のイザベラはスコットランド西部の出身で（Cooke：23）、母親の家系は「スコットランド契約派の家庭」と言われ（Paisley, 1976：24；Kidd：1175）、ペイズリー自身、自分の精神には「契約の獅子王」（Lion of Covenant）と称された一七世紀のリチャード・キャメロンとの親和性がある、と言って憚らないようである（Paulin：171）。二人はジェイムズがアーマーで伝道活動をしているときに出会って結婚した。

出典：Moloney and Pollak, 1986.

壮年期のイアン・ペイズリー

父親はアメリカ原理主義の影響を受けたバプティストの牧師、母親はスコットランドのカヴィナンター（契約派）の伝統を継承した家庭の出身、この二つの背景がペイズリーの思想と神学に大きな影響を及ぼしていることは疑いないようである。アラン・バーナーは、ペイズリーを「契約派の熱情と合衆国生まれの神学の発展への傾倒、この二つを結び付けようとした」（Bairner：645–646）と説明し、クリフォード・スミスも「リバイバルを思わせる説教スタイル、集金能力、アルミニウス神学、そして何よりもエネルギー、これらはすべて二〇世紀も最近になって大西洋の両岸に流布した宗教現象に影響されたものである」（Smyth, 1986 : 41）と解している。もちろん、このような家族的背景をあまりに過大視するのは危険であろうが、ペイズリーの神学思想と政治行動を理解しようとすれば、この二つの側面は無視できないようである。

　義務教育修了後、ベルファストの改革長老派の神学校で三年間学んだのち、ペイズリーは二〇歳の頃から、かつてニコルソンが活動した東ベルファストのレヴンヒル・ロード（Ravenhill Road）一帯で、その地区の「レヴンヒル長老教会」から分離した、より保守的な「レヴンヒル福音伝道教会」の自由契約の牧師として、その界隈の住民やシップヤード（造船所）に通うプロテスタント労働者に向けて福音活動を開始していたが、一九五一年、ダウン州のクロスガー（Crossgar）という農村の長老教会が内紛状態となり、そこから離脱した保守的なグループは当地のダウン長老会（Down Presbytery）の管轄を離れることを決意し、ペイズリーを自分たちの牧師に招き、このことが契機になってペイズリーの「アルスター自由長老教会」（Free Presbyterian Church of Ulster）が誕生することになった[8]（Bruce, 1986 : 41）。「自由長老教会」はペイズリーの説教の魅力もあって短期間に発展し、とくに一九六〇年代後半から七〇年代前半にかけて会衆（各個教会）数も信徒数も膨張している[9]。なお、「自由長老教会」の自由とは、プロテスタントには聖書を通じて神に語りかける自由があり、自由こそ聖書プロテスタンティズム（Bible Protestantism）の本質である、といった理念に基づいている。もちろんリベラリズム（自由主義）の自由とは関係がない。

　北アイルランドの小さな教会の指導者の名前がイギリス本土からアメリカにまで広く知られるようになるのは、一九六三年三月に、テレンス・オニール（Captain Terrence O'Neill）が北アイルランドの首相になった頃からであろう。イートン校卒でイングランド紳士風の振る舞いで人気のあったオニール首相——かれは「アイルランド教会」に属していた——は、リベラルな改革路線を選択し、カトリック教徒にも良い仕事と良い家を提供して「それなりの配慮と親切さをもって対処すれば、かれらもプロテスタントのように生活する」ようになり（Bruce, 1998：59-60）、双方のコミュニティの地域社会関係のいっそうの好転を期待できると考えていた。当時のエキュメニカルな汎キリスト教運動への共感もあってか、カトリックの学校を訪問するなどしてカトリック勢力との宥和政策に乗り出し、また前例のないことであったが、一九六三年六月のローマ教皇ヨハネ二三世の逝去に際してはアーマーのカトリック大司教に弔意を表し、さらに一九六五年一月には、周囲の親しい政治家にも極秘で準備し、南のアイルランド共和国のショーン・レマース（Sean Lemass）首相を北アイルランド政府のあるストーモントに招いて会談している。

オニール首相は、こうしたカトリック宥和政策によって、北アイルランドの国家の構造まで変革しようと考えていたわけではなく、長期的な福祉経済の実践とリベラルなユニオニズムの追求が、双方の住民の機会均等をもたらし、カトリックにも北アイルランドの存在を容認させることになると考えていた（Hennessey：121）。しかしながら、一部の保守的なユニオニストの政治家は、こうしたオニール路線はカーソンやクレイグが築き上げた伝統的ユニオニズムからの逸脱であり、北アイルランドの将来を危うくすると考えるようになっていた。オニール政権の発足早々から、「カトリックへの譲歩はプロテスタントのアルスターに対する裏切り」であり、「オニールはもう一人のランディであり、ユダである」としてオニール首相を糾弾する急先鋒に立ったのがペイズリーであった。言うまでもなく、ランディとは「デリーの包囲」のときにカトリック軍との妥協に走った裏切り者のデリー市長である。ペイズリーは、オニール首相の改革がカトリックとの協力を求めるエキュメニズム（汎キリスト教運動）のリベラルな神学と通じていることを察知し、ほどなくして「出て行けオニール」（O'Neill Must Go!）のキャンペインを開始するようになる。

自分の宗教的信念や神学傾向もあってペイズリーのエキュメニズムに対する嫌悪は徹底していた。後述のようにアルスター長老教会は第二次世界大戦後の一時期、「世界教会協議会」（World Council of Churches：WCC）のエキュメニカルな運動に積極的な関心を示した時期があったが、こうした動きを容認できないペイズリーは、同教会の毎年六月の教会総会の会場に「自由長老教会」の信徒とともに押しかけ、建物の前で同教会を攻撃する抗議集会を開いている。一九六六年六月六日の抗議集会は、会場までのデモ行進でカトリックと衝突し、会場の周辺ではプラカードを掲げて総会議長や関係者への罵声や威嚇などを行い、無許可のデモ行進と集会を開いた罪でペイズリーら三人の自由長老教会の関係者は罰金刑を宣告されたが、それを拒絶した三人は二カ月間、市内の刑務所に収監されている。

一九六八年一〇月から北アイルランドは「トラブル」と呼ばれる紛争の時代に入ることになった。不当な差別に抗して立ち上がったカトリックの公民権運動に対するアルスター警察の過酷な弾圧は、プロテスタント住民とカトリック住民の宗派的な排斥感情を高め、双方の暴力やテロによる極度の治安悪化と政治の混迷などを招来し、イギリス軍の導入を余儀なくさせた。かくして過去五〇年に及ぶユニオニストの一党支配体制は終焉を迎え、一九七二年三月、イギリス政府は、北アイルランドの議会と政府を停止させ、北アイルランドはイギリスの直接統治となった。紛争当初、オニール首相が北アイルランドの将来を左右する「岐路となる選挙」(crossroad' election) と銘打った一九六九年二月の北アイルランド議会選挙（ストーモント選挙）で、ペイズリーはオニール首相に対抗する目的でオニールの選挙区から立候補し、オニールの七七四五票に対してペイズリーは六三三一票と約一四〇〇票差まで急迫している。この選挙でＵＵＰは議席を微増させたが、選挙後、ＵＵＰ内部での対立が表面化し、オニール首相は同年四月に辞任することになった。その後、ペイズリーは同選挙区で当選を重ね、また、その数カ月後のイギリス下院選挙（ウェストミンスター選挙）で同選挙区をふくむ北アントリム選挙区から初めてイギリス下院議員に当選している。

北アイルランドがイギリスの直接統治となる直前、ペイズリーは一九六六年に設立した「プロテスタント・ユニオニスト党」を解党し、自分の政治的野心を実現する手段として、新たに「民主ユニオニスト党」(Democratic Unionist Party : DUP) を設立した。北アイルランド紛争が深刻な様相を示す中で不安定な状態に置かれた都市下層のプロテスタント住民の支持を獲得するようになり、「アルスター・ユニオニスト党」(ＵＵＰ) に次ぐユニオニストの第二政党の地位を確実にすることになった。ペイズリーはイギリス議会下院議員、北アイルランド議会議員に加えて、北アイルランドから三名選出されるヨーロッパ議会議員の一人であり、過去五回のヨーロッパ議会選挙でつねに最高得票を獲得し、とくに第一回目の一九七九年選挙（当時はＥＥＣ）で獲得した一七万票余（二位は六万票）はイギリスの選挙史上、前例のない得票数であった。

北アイルランド紛争の和平に向けての動きは、イギリス政府とアイルランド政府が支援する形で、「サニングデールの合意」（一九七三年）、「アングロ・アイリッシュ協定」（一九八五年）、「ダウニング街宣言」（一九九三年）など、「聖金曜日の和平合意」（一九九八年）に至るまで、いくつか重要なイニシャティヴがあったが、ペイズリーは、それらの動きにことごとく反対している。かれは、「サニングデールの合意」に反対して実行された、ロイヤリストと呼ばれる過激なプロテスタント労働者のゼネスト（一九七四年五月）でも重要な役割を演じ、サニングデールの合意によって誕生した「パワーシェアリング」（権力分有型）――選挙の議席数に応じて閣僚数を分有する――の自治政府は、ナショナリストの政権参加を嫌うペイズリーの扇動もあってわずか数カ月で崩壊に向かうことになった。また、一九八五年の「アングロ・アイリッシュ協定」は、はじめてアイルランド共和国政府が北アイルランドの内政に介入する余地を認めたこともあり、イギリス政府はユニオニストの怒りを買い、この協定も、ペイズリーをはじめとするプロテスタント側の反対の大合唱の前に実効をみることなく放置されることになった。ペイズリーにとって、この協定に調印したサッチャー首相は、許しがたい裏切り者であり、ペイズリーは同年一〇月、「神よ、お怒りになって、この性根の腐った、裏切り者の嘘つき女に天罰を与えてください」（Juergensmeyer, 1999 : 39＝七五頁）と説教している。

ペイズリーの主張は明快で一貫している。アルスターは歴史的にも連合王国イギリスの一部であるが、カトリック勢力との妥協を辞さない一部のユニオニストやイギリス政府の対応によって、北アイルランドとイギリスとのユニオン（連合）が危うくなっている。カトリックへの譲歩は北アイルランドへの裏切りであり、ダブリンの支配には徹底して戦うよう呼びかける一方で、歴代のイギリス政府に対しては、北アイルランドを南の共和国へ売り渡そうとしている、として警戒と敵意を隠そうとしない。ペイズリーとＤＵＰは、自分たちのアイデンティティに不安を抱いているプロテスタントのコミュニティに向けて、よく知られた決まり文句を繰り返すことで、自分たちの先祖の試練と忍耐力、過去の栄光を思い起こさせようとしている（Brewer and Higgins：110）。「一六九〇年を思い出せ」（Remember 1690）、「けっして降伏しない」（No Surrender）、「一インチたりとも譲らない」（Not an inch）等々。

「自分の一族にローマ・カトリックと結婚したものは誰もいない」（Paisley, 1976：４）と自慢するペイズリーの反カトリック主義の執念はすさまじい。ただ、反カトリック主義と言っても、かれは一人ひとりのカトリック信者に対しては意外と親切に遇しているという評判もあり、その敵意は、ローマ教皇、枢機卿、司教などローマ・カトリック教会の高位の指導者層とその教会組織そのものに向けられている。北アイルランド紛争の背後にはローマ教会があり、神父はＩＲＡと関係がある。神と人間の間に教皇や司祭などが介在するカトリックは本質的に不自由であり、専制主義こそ教皇教の本質である。プロテスタンティズムが栄えるところ自由は輝き、教皇教が支配するところ専制主義が蔓延る。一九六六年、かれが「淫婦の都」（Harlot City）と呼ぶバチカンで開催されるエキュメニカルな運動の会議に抗議するためにバチカンに出向き、入国を拒否され、ローマの空港でビラを配り、一時身柄を拘束されて帰国せざるを得なくなったり、一九八八年一〇月、ヨーロッパ議会でローマ教皇ヨハネ・パウロ二世が演説を始めると、教皇に対して「キリストの敵、反キリスト」と叫び、議場からつまみ出されたり（O'Malley：169）、いくつかの蛮行をふくめ、その反カトリックの言動にはこと欠かないようである。

このようなペイズリーの反カトリック主義に共感し、拍手を送ったのは、ごく一部のプロテスタントにすぎなかったが、ただ、「北アイルランドは、おそらく西欧世界のどこよりも、あらゆる社会的、政治的な悪の背後にはローマの魔の手がのびている、と考えるような人々が多く住んでいる」（Bruce, 1994：22）という背景も見過ごすわけにはいかない。ペイズリー主義は、カトリックとプロテスタントの宗派的敵対を生み出してきたアルスターの伝統を引き継いだその現代版であり、一九世紀のヘンリー・クック以上にペイズリーの政治への関与は旺盛である。凶悪なローマ教皇と容赦のないカトリック勢力の攻撃からアルスター・プロテスタントの真の信仰を防御し、北アイルランドのイギリスとの国政上のリンクを維持するためにも、聖職者は現実の政治へ関与せざるを得ないのである。

ペイズリーにとって政治は神学によって形を与えられねばならず、プロテスタントの政治への関与はクリスチャンとしての責務なのである（Taylor : 252）。「自由長老教会」の信徒の多くは「民主ユニオニスト党」の党員として活動しているが、それはプロテスタントとして信仰の自由を守るためである。ペイズリー自身は、ノックス以来の契約派がそうであったように、自分の政治への関与を、モーゼやダニエルが神に近い人間であったばかりでなく政治的指導者であったことを人々に想起させることで自分を合理化する。かれは旧約聖書の時代の予言者に自分を似せているかのようである。いわく、北アイルランド紛争は、ヨーロッパの北西部分の一角において起こっているローカルな事象に終わらない。それは、はるかに深く大きな文明論的な意味をもっている。北アイルランド（アルスター）はイギリス諸島の中で宗教改革の原則を守り続けてきた唯一の部分であり、西欧における福音主義プロテスタンティズムの最後の砦なのである。真理と悪との闘いは永遠に続くが、アルスターは神から特別の地位をあてがわれており、神はアルスターを見捨てることはない。われわれは特別の民なのだ。われわれ自身がそうなのではなく、神に与えられたわれわれの任務によって特別なのだ（MacIver : 368-369）。

ペイズリーと、サウスカロライナ州グリーンヴィルにあるファンダメンタルな福音主義を校是とするボブ・ジョーンズ大学（宇田、五一頁）の創立者、ボブ・ジョーンズ（Bob Jones Jr.）との深い親交は有名である。二人は共同で一九七六年に、エキュメニカルな「世界キリスト教評議会」（ＷＣＣ）に対抗する「世界原理主義者会議」（World Congress of Fundamentalists）をエディンバラに召集し、ペイズリーは、その式辞において次のように述べている（Taylor : 252）。

ファンダメンタリストは国民（ネイション）への責任を回避することはない。神の法がネイションの法となることをたしかめるために、さらに多くのファンダメンタリストが政治の舞台に参入し、キリストの正義の基準を高め、かれらの影響力と立場を行使するよう祈るものである。神の法があざけられたり、軽蔑されたり、拒絶されたりすることがないように、われわれの市議会、教育委員会、すべての市役所の機関を、神のために闘っている神の民（God's men）で満たそうではないか。

近代初期のヨーロッパの人々は、神は自らが創造した人間の世の中で積極的に活動しており、この世の出来事はすべて神の摂理に支配されており、ときに特別な出来事を通して神は自身の快と不快を人間に示すためにこの世に干渉する、と信じていた（Coffey : 225）。おそらくファンダメンタリスト、つまり「キリスト教原理主義者」（Christian Fundamentalists）とは、今なお、こうした世界観に立って世の中をながめている人々であろう。キリストの再臨、至福千年説、終末論の問題などをペイズリーがどのように解しているかはわからないが、現代の北アイルランドのプロテスタントには、ペイズリーの自由長老教会の信徒のように、このような原理主義者と形容したくなるプロテスタントが少なからずいることは間違いないであろう。[10] 原理主義者でなくとも、「アルスターが神によって選ばれた特別のネイションである」ことを伝えようとする、次のようなペイズリーの見解に共感するプロテスタントは多いはずである（Wells : 67–68）。

神はこの地方に人々をおもちになった。一マイル四方に回心した人々（born again people）の数は、世界のどこよりもアルスターが多いのである。この小さな地方は神の摂理を格別に保持しているのだ。アルスターの歴史を一読すれば、アルスターが人間の業では救うことのできないような災難に際して、何度となく、そこに神が介在したことを悟るであろう。なぜか。神はこの地方に一つの目的をもち、この島の、ここ北東部分に、プロテスタンティズムという樹木の種を蒔かれた。敵は、この木を根こそぎにしようとしたが、木は今でも伸び続けており、一粒のからし種のように、これからますます強く太い木となっていくであろう。

ところで一九七〇年代以降、イギリスとアイルランドの両国政府が仲介して、北アイルランドに蔓延した暴力やテロの応酬を停止させ、双方のコミュニティの共存を模索する一連の和平イニシャティヴが提案されてきたが、リパブリカンやナショナリストとの妥協に反対するユニオニストの抵抗にあって頓挫するのが通例であった。話は現在に近づくことになるが、この点で一九九八年四月の「聖金曜日の和平合意」は、やはり画期的な出来事であった。両国議会の与野党はもちろん、長らく敵対してきた北アイルランドの主要政党が合意案に調印したからである。合意案の骨子、（一）北アイルランドの国制の変更は北アイルランド住民のマジョリティの同意を必要とする、（二）アイルランド共和国の領土をアイルランド全島と規定している現行のアイルランド憲法の修正、（三）北アイルランド自治議会と自治政府の開設、といった内容は、必ずしも目新しいものでもないが、ユニオニストの最大政党「アルスター・ユニオニスト党」が党内の強い反対意見を押し切って調印に踏み切り、同様に、ナショナリストとリパブリカンの側でも、これまで武力によるアイルランドの独立を目指してきたＩＲＡの政治部門シン・フェインが党内に造反グループを生みながらも合意案に調印した。しかし、これまでこの種の和平案をことごとく拒絶してきたペイズリーの「民主ユニオニスト党」（ＤＵＰ）は、和平合意に向けての円卓会議には参加していたが途中で同会議をボイコットし、今回も拒絶の姿勢を貫くことになった。

合意案に対する「住民投票」（五月）や「自治議会選挙」（六月）を経て一九九八年のアルスターには将来を楽観す

る空気がみなぎり、ペイズリーは和平の動きに乗り遅れた過去の人物といった感さえあった。ただ、合意案にふくまれていたＩＲＡなど過激派の武装解除開始の時期をめぐって調停が難航し、この問題が影響して、その後数年、やっと自治政府が成立したかと思うとすぐに瓦解するといった事態が繰り返され、いつしか和平プロセスを楽観視する意見は影をひそめるようになってきた。和平プロセスの停滞は「聖金曜日の和平合意」を先導したＵＰへの信頼を失墜させ、ペイズリーのＤＵＰがイギリスの議会選挙、北アイルランド自治議会選挙などでＵＰを圧倒し、ユニオニストの第一党に躍進することになった。多くのプロテスタントは「聖金曜日の和平合意」によって「カトリック側がかなり得をした」と考え、「聖金曜日の和平合意」を否定することまでは望まないが、カトリックに有利な現状が固定化してしまうことを恐れるようになったのである。ＤＵＰの躍進の背景には、このようなプロテスタントの不安や焦燥感があり、より敢然とナショナリストやリパブリカンに対決する勢力の台頭を期待する動きが顕著になっていたのである。「聖金曜日の和平合意」の立役者で、やっと成立した自治政府の首相となったＵＰの党首、デイヴィッド・トリンブル[11]は、ペイズリーの執拗な攻撃を受け、ＵＰの凋落を象徴するかのように二〇〇五年のイギリス下院選挙で落選し、引退を余儀なくされた。

二〇〇七年五月、イギリスやアメリカだけでなく世界を驚かせるニュースが飛び込んできた。ペイズリーが北アイルランド自治政府の首相（first minister）になったのである[12]。しかも、かれが、あれほど口をきわめて非難し続けてきたシン・フェインと妥協しての連立政府の樹立であった。おそらく、イギリス政府やアメリカ政府からの圧力もあって、不本意ながら首相を引き受けざるを得なかったのかもしれない。この数年の各種選挙におけるＤＵＰとシン・フェインという双方の強硬派の躍進は北アイルランド和平をいっそう混迷させることになると予想する向きが多かっただけに、ペイズリー首相の誕生に多くの人々が啞然としたことも事実であった。

ただ、このペイズリーの首相就任劇にみる妥協と変わり身の早さには、自ら創設した自由長老教会の内部からも批判の声が上がり、二〇〇八年の年頭、ペイズリーは五〇年以上にわたってその地位にあった教会議長を辞任せざるを得なくなり、さらに同年五月には突然、DUP党首を辞して北アイルランド首相の地位からも退くことになった。子息で北アイルランド議会議員でもあるイアン・ペイズリー・ジュニアの不動産業者との癒着が辞任劇の背景にあったとの推測がもっぱらである。後任の首相にはDUP副党首としてペイズリーに仕えてきたピーター・ロビンソンが就任した。半世紀にわたって北アイルランドの宗教と政治に絶大な存在感を誇示してきた傑物はあっけなく舞台を降り、それから六年後の二〇一四年九月一二日、爵位を与えられてバンサイド卿（Baron Bannside）となったイアン・ペイズリーは、その八八年の人生に幕を閉じた。

注

（1）　初代首相は長老派のジェイムズ・クレイグで、一九四〇年まで首相とUUPのリーダーを務めたが、一九三四年、次のように言っている。「私はダウン州のオレンジ会総支部長の地位を長らく務め、それを北アイルランド首相よりはるかに大事に考えてきた。私は第一にオレンジメンであって、政治家とか議会人であるのはその次だ」（Mitchel : 136）。

（2）　すべての福音主義者がファンダメンタリストではないが、ファンダメンタリストは、アカデミックなキリスト教研究に疑惑を向け、信仰を科学的に研究したり、聖書が書かれた文化的、歴史的な文脈を評価して、聖書を歴史、メタファーやシンボルとみなす、そのような考えを退け、聖書を字義的に解釈する。自分たちの見解を受け入れない人々には非妥協的で、政治的には右寄りの見解を保持し、至福千年説やキリストの再臨といった確固たる終末観をもっている（Spencer : 40）。

（3）　ファンダメンタリズムに関してマースデンは、それを基本的にはアメリカ的な現象と考えているが、唯一の例外としてアルスター（北アイルランド）を挙げることを忘れてはいなかったようである。一九七七年の「アメリカ的現象としての原理主義」と題する論文の冒頭で「モダニティに対するプロテスタントの特殊な対応が自国の文化の中で、これほど突出し、かつ広範にわたる役割を演じた例はアメリカ以外にほとんど見当たらない」と指摘しながら、この文章に付された注釈において「アルスターは例外のように見受けられる」(Ulster appears to be an exception) と述べているのである (Marsden : 216)。この点については、リヴィングストンとウェルズの著書も参照されたい (Livingston and Wells : 171)。

(4) ダンロップの言葉では、デイヴィに対する容疑は (一) 赦しの根拠、(二) キリストの人格の完璧さ、(三) 聖書の霊性と権威、(四) 人間の罪の源泉、(五) 三位一体の教義、これら五点に向けられたことになる (Dunlop : 14-15)。

(5) 「ベルファスト長老会」より教会総会のメンバーだけに閲覧を限定した文書、*Record of the Trial of the Rev. Prof. J. E. Davey by the Belfast Presbytery* が出版されている。デイヴィ教授審問の議事録である。筆者の奉職する明治学院大学の図書館には、この貴重な書物をはじめ、若干数ながら教会総会の議事録、個々の長老教会 (会衆) の歴史を編纂した記念誌などが所蔵されている。時間的制約と筆者の能力もあり、それらをほとんど利用することができなかったのは残念であった。

(6) たとえばベルファストでは一九二一年一二月六日から二二年三月三一日までの短期間に、八九名のプロテスタントと一四七名のカトリックが殺された。とくに造船所で働くカトリック労働者がプロテスタント過激集団の攻撃の的となり、多くが職を失った (Holmes, 2000a : 127)。かつてドリューやハンナの説教がそうであったように、この時期のニコルソンの福音伝道はプロテスタント労働者の反カトリックの感情に油を注ぐ一面があったことは容易に想像される。

(7) ニコルソンは、かりにその人の神学的見解とアルスター長老教会のそれとが違っていても教会から分離、分立することを勧めなかったのに対して、第一〇章3で扱うペイズリーは敢然と分派行動に踏み出し、一九五一年に「自由長老教会」(Free Presbyterian Church) を創設することになった。この点ではハンターらの分派形成と似ているが、ハンターらの行動が失敗に終わったのに対し、ペイズリーの教会は一九八〇年代以降、会衆数五〇を超えて北アイルランド全域に拡がり、信徒数も一万人以上に達しており、ペイズリーの分派形成は一応のところ成功であったとみることができよう。ペイズリー研究のスティーヴ・ブルースによれば、両者の成否を左右した背景として、ハンターやグレアの場合には長老教会の方向に不満をもつ牧師たちのネットワークがまだ存在していなかったこと、あるいは長老派の分派でありながら「アイルランド福音教会」と自称したように教会の明確なアイデンティティが不鮮明であったことなどを挙げている (Bruce, 1986 : 24-25)。一九二〇年代後半は北アイルランド建国期の混乱を克服してUPが政治的、社会的な安定を確立しつつあった時期であるのに対し、「自由長老教会」は一九六〇年代後半以降の「トラブル」の時期に発展し、その時期の政治的不安定から恩恵を受けることになったようである。そしてハンターやグレアらのカルヴァン主義に依拠したリベラリズム批判が宗教的、神学的な批判に終始したのに対して、ペイズリーの場合は「民主ユニオニスト党」（ＤＵＰ）の設立と不可分の、より政治的視野や野心を念頭に置いたリベラリズム批判であり分派形成であったことが注目される。

（8）そのホームページによると「自由長老教会」は、（一）「ファンダメンタルな教義」（Fundamental in Doctrine）、（二）「福音の宣教」（Evangelical in Outreach）、（三）「神の言にしたがった生活と行動」（Sanctified in Behaviour）、（四）「長老制の教会統治」（Presbyterian in Government）、（五）「プロテスタントの信仰」（Protestant in Conviction）、（六）「独自の分離した教会活動」（Separatist in Practice）などを追求するとされている。その基本は「聖書のみ」（The Scriptures Only）であり、聖書は「欽定訳聖書」の使用を推奨している（www.freepresbyterian.org）。

（9）初期の「自由長老教会」の信徒は「アルスター（アイルランド）長老教会」の元信徒が多かった。両者の違いを際立たせる必要もあってか、ペイズリーは「アルスター長老教会」を攻撃するようになったが、一方の「アルスター長老教会」の側は一貫して「自由長老教会」を長老派の正統な教会とも分派とも認定していない。またペイズリーの「レヴンヒル福音伝道教会」での叙任も正しい手続きを踏んでいないのではないかと疑問視する意見もあるが、ペイズリー研究の第一人者スティーヴ・ブルースは、ペイズリーの叙任を長老主義の形式をふまえた正当のものであったと考えている（Bruce, 1986 : 32–33）。

（10）北アイルランドの保守的な福音派のプロテスタントの中には当面する北アイルランドの政治状況を「ヨハネの黙示録」のレンズを通して考えるような人々がいる。かれらは「キリストの再臨」、「終わりの日」（end of time）、「最後の歓喜」（rapture）、「反キリストの出現」、「試練の時」（tribulation）、「ハルマゲドン」などの意味を繰り返し論議し、「終わりの日」をロイヤリストやユニオニストの政治文化の枠組みでさまざまに解釈してきた。たとえば二〇世紀末の世界について、カトリック教会はローマ教皇の世界支配の道具でありＥＵは教皇の掌中にある。目下のイスラエルの政治の出来事は「終わりの日」の始まりの合図なのであり、「前至福千年説」の教えによれば、キリストの再臨の前に世界の状況はますますひどくなる。現在は「試練の時」であり、かれらは絶えず「終わりの日」の兆候に目を配っている（Mitchell : 125–126）。

（11）周知のように、デイヴィッド・トリンブルは「社会民主労働党」の党首ジョン・ヒュームとともに一九九八年度のノーベル平和賞を受賞した。トリンブルは長老派の信徒であった。

(12)　一人の人物が一国の政治と宗教の両面において頂点に達した例としては、二〇世紀初頭のオランダ首相、アブラハム・カイパー（Abraham Kuyper）の名前がよく挙げられる。かれは首相となった当時、「オランダ反革命党」（Dutch Anti-Revolutionary Party）の党首であると同時に「オランダ改革派教会」（Dutch Reformed Church）を率いる神学者でもあった。ただ、カイパーは自分で自分の政党や教会を設立したわけではない。これに対して、連合王国の一部とはいえ北アイルランドの自治政府首相となったペイズリーの場合は、半世紀以上も前に自分で教会を設立しただけでなく四〇年近く前には自分の政党ＤＵＰを創設し、二〇〇七年まで、その教会の総会議長とその政党の党首の地位にあったのである。

第一一章　北アイルランド紛争とアルスター長老教会

1　エキュメニズムと反カトリシズム

ベルファストやロンドンデリーをはじめ北アイルランドの多くの都市が宗教的に分離した社会を形成していることはよく知られている。双方の住民は、名前、子どもの学校、教会、結婚相手、病院、バスの停留所、応援するサッカー・チームなどが違っており、そして何よりも住んでいる地域・場所を異にしている。さらに言えば、その人のしゃべり方やアクセント、生まれた地区や出身校、読む新聞、余暇の過ごし方などがわかれば、多くの住民は、即座にその人がプロテスタントかカトリックかを識別する。ここでは、宗教の違いは「皮膚の色」や「人種」の違いのように目につくのである。宗教的に分離した社会構造が双方の住民の接触機会を遠ざけ、お互いに対する偏見やステレオタイプを生み、それらが日常的な敵対感情や暴力やテロ行為を誘発する背景となっていることは間違いない。

　このような北アイルランド社会の分断と対立という現実に、カトリックであれプロテスタントであれ、キリスト教の神学や教義がどの程度まで関与しているのかという問題は多くの議論があるところであろう。ごく少数の神父や牧師の思想や行動は別にして、少なくとも双方の一般住民は自分たちの信じるキリスト教の教義の正統性を主張するために、お互いに接触を避けたり、ときに暴力やテロに訴えたりしているわけではない。ただ、そうした神学や教義はまったく関係がない、と断定してしまうと、それにも多くの異論が寄せられることだろう。北アイルランド紛争は宗教紛争なのかどうか、かりにそうであるにしても、キリスト教の神学や教義の違いが、どの程度、双方の住民の行動や態度に影響しているのか（あるいは、まったく影響していないのか）を分析するのは必ずしも容易ではないのである。

こうした問題に深入りすることはできないが、ここではまず、「競合し敵対している他集団の人々に対する偏見、蔑視、差別、攻撃、支配などを正当化する根拠を宗教や宗派の違いに求めるような行動」を「宗派的排他主義（セクタリアニズム）」（sectarianism）と定義すると、かつて欧米のプロテスタント住民の中に広く流布していた「反カトリシズム」（Anti-Catholicism）は、このようなセクタリアニズムの代表的な例であろう。それは、ローマ教皇への嫌悪と反感に発し、カトリック教徒に対する偏見、嫌がらせ、憎悪、威嚇、暴力などを生み、自分たちとカトリックとの境界識別を一群の思想、寓話、神話、コミック、悪霊学などを動員して固定化しようとする（Higgins and Brewer : 107–108）。反カトリシズムが浸透した社会はカトリックに構造的な不平等を維持、発展させるという点で「人種主義」と似た構造をもち、反カトリシズムが社会生活を組織化するイデオロギーとなっている場合もある（Hempton, 1996 : 146）。

「一つの真の教会」の外では人間の救済はありえないとするローマ・カトリック教会の側からすると、プロテスタンティズムは異端であり、永劫の罰がプロテスタントの運命であるということになるが（Ruane and Todd : 22–23）、逆に、聖書に自由に接する権利をもち、信仰のみによる救済が神の恵みによって与えられると主張するプロテスタントの側からすると、カトリックは権威主義的で非寛容な教会や神父のせいで神の言葉に無知で、自由を知らず、聖書に由来しない聖母マリア信仰とか聖者信仰、聖画や御守りといった偶像崇拝の迷信を信じ込まされている、ということになる。一六世紀の宗教改革の主導者は、ローマ・カトリック教会に対して、神と人間の間にイエス・キリスト以外の人間的権威を介在させ、聖書の言葉を解釈する権利を独り占めにし、偶像崇拝的な多くの儀式によって人間を隷属化することでキリスト教を堕落させた、と非難することになる（浜林、一九六六年、一二三頁）。一七世紀になると宗教改革の成果は、カトリックとプロテスタントとの分離は神学的に是認されており、ローマ教皇を斥ける論拠は聖書に裏づけがあると主張し、「ローマ教皇を反キリスト（キリストの敵）とみなす神話」（papal antichrist myth）を唱導するようになった。ローマ教皇は神学的に誤った教義の頭目であるだけでなく、聖書が予言した「反キリスト」（Anti-Christ）なのである。

すでに論じたように、「アルスター長老教会」は「ウェストミンスター信仰告白」をはじめ大小の「ウェストミンスター教理問答」、「ウェストミンスター礼拝基準」などを採用してきたが、何度か「ウェストミンスター信仰告白」をめぐって論争を経験し、牧師の任用などに際しては、それへの同意・署名の必要を唱える伝統的な「古い光」の主流派が勝利を収めることが多く、その保守的な傾向は、福音主義の採用やリバイバルの時期などに、反カトリックの姿勢を濃厚に示してきたことは疑いない。そして、やや短絡的な言い方になるが、北アイルランドの分離された社会の形成に「アルスター長老教会」の方が同じプロテスタント教会である「アイルランド教会」に比べても、その伝統的な反カトリシズムによって、歴史的にカトリック教会に対してより強硬な立場を保持してきたように見受けられるのである。

もちろん「アルスター長老教会」の歴史を「反カトリシズム」で一色に塗りつぶすわけにはいかない。「カトリック解放」の問題に長老派の牧師が介在したように、教会の内部にはつねに一脈のリベラルな伝統が流れてきたことは忘れてはならないであろう。そうしたリベラルな伝統は二〇世紀にも顕在化し、とくに、第二次世界大戦後の一時期、世界のキリスト教会に、宗派や教義の違いを越えて連携しようとする「エキュメニズム（汎キリスト教運動）」（Ecumenism）が盛んになると、アルスター長老教会も、プロテスタントの諸宗派間の違いを克服する努力ばかりでなく、カトリック教会との和解を目指す方向を模索するようになった。

エキュメニズムの運動は一九一〇年の「エディンバラ宣教会議」（Edinburgh Missionary Conference）に起源をたどるが、

より具体的な活動は、戦後まもない一九四八年にアムステルダムでの創立大会を経てスイスのジュネーヴに本部を置いて活動を始めた「世界教会協議会」（World Council of Churches: WCC）が代表的なものである。ただ、ローマ・カトリック教会の側からのイニシャティヴも大きく、とくにローマ教皇ヨハネ二三世が一九六二年一〇月に召集した「第二ヴァチカン公会議」が重要な契機となった。実際、この公会議を経てカトリック教会は、プロテスタントを異端者（heretic）ではなく「分離した兄弟」（separated brethren）と考え直すことを示唆し、それに対応して多くのプロテスタント教会がキリスト教の宗派を越えた連帯を追求する方向でカトリック教会との和解を模索するようになったのである。

ローマ・カトリック教会は一九六五年にWCCに加入したが、アルスター長老教会は一九六七年の教会総会に報告された「アイルランドの宗教差別」という文書で、アイルランドにおける緊張の緩和と諸集団間の関係の改善を歓迎し、異なる宗教や政治的信条をもつ人々の協力が、年々、多くみられるようになってきたと述べている。ジョン・ダンロップは「宗教的態度に関して言えば、短かったヨハネ二三世の時期は教会間の課題に対して暖かな雰囲気をもたらし、ほとんどの方面に友好的精神が増大することを勇気づけるものであった」（Dunlop : 55）と述べている。

このように、アルスター長老教会は、北アイルランド紛争に先立つ一時期、アイルランドにおけるエキュメニカルな運動の先頭に立っていた。同教会はWCCの創設会議に参加しており、メソディストやアイルランド教会などにもエキュメニカルな運動への関心と参加を呼びかけていた。(1) また「ウェストミンスター信仰告白」や「アルスターの契約」（一九一二年）の反カトリックの規定や表現が双方の分断に影響していたことにも留意するなど（Brewer and Higgins : 227）、自分たちの過去を自省する態度を示すようになっていたが、一九六五年度の教会総会ではカトリック教会を念頭に置いて、以下のような決議を採択している（Dunlop : 55）。

> ローマ・カトリック教徒に対するわれわれの態度や行動は、イエス・キリストの弟子を自認する者に値するものではなかった。このことを謙虚に認め、この機会に率直に許しを請う必要がある。教会総会はわれわれの信徒に、すべての利害、忠誠、信仰などをめぐる軋轢について、聖書に明かされた真理に合致した形で、疑惑や非寛容さではなく、つねに慈しみの精神で対処するよう要請する。

しかしながら、このような自己規定は長続きしなかった。他のプロテスタント教会のエキュメニズムに対する反応が必ずしも肯定的でなかったことや、WＣＣのカトリック教会に対する迎合的な態度への不満もあったが、それ以上に、一九六〇年代後半になってアメリカ黒人の公民権運動とともに南アフリカや南ローデシア（現ジンバブエ）における反アパルトヘイトや反人種主義の運動をWＣＣが積極的に支持するようになると、長老教会の内部では、WＣＣ傘下の組織が集めた募金が南アフリカや南ローデシアの解放運動の武器購入に使われているのではないか、と疑う声が大きくなってきた。一九七〇年代、何人かの牧師は、自分の教会の治会長老や信徒たちがエキュメニカルな運動の浸透に対して疑惑と不信の念を抱いていることを察するようになっていた。もちろん、このことの背後には、北アイルランド紛争における暴力の応酬とIRAなどのテロ活動に対する一般信徒の不安と反感も介在していた。

世界教会協議会への加盟を一時的に停止しようとする動議は一九七八年一一月二一日の特別総会で議せられ、やや性急に、賛成五六一票、反対三九三票で可決された。一時停止は翌七九年に更新され、一九八〇年の教会総会は賛成四三三票、反対三二七票で、WＣＣから完全に脱退することを可決している。アルスター長老教会の保守化を印象づけた出来事であった。WＣＣからの脱退に反対の論陣を張ったのはジョン・ダンロップ[2]やジョン・モローなど六名の有力牧師であったが、さっそくイアン・ペイズリーはかれらを「悪魔の手先」（agents of Satan）と誹謗するのを忘れていなかった（Brewer and Higgins : 116）。

このようなエキュメニズムの運動からの離反は、同教会の北アイルランド紛争の和平に向けての対応にも如実に現れてくる(3)。少し歴史をさかのぼってみると、トラブルが始まる一九六〇年代末は、まだエキュメニズムへの傾倒は残っていたようであり(4)、アルスター長老教会の一九六九年の年次報告は、カトリックの公民権運動が惹起した暴力には重大な懸念を表明しながらも、そもそも暴力はわれわれの過去の不信、疑惑、非協力の産物であって、特定の宗教への忠誠心は社会的敵意を醸成すべきではない、として、宗教を政治に利用する政治家に批判を向けながら、以下のように述べている（Brewer and Higgins : 116）。

われわれはキリスト教の慈愛の精神の下でローマ・カトリックの人々とも、お互いが何を欲しているのか、お互いが経験してきた悲しみなどについて、それらを共有する用意がある。……公民権運動の行進を攻撃するような人々は、かれらが守ろうと公言している原則、すなわち、市民的かつ宗教的な自由と個人の良心の尊重というプロテスタントの、そして長老派の原則を、嘆かわしくも裏切っている。そのような輩が宗教の名において述べたり、行ったりすることほど、キリスト教の信仰にダメージを与えることはない。かれらはキリスト教の敵である。

こうしたリベラルな考え方は一九七四年にロイヤリストの労働者のゼネストによって北アイルランドが混乱に陥って自治議会が停止され、北アイルランドがイギリスの直接統治となる時期には大きく変化してくる。同年の教会総会の報告は、今回の議会停止の決定を遺憾とし、「さらに嘆かわしいことは、今回の停止決定が、自分たちの大義を秩序深く合法的に維持しようとし、あくまで平和を希求するマジョリティを無視する形で行われたことである」と述べ（Holmes, 2000a : 150）、マジョリティであるプロテスタントの側に立って、自治議会や自治政府の成立など民主的に選択された人々の声が否定されたことを批判している。こうした姿勢は、一九八〇年のＷＣＣからの脱退を経て、一九八三年五月にナショナリスト側の主要政党がダブリンで会談した「ニュー・アイルランド・フォーラム」（New Ireland Forum 1983）の文書が公にされたときも同様であって、教会総会は、「現在の問題の解決に向けてわれわれが受け入れることのできる枠組みを提供していない」と失望を表明し、フォーラム文書がユニオニストの見解を取り入れていない点を批判していた（Holmes, 2000a : 151）。

アルスター長老派の不満と反感は一九八五年一一月の「アングロ・アイリッシュ合意」（Anglo-Irish Agreement）の際に沸騰した。この合意は、イギリスのサッチャー首相とアイルランド共和国のフィッツジェラルド首相の間で北アイルランドのヒルスバラで調印され、はじめて北アイルランドの内政にアイルランド共和国が関与する余地を認めたものであり、プロテスタントのユニオニストの側に大きな衝撃を与え、大規模な反対の集会や運動が組織されることになり、既述のようにペイズリーがサッチャー首相を「嘘つき女」と中傷したのもこの時であったが、長老教会の教会総会は「アングロ・アイリッシュ合意」に対して、北アイルランドのマジョリティ住民の多くに大きな苦痛をもたらすことは避けられないと非難し、翌八六年には、「この合意のように、そこまでカトリックへ譲歩するのは不当（unjust）であって、イギリス政府とプロテスタントとの関係を崩壊させる」と述べ（Brewer and Higgins : 116）、キリスト者同士の慈愛の精神を語る一方で、宗教上の忠誠はときには政治的忠誠と重ならざるを得ないと述べている。長老教会はその後も、イギリスとアイルランドの両国政府に対して「アングロ・アイリッシュ合意」を再検討するよう要請してきたが、一九八九年には、「この合意が平和と安定を達成し、テロの撲滅につながらないのは明白である」として、二三五票対一八三票――投票総数は少なく票差も大きくなかったが――で「アングロ・アイリッシュ合意」の執行中止を要請する決議を採択している。

しかしながら一九九〇年代に入ると、こうした和平のイニシャティヴに対する否定的態度にも変化が訪れるようになる。一九九〇年九月、アルスター長老教会は、一八四〇年の「長老派シノッド」と「分離派シノッド」の統合によって「教会総会」が成立して一五〇周年に当たるのを記念して、アルスター大学のコーレイン校に八五〇名の牧師と長老が参加して、これまでの自分たちの祈りや行動の反省をふまえて二一世紀への期待など議論した結果を集約した「コーレイン宣言」（Coleraine Declaration）を採択している。北アイルランド紛争に関連して、この宣言は、これまで自分たちが社会の変化と現実に同調するあまり神の御言葉《み》に耳を傾けるのを忘れがちであったことを戒め、「宗派的排斥主義」に果敢にチャレンジすることを怠っていたことも認めた上で、次のように述べている。

われわれは北アイルランドにおいて変化に向けて大いなる勇気をもたねばならない。また、プロテスタントとカトリックという二つの伝統が積極的かつ生産的なやり方でお互いに関係し合い、お互いの信頼を構築し、将来に向けて正当で持続的なコミュニティ生活を創造する、こうした事柄に資するような勇気をもつ必要がある。これまでも異なった背景にある多くの人々が、暴力、脅迫、個々人の深い傷などを目にして大いなる勇気を発揮して行動してきた。われわれ長老派にも同じような勇気をもつよう訴える。それは、将来の新しい方策を見出すと同時に、何であれ、公的な領域において、すべての人々の福祉につながるような仕事を果たす勇気である。隣人愛を実践し、友情によって分断を架橋し、「敵」をいたわること、これらは福音が教えることであり、命じていることである。(5)

エキュメニズムへの回帰を意図しているわけではないが、このような方向は、その後の北アイルランドの和平への動きに対する長老教会の姿勢により明確な変化として現れてくる。もちろん、北アイルランドが連合王国イギリスの一部であるとする立場は変わらず、教義の面でも一九九三年には、「ウェストミンスター信仰告白」の「ローマ教皇は反キリストである」という規定を変更しないことを決め（Mitchell : 119）、依然としてその「反カトリシズム」が大きく後退したわけでもない。しかしながら、長老教会がＩＲＡだけでなくプロテスタント武装集団のテロ行為や暴力に対しても一貫して反対してきたことを再確認し、一九九三年の「ダウニング街宣言」、九四年の「ＩＲＡの停戦宣言」、九五年の「骨格文書」の発表などを経て九八年四月の「聖金曜日の和平合意」の調印に至る過程で、「アングロ・アイリッシュ合意」の時とは異なり、長老教会は和平に向けて積極的に協力する姿勢を示している。「聖金曜日の和平合意」の年の「教会総会」は、この合意が南北アイルランド住民の誰もが幸福となるように、寛大さと善意の精神、誠実さ、敏感な対応をもって、新たに樹立される権力分有型の自治政府のリーダーシップの成功を期待すると言明し、リパブリカンとロイヤリストの双方の武装集団に停戦と武装解除の道徳的責務があるとも述べている（Holmes, 2000a : 151–152）。

　オレンジ会との関係についても一言しておくと、もとよりオレンジ会はアイルランド教会と密接な関係にあり、長老派とは歴史的に関係が希薄であったが、アルスター長老教会の牧師でイギリス下院議員でもあったマーチン・スミス（Martin Smyth）が一九七二年から四半世紀にわたってオレンジ会の総本部長（Grand Master）を務めていた関係で、この時期、長老教会とのつながりも強まったようである。おそらくスミスの情報によるものらしいが、かれが総本部長であった時期、オレンジ会の最高機関である「総本部」の三〇〇名の代議員の中にアイルランド教会と同数の三五名の長老教会の牧師がふくまれており（Fawcett : 106）、また一九九四年に北アイルランドの聖職者に対して実施された調査では、長老教会の四分の三の牧師が自分の教会をオレンジ会の礼拝のために使用を認めたことがあり、その三分の一は年一回を通例としており、さらに、その七二％の牧師がオレンジ会の集会で説教したことがあると回答していた（Fawcett : 105）。

　北アイルランド紛争を考える場合に見落とせない年中行事は、七月初めに、その昔プロテスタント軍がボイン川で勝利したことを祝って行われるオレンジ会のパレード（行進）であるが、一九九〇年代後半、アーマー州のポータダウンという町のドラムクリー（Drumcree）地区では、このパレードのガヴァフィ・ロード（Garvaghy Road）の通過をめぐりオレンジ会と地元カトリック住民との衝突が激化して世界の耳目を集めるようになった。長老教会は、このオレンジ会のパレードについては「地元の合意を求めるべきであるが、それが達成できない場合は、パレードする側とパレードに反対する側は、論争のある各地のパレードを裁可すべく政府が設立したパレード委員会（Parade Commission）の法的拘束力のある決定（determination）に従うべきである」と主張し（Holmes, 2000a : 152）、オレンジ会の主張とは一線を画する姿勢を示していた。ドラムクリー騒乱の最中、一九九七年にマーチン・スミスが「総本部長」の地位を離れ、長老教会のオレンジ会離れに拍車がかかったようであるが、一九九八年の激しい攻防を境にオレンジ会は四面楚歌の形勢となり、この年の夏を転機にオレンジ会は急速に衰えていった。二一世紀に入ると、オレンジ会はUUPとの長い歴史的連携にも終止符を打つことを決定し、純粋な宗教団体に戻る方向を打ち出している。

2　アルスター長老教会の現在

最後に、アルスター長老派の信徒数の推移などを議論し、アルスター長老教会の現在の状況を確認して本書の記述を終えることにしよう。

まず国勢調査から判明する一八六一年以降のアルスター全体の宗派別人口の変化を表11-1でみてみると、(6) アルスターの人口が一九世紀後半から大きく減少する中でカトリック人口も一八六一年には全体の五〇％を占めていたが、その後は減少の一途をたどり、一九一一年には一八六一年と比べると約二五万人減少、比率も四四％となっている。カトリックに比べるとアイルランド教会系と長老派は、減少数はそれほど急激ではなく、同様に一九一一年、アイル

表11-1　アルスターの宗派別人口（1861～1911年）

年	人口総数	ローマ・カトリック	長老派	アイルランド教会	メソディスト	その他
1861	1,922,236人	966,613	503,835	399,315	32,030	20,443
		50.5%	26.3	20.4	1.7	1.1
1871	1,833,228	897,230	477,729	393,268	29,903	35,098
		48.9	26.1	21.5	1.6	1.9
1881	1,743,075	833,566	451,629	379,402	34,825	43,653
		47.8	25.9	21.8	2.0	2.5
1891	1,619,814	744,859	426,245	362,791	40,528	45,391
		46.0	26.3	22.4	2.5	2.8
1901	1,582,826	699,202	425,526	360,373	47,372	50,353
		44.1	26.8	22.7	2.9	3.2
1911	1,581,656	690,816	421,410	366,733	48,816	53,881
		43.6	26.6	23.1	3.1	3.4

注：「その他」には、「キリスト教以外の宗教」「キリスト教のその他の宗派」などとともに「非回答」「宗教なし」もふくまれる。
出典：McMinn, 1981, p. 127.

ランド教会系は約三万人減で二三%、長老派は八万人減で二七%を占めている。表としては示さないが、一八七一年の数字で、カトリックの多い州は、キャバン（八〇・四%）、ドニゴール（七五・七%）、モナハン（七三・四%）で、この三州はカトリック住民が圧倒的な集住をみせている。一方、プロテスタント住民では、長老派が多いのはアントリム（五三・二%）、ダウン（四三・二%）、デリー（三五・九%）の三州で、アイルランド教会系の場合はアーマー（三二・九%）とファーマナ（三七・九%）で、この二州は長老派の住民を凌駕している（McMinn, 1981 : 128）。

一九二一年の北アイルランドの成立が、カトリックの多いキャバン、ドニゴール、モナハンを除いたアルスター六州となったことの背景を改めて教えられる気がするが、北アイルランドに該当するアルスター六州の一八六一年以降の宗派別人口の推移を表11-2によってみてみると、カトリックの人口は一八六一年には全体の四〇%を占めていたが、その後やや減少の傾向を示し、第二次世界大戦以降に至るまで全人口の三分の一前後の数字で推移していた[7]。しかし、一九九一年からは増加に転じ、最新の二〇一一年国勢調査では四〇・

表11-2　北アイルランドの宗派別人口（1926～2011年）

年	人口総数	ローマ・カトリック	長老派	アイルランド教会	メソディスト	その他の宗派	なし	非回答
1926	1,256,561人	420,428	393,374	338,724	49,554	52,177		2,304
		33.5%	31.3	27.0	3.9	4.1		0.2
1937	1,279,745	428,290	390,931	345,474	55,135	57,541		2,374
		33.5	30.5	27.0	4.3	4.5		0.2
1951	1,370,921	471,460	410,215	353,245	66,639	63,497		5,865
		34.4	29.9	25.8	4.9	4.6		0.4
1961	1,425,042	497,547	413,113	344,800	71,865	71,299		26,418
		34.9	29.0	24.2	5.0	5.0		1.9
1971	1,519,540	477,921	405,717	334,318	71,235	87,838		142,511
		31.4	26.7	22.0	4.7	5.8		18.5
1981	1,481,959	414,532	339,818	281,472	58,731	112,822		274,584
		28.0	22.9	19.0	4.0	7.6		18.5
1991	1,577,836	605,639	336,891	279,280	59,517	122,448	58,234	114,827
		38.4	21.3	17.7	3.8	7.8	3.7	7.3
2001	1,685,267	678,462	348,742	257,785	59,173	107,292		233,853
		40.3	20.7	15.3	3.5	6.4		13.9
2011	1,810,863	738,033	345,101	248,821	54,253	119,239	183,164	122,252
		40.8	19.1	13.7	3.0	6.6	10.1	6.8

注：1971年の国勢調査以降、「非回答」（not stated）が増加し、1971年、1981年では全体の20％近くに達しているが、その最大の理由は北アイルランド紛争の激化と、とくに1970年代末のリパブリカンの獄中ハンガー・ストライキへの支援もあって国勢調査を拒む人々が多くなったことであり、もちろん「非回答」の大半はカトリックであった。カトリックの「実数」についての推定が試みられているが、平均して各年とも3-5％は多くなるようである。なお1991年と2011年の国勢調査には「なし」（none）という選択肢が加わっている。さらに「その他の宗派」はバプティストなどのプロテスタントの小規模な宗派である。

出典：CAIN（Conflict Archive on the Internet）http://cain.ulst.ac.uk/ni/religion.him

八％に回復している。他方、プロテスタントの人口は一八六一年では、長老派、アイルランド教会、メソディストの合計で五七・七％と、プロテスタントがカトリックを約三対二で上回っており、二〇世紀に入ると、その比は大きいときには約二対一の差で一九五一年頃まで推移した。一九七一年以降になると、プロテスタント人口の減少傾向が顕著となり、一九七一年から二〇一一年で、長老派は二六・七％から一九・一％へ、アイルランド教会は二二・〇％から一三・七％へと大きく落ち込むようになっている。プロテスタント人口は二〇一一年の国勢調査では、この二つの教会にメソディストと「その他」[8]（小規模なプロテスタント宗派が大多数を占める）を合計して約四二・四％で、カトリックの四〇・八％と拮抗している。「非回答」には相当数のカトリックが含まれていると推測されているから、現在ではカトリックの方がわずかではあっても、北アイルランドのマジョリティを形成するようになったと考える向きもある。

以下、北アイルランドの長老派に議論を限定するが、この約一五〇年間の宗派別人口の推移を一口で言えば、プロテスタント各宗派人口の長期的衰退という事実であろう。この傾向は、イギリス本土や広くヨーロッパ諸国にも認められるはずであるが、「信仰心旺盛なプロテスタントが多い」と言われてきた北アイルランドにおいて、より顕著な傾向であることが注目される。二〇世紀になって増加傾向であったメソディストもこの五〇年間で減少に転じ、小規模なプロテスタントの宗派やセクトを擁する「その他」も二一世紀になると伸びが鈍化するようになった。アルスター（アイルランド）長老教会に限定すると、その凋落傾向はさらに深刻な様相を示している。北アイルランドの総人口が一八六一年の約一四〇万人から二〇一一年の約一八一万人へと増加している中で、同教会に属する人口は約四六万人から約三五万人へと大きく減少しているのである。一九八一年以降、長老派の人口は三三―三五万人の間で推移しており、実数では現状維持であるが、その比率は二〇一一年には二〇％を下回っており、アイルランド教会系に比べればまだしも、その減少傾向はやはり楽観できない状況を呈している。[9]

アルスター長老教会の凋落傾向は別の数字によっても裏づけられる。二〇世紀後半の五〇年間で信徒数は三六万三一一二人から二八万四七〇四人へと二二％減少したが、洗礼を受けたものは六八％減、新入会者（new communicants）は五一％減といった状態である。この傾向は二一世紀になっても進行しており、過去三五年間で、信徒数は三三％減、洗礼を受けたものは七一％減、新入会者は四九％減。日曜学校の子どもや聖書学習クラスも五八％減っている（Kirkpatrick : 82）。信徒数の激減とは裏腹に、末端の会衆（個別教会）の数は、一八四〇年当時に比べ現在の方が多くなっているが、その理由は、二〇世紀後半になって並立（joint）とか三並立（triple）といったように、信徒数の大きな会衆組織を二つ、三つに分けることが多くなったためであり、都市部では教会の建物を複数の会衆が用いることも珍しくなくなってきた。その一方で、閉鎖の危機に瀕している会衆（教会）もある（Kirkpatrick : 81）。

長老派に限らず広くプロテスタント人口の減少の要因については、何よりも社会の世俗化の進展が指摘されるが、マスメディアの発達、テレビ説教、それに北アイルランドではトラブル（北アイルランド紛争）の影響などといった要因も想定されてきた。しかしながら、北アイルランドのカトリック教会は世俗化が進行する中でも、近年、人口数でも宗派別の比率の点でも増加の傾向をみせている。アイルランドの南北分割直後、北アイルランドでプロテスタントは六五％に対してカトリックは三四％、この数字はその後も大きくは変化してこなかった。カトリックの高い出生率は、かれらの海外移住の多さによって相殺された、と考えられてきたのであるが、この推定は、北アイルランドの高い経済成長もあって二〇世紀末からは必ずしも妥当しなくなり、宗派別人口におけるカトリックの比率の上昇とプロテスタントの低下を招くようになってきた（Morrow, 1995 : 156）。

前述のように、凋落傾向の目立つ二つのプロテスタント教会に対して、カトリック教会の人口は、この四〇年間、着実に増加しており、近いうちにカトリックが北アイルランドのマジョリティを制すると予想する向きもあるが、出生率が低下した上に、依然として就業・就学のために国を離れる傾向は持続しており、カトリックがプロテスタントを早急に凌駕するとは思えない、と予測する専門家も少なくないようである。カトリック人口が北アイルランド人口の過半数を占めるかどうかに関係なく、近い将来にアイルランドの南北統一に向けて政治の転換が起こることを予期しても不思議ではないが、プロテスタントの側の抵抗が強まることも間違いないであろう。そうした将来に向けての議論も始まっているようであるが、こうした問題は本書の叙述の範囲から離れてゆく。

繰り返し言えば、アルスター長老教会はアイルランド全体ではカトリック教会、アイルランド教会に次いで三番目の規模の教会である。北アイルランドにおいてはカトリック教会に次いで二番目に信徒数の多い、プロテスタントの教会では最大の教会である。現在、二〇名の女性牧師をふくむ約四〇〇名の牧師を擁し、治会長老は七〇〇〇名に達する。アイルランド共和国に編入されたドニゴール、キャバン、モナハンのアルスター三州にも信徒はいるが、同教会の信徒の九五％は北アイルランドの住民である。毎年六月の最初の週の教会総会（大会）には牧師と治会長老の代表約一二〇〇名が出席して最高機関として意思決定を行う。このことは今後も変わらないと予想されるが、近年の停滞と凋落傾向は著しく、それに歯止めをかける手立てを見出せないのが実情であろう。同教会のホームページなどによると、現在の信徒数は約二四万人、会衆（各個教会）数五四五、長老会（中会）一九とされているが、[10] 二〇〇五年には、信徒数二七万人、会衆数五五〇、長老会二一と記されていたから（Baillie, 2008 : 3）、最近でも凋落傾向は続いているようであり、こうした数字の今後を注視することにしよう。

アルスター長老教会のシンボル・マーク

アルスター長老教会（アイルランド長老教会）のシンボルは「燃えつきない芝（藪）」（burning bush, burning but living）である。旧約聖書の「そのとき、芝の間に燃え上がっている炎の中に主の御使いが現れた。彼が見ると、見よ、芝は火に燃えているのに、芝は燃え尽きない」（『出エジプト記』三章二節）に由来する。[11] 一七世紀にアルスターの地に移植された芝は、たしかにまだ燃え続けている。「燃え尽きない」の意味を思念しながら、アルスター長老主義の教会と牧師たちの将来に遠くから思いを馳せることにしよう。

注

（1）　アイルランド長老教会は「世界教会協議会（WCC）」のほかに「世界改革派教会連盟」（World Alliance of Reformed Churches）、「キリスト教会と宗教的コミュニティのアイルランド連合協議会」（United Council of Christian Churches and Religious Communities in Ireland）、「イギリス教会協議会」（British Council of Churches）など、ほかのエキュメニカルな運動組織にも加盟していた。

（2）　WCCからの脱退を「自分の人生で最も痛ましい経験」と言明しているジョン・ダンロップは、WCCの「人種主義撲滅の闘争」（Combat Racism）が解放運動やテロリストの運動と関係している、といった言及がなければ、WCCからの脱退を是とする投票結果にはならなかったのではないか、と回顧している（Dunlop : 16）。

（3）　エキュメニカルな運動からの後退は、やがて教義の面にも及んできた。一九八八年、教会総会は、主イエス・キリストだけが唯一の王であり教会の頭（Head of the Church）であり、いかなる人間も教会の頭となることはできず、それを自称することは聖書に反すると確認した上で、「ローマ教皇を聖書の規定にある反キリストとか罪の人が具現したとする歴史的解釈は聖書には明白に記載されていない」と宣言しているが（Dunlop : 112）、その一方で、一九九三年、「ウェストミンスター信仰告白」の「ローマ教皇は反キリストである」という規定は変更しないことを決めている。アルスター長老教会は一時のエキュメニズムへの熱意を忘れ去り、一九世紀中葉から二〇世紀前半までの先人たちがそうであったように、世界の長老教会と同じくプロテスタント教会の中でも保守的な立場を自認するようになったが、一九九八年の「聖金曜日の和平合意」に対してはアイルランドの多くのキリスト教会と和平推進に向けて共同歩調をとっている。

（4）　トラブル直前の一九六七年に教会総会に報告された「アイルランドの宗教差別」という文書は、アイルランドにおける緊張の緩和と諸集団間の関係の改善を歓迎し、「異なる宗教や政治的信条をもつ人々の間の協力は場所によってはまだ限られているが、それでも年々、多くみられるようになってきた。とくに宗教的態度に関して言えば、ヨハネ二三世の時代は短かったが、こと教会間の課題解決には暖かな雰囲気をもたらし、ほとんどの方面に友好的精神が増大するのを勇気づけるものであった」と述べている（Dunlop : 55）。

（5）　http://www.presbyterianireland/org/About-Us/Statements/Coleraine-Declaration（二〇一四年六月二日閲覧。）

（6）　ここでの長老派とは、アルスター（アイルランド）長老教会だけでなく、改革長老派をはじめ他の小規模な長老派の教会に通う人々、および自分を長老派と考えている住民をふくんでいる。

(7) 一九七一年と一九八一年の数字が低いのは、当時、北アイルランド紛争が激化し、国勢調査を警戒してカトリックに「非回答者」が多かったためであると言われている。

(8) 信徒数一〇名以上の宗派(教会)は一九八一年国勢調査では三七であったが二〇〇一年では八〇以上を数えるようになり、「その他」の中で一万人以上の信徒を有するのは「バプティスト教会」、「ブレズレン」、そしてイアン・ペイズリーが創設した「自由長老教会」などである。

(9) このことは、長老派の教会に所属する家族(世帯数)数の近年における推移によっても裏づけられる。アイルランド全体の数字となるが、アルスター(アイルランド)長老教会に属する家族(世帯)数は一九九〇年に一〇万六六六九戸であったが一三年後の二〇〇三年には九万二二二三戸と一三・五%減少し、この間、個々の会衆(教会)に通う家族数も、一会衆あたり一九二戸から一六八戸へと減じた(Baillie, 2008 : 201)。

(10) https://www.presbyterianireland.org/(二〇一四年六月一〇日閲覧。)

(11) ラテン語では *Ardens Sed Virens*。スコットランドの長老教会のシンボルは少し違っており、「燃えているのに燃えつきることはない」(burning but not consumed)である。ラテン語では *Nec tamen consumebatur* (Baillie, 2008 : 39)。

結びにかえて

本文中に何度か登場したが、「アルスター・スコッツ」（Ulster Scots）について読者諸兄はご存じであったであろうか。アルスター（北アイルランド）地方のスコットランド系の人々のことであり、アルスター在住を経てさらにアメリカへ移住した人々とその子孫は、アメリカでは「スコッチ・アイリッシュ」（Scotch-Irish）と呼ばれる。そしてアルスター・スコッツであれスコッチ・アイリッシュであれ、かれらに共通する特徴は、本書が議論した長老主義という考えを信奉するプロテスタントであったということである。

一八世紀のアイルランドでは長老派のプロテスタントは非国教徒として差別されており、多くのスコッチ・アイリッシュと呼ばれるようになった人々は、信仰の自由と、よりよい生活の機会を求めてアメリカへ移住してきた。本文中で触れたことであるがアルスター出身のフランシス・マケミーが一八世紀初頭にフィラデルフィアにアメリカ最初の長老会（中会）を設立し、それを契機にかれらのアメリカ移住に拍車がかかったようである。ジョン・ダンロップによると一八世紀を通じて約二五万人の長老派の信徒がアルスターからアメリカに移住しており、ペンシルベニアやニュージャージーをはじめ、ヴァージニア、ノース・キャロライナ、サウス・キャロライナ、ケンタッキー、テネシーなどのアパラチア地方の諸州に広範囲に定住するようになり、定住期間が長くなるにつれて、当然、かれらの数も増加するようになった。とはいえ、スコッチ・アイリッシュ出自の人口は、今日では、アメリカの他のヨーロッパ系人口に比べると、その数は多くなく、表Aにみるように、「祖先および自身の出身国・地域別」の人口で「スコッチ・アイリッシュ」は、一九九〇年、アメリカ人の二・三％、五六一万七七七三人を数え、二〇〇〇年では一・五％、四三一万九二三二人を占めるにすぎない。

同じアイルランド系でも、やがてケネディ大統領を生むことになる一九世紀後半のカトリック移民などに比べると、その影はやや薄い感があるが、歴史的には、これまた本文中で触れたことであるが、フィラデルフィア大学の学長となったスコッチ・アイリッシュ出自のフランシス・アリソンがアメリカ独立宣言に署名した者の半数は自分の教えを受けた者であると述懐しており、その半数の中にスコッチ・アイリッシュ出自の人々がどの程度いたかは推測の域を出ないが、アメリカ独立革命期間に多くのスコッチ・アイリッシュが活動していたことは多くの書物が指摘している点である。そして一九世紀の政治の分野では、今でこそ目立たなくなったが、スコッチ・アイリッシュは多くのアメリカ大統領を輩出することになった。表Bに示すように、少なくとも、二八代のウッドロー・ウィルソンまでに一〇人の大統領がスコッチ・アイリッシュ出自であり、かれらが往時のアメリカ政治史の分野に隠然たる影響力をもっていたことは容易に想像できる。なお、第四二代ビル・クリントン大統領は父系の先祖がアルスターのティロン州の出身であると言われている。かれ自身、もはや自分をスコッチ・アイリッシュとかアルスター・スコッツとは考えてはいないかもしれないが、大統領在職中、北アイルランドを二度訪問し、北アイルランド和平に向けて並々ならぬ意欲を示したことの背景には、かれ自身のルーツも関連していたのではないかと想像してみたくなる。

スコッチ・アイリッシュは、私の奉職する明治学院大学とも深く関連している。学院の創設者であるジェイムズ・カーティス・ヘップバーン（ヘボン博士）の祖先はスコットランド出身であるが、かれの曾祖父サミュエルの時代にアルスターに移り住み、ほどなくアメリカのペンシルベニアに移住しているからである。ヘボン博士の出自などについて、筆者の畏友、大西晴樹教授が二〇一四年の暮れに行った「ヘボンさんと日本の開化」と題するＮＨＫラジオ放送のテキストに、より詳細に書かれているので参考にしてほしい。さらに、あまり指摘されることもないが、マックス・ウェーバーの『プロテスタンティズムの倫理と資本主義の精神』の最初の章の注釈に、経済的合理主義を愛着するプロテスタントの例にスコッチ・アイリッシュが加えられており、スコッチ・アイリッシュについて書かれたC・A・ハンナの二巻本（一九〇二年）が参照されていることも指摘しておこう。ジャン・カルヴァンのジュネーヴに始まり、ジョン・ノックスやアンドルー・メルヴィルのスコットランド宗教改革を経てアルスターに移植され、さらに舞台をアメリカに変えて、そのプロテスタンティズムの一翼を担うことになった長老主義の発展、そのアメリカ長老教会から宣教医として日本に派遣されたヘボン博士の活動の一つとして明治学院は創設され

表A　祖先の出身国（地域）によるヨーロッパ系人口（1990年）

（1,000人）

イングランド系	32,652
ウェールズ系	2,034
オランダ系	6,227
フランス系	10,321
ドイツ系	57,947
ギリシア系	1,110
アイルランド系	38,736
イタリア系	14,665
ポーランド系	9,366
スウェーデン系	4,681
ロシア系	2,953
スコットランド系	5,394
スコッチ・アイリッシュ系	5,618

出典：明石紀雄・飯野正子著『エスニック・アメリカ――多民族国家における統合の現実――』（新版）、有斐閣選書、1984、11頁。

表B　スコッチ・アイリッシュ出自の歴代大統領

7代	アンドリュー・ジャクソン（民主党）	1829–1837
11代	ジェイムズ・ポーク（民主党）	1845–1849
15代	ジェイムズ・ブキャナン（共和党）	1857–1861
17代	アンドリュー・ジョンソン（民主党）	1865–1869
18代	ユリシーズ・グラント（共和党）	1869–1877
21代	チェスター・アーサー（共和党）	1881–1885
22代	クローバー・クリーブランド（民主党）	1885–1889
23代	ベンジャミン・ハリソン（共和党）	1889–1893
25代	ウィリアム・マッキンレー（共和党）	1897–1901
28代	ウッドロー・ウィルソン（民主党）	1913–1921

たのである。このような歴史的な展開の中でアルスターとアメリカとの長老派の関係を研究することに、私自身の今後の研究領域があるように感じている。

本書の第Ⅰ部と第Ⅱ部は二〇〇二年から二〇〇三年にかけて明治学院論叢『社会学・社会福祉学研究』の第一一一号と一一二号に研究ノートとして発表した「アルスター長老主義の形成と発展――『契約派』の歴史的系譜を中心に――」(上)(下)を大幅に加筆・修正したものであり、序章と第Ⅲ部は新たに執筆したものである。通史という本書の性格もあって、フィンレイ・ホームズ牧師の著作など第二次的な文献資料に依拠することになったが、何度かの現地調査の際に見出したパンフレット類、教会や宗派関係の文書、新聞記事などや歴史資料から知見を得ることができた。また、本学白金図書館にもアルスター長老派の会衆の記念誌などの史料が所蔵されており、それらを利用できたことは幸いであった。

最後に、私事にわたるが筆者は数年前に病気で半年間、大学を欠勤して自宅療養することになり、復帰後は自分の研究時間の大半を本書の公刊に向けて割いてきた。定年退職の直前になってしまったが、とにかく公刊の機会を得たことは大きな喜びである。この間、入院手術から療養生活の時期に家族の支えと励ましがあったことを思い起こしている。また、この機会に、社会学部の同僚の先生をはじめ多くの教職員の方々から得た日頃の援助にも感謝したい。本書の刊行には慶應義塾大学出版会の村山夏子氏にご面倒をおかけしたこと、そして明治学院大学学術振興基金から出版補助を受けたことも記しておく。

二〇一五年一月八日

松井　清

pp.19–40.
——— (1997) 'Scotland and Ulster: Political Interactions since the Late Nineteenth Century and Possibilities of Contemporary Dialogue', in Erskine, John, and Gordon Lucy (eds.) *Cultural Traditions in Northern Ireland: Varieties of Scottishness*, The Institute of Irish Studies, The Queen's University of Belfast, pp.91–109.
——— (2004) *A History of the Ulster Unionist Party: Protest, Pragmatism and Pessimism*, Manchester University Press.
Wells, Ronald A. (1993) 'A Fearful People: Religion and the Ulster Conflict', *EIRE-IRELAND*, vol.28, no.1 , pp.53–68.
Westerkamp, Marilyn J. (1988) *Triumph of the Laity: Scots-Irish Piety and the Great Awakening, 1625–1760*, Oxford University Press.
Wilson, Brian (1999) *Christianity: Religions of the World*, Routledge.（邦訳：ブライアン・ウィルソン著（田口博子訳）『キリスト教――21世紀をひらく世界の宗教――』春秋社、2007年。）
Wilson, Tom (1989) *Ulster: Conflict and Consent*, Basil Blackwell.
Witherow, Thomas (1879) *Historical and Literary Memorials of Presbyterianism in Ireland*, William Mullan and Son.
Wood, Ian S. (ed. 1994) *Scotland and Ulster*, The Mercat Press.
Wright, Frank (1973) 'Protestant Ideology and Politics in Ulster', *European Journal of Sociology*, vol.14, pp.213–280.
——— (1996) *Two Lands on One Soil: Ulster Politics before Home Rule*, Gill & Macmillan.
山本正（1992）「旧き『新世界』――16世紀後半、イングランド人入植者にとってのアイルランド――」『大阪経大論集』第42巻第５号、105–139頁。
———（1999）「他者としてのアイルランド」指昭博編『「イギリス」であること――アイデンティティ探求の歴史――』刀水書房、32–57頁。
山本通（2010）「アングリカン広教主義における科学と社会――ジェイコブ・テーゼをめぐって――」神奈川大学『経商論叢』第45巻第４号、161–184頁。
吉野耕作（1997）『文化ナショナリズムの社会学――現代日本のアイデンティティの行方――』名古屋大学出版会。
Young, John R. (2004) 'Scotland and Ulster in the seventeenth century: The movement of peoples over the North Channel', in Kelly, William and John R. Young (eds.) *Ulster and Scotland 1600–2000: History, Language and Identity*, Four Courts Press, pp.11–32.

Smylie, James M.（1996）*A Brief History of the Presbyterians*, Geneva Press.

Smyth, Clifford（1986）'The DUP as a Politico-Religious Organisation', *Irish Political Studies*, vol.1, pp.33–43.

———（1987）*Ian Paisley: Voice of Protestant Ulster*, Scottish Academic Press.

Smyth, Jim（2001）'Siege, myth and history: Derry 1688–1998', in Kelly（ed.）*The Sieges of Derry*, Four Courts Press, pp.18–30.

Smyth, Martin（1975）'A Protestant Looks at the Republic', in Burke, Patrick（ed.）*Sectarianism–Roads to Reconciliation: Papers read at the 22nd Annual Summer School of the Social Study Conference, St. Augustine's College, Dungarvan,* 3 rd–10th August, 1974.

Spedding, James（ed. 1868）*The Letters and the Life of Francis Bacon: Occasional Works*, vol.4, in Spedding, James, Robert Leslie Ellis and Douglas Denon Heath（eds.）*The Works of Francis Bacon*, vol.XI.

Spencer, Graham（2012）*Protestant Identity and Peace in Northern Ireland*, Palgrave.

Steele, E.D.（1975）'Cardinal Cullen and Irish nationality', *Irish Historical Studies*, vol.19, no.75, pp.239–260.

Stevenson, David（1981）*Scottish Covenanters and Irish Confederates: Scottish-Irish Relations in the mid-seventeenth Century*, Ulster Historical Foundation.

Stewart, A.T.Q.（1967）*The Ulster Crisis: Resistance to Home Rule 1912–1914*, The Blackstaff Press.

———（1977）*Narrow Ground: Aspects of Ulster 1609–1969*, The Blackstaff Press.

Taylor, David（1985）'The Lord's Battle: Paisleyism in Northern Ireland', in Stark, Rodney（ed.）*Religious Movements: Genesis, Exodus, and Numbers*, Paragon House Publishers, pp.241–278.

Thomas, Roger（1953）'The Non-Subscription Controversy amongst Dissenters in 1719: the Salters' Hall Debate', *The Journal of Ecclesiastical History*, vol.4, no.2, pp.162–186.

Todd, Jennifer（1987）'Two Traditions in Ulster Political Culture', *Irish Political Studies*, no.2, pp.1–26.

———（1993）'Unionist political thought, 1920–72' in Boyce, Eccleshall and Geoghegan（eds.）pp.190–211.

富田理恵（2002）『世界歴史の旅　スコットランド』山川出版社。

宇田進（1993）『福音主義的キリスト教と福音派』いのちのことば社。

Walker, Brian M.（1989）*Ulster Politics: The Formative Years, 1868–86*, The Ulster Historical Foundation and The Institute of Irish Studies.

———（1996）*Dancing to History's Tune: History, Myth and Politics in Northern Ireland*, Institute of Irish Studies, Queen's University Belfast.

Walker, Graham（1995）*Intimate Strangers: Political and Cultural Interaction Between Scotland and Ulster in Modern Times*, John Donald Publishers.

———（1996）'Thomas Sinclair: Presbyterian Liberal Unionist', in English and Walker（eds.）,

Paulin, Tom（1984）'Paisley's Progress', in *Ireland & the English Crisis*, Bloodaxe Books, pp.155–173.

Pearson, Scott（1947）*The Origins of Irish Presbyterianism: A Carey Lecture*, The Christian Irishman Office, Church House, Fisherwick Place, Belfast.

———（1948）*The Origins of Presbyterianism in Co. Down: A Carey Lecture*, The Christian Irishman Office, Church House, Fisherwick Place, Belfast.

Perceval-Maxwell, M.（1973）*The Scottish Migration to Ulster in the Reign of James 1*, Routlege & Kegan Paul.

Reid, James Seaton（1867）*History of the Presbyterian Church in Ireland,* vol. I, II, III, William Mullan.

リード、W. スタンフォード（Reid, W. Stanford）（1980）「J・カルヴァン、J・ノックスとスコットランド宗教改革」（山内真訳）東京神学大学神学会『神学』第42号、49–66頁。

Richardson, Norman（ed. 1998）*A Tapestry of Beliefs: Christian Traditions in Northern Ireland,* The Blackstaff Press.

Robinson, Philip S.（1982）'Plantation and Colonisation: The Historical Background', in Boal and Douglas（eds.）*Integration and Division: Geographical Perspectives on the Northern Ireland Problem*, Academic Press, pp.19–47.

———（1984）*The Plantation of Ulster: British Settlement in an Irish Landscape 1600–1670*, Ulster Historical Foundation.

Rodner, William S.（1982）'Leaguers, Covenanters, Moderates: British Support for Ulster, 1913–1914', *EIRE–IRELAND*（*A Journal of Irish Studies*）, vol.17, no. 3 , pp.68–85.

Ruane, Joseph and Jennifer Todd（1996）*The Dynamics of Conflict in Northern Ireland: Power, conflict and emancipation,* Cambridge University Press.

Sealy, Charles Scott（2010）Church Authority and Non-Subscription Controversies in Early 18th Century Presbyterianism, Ph D., University of Glasgow, May 2010（http://theses.gla.ac.uk/1792/）.

Seils, W.J. and Diana Wood（eds. 1989）*The Churches, Ireland and the Irish: Studies in Church History, 25, papers read at the 1987 Summer Meeting and the 1988 Winter Meeting of the Ecclesiastical History Society*, Basil Blackwell.

Shirlow, Peter and Mark McGovern（eds. 1997）*Who are 'the people'?: Unionism, Protestantism and Loyalism in Northern Ireland,* Pluto Press.

Smith, Anthony D.（1999）'Ethnic election and national destiny: Some religious origins of nationalist ideals', *Nations and Nationalism,* vol.5 , no.3 , pp.331–355.

———（2001）*Nationalism: Theory, Ideology, History*, Polity Press.

———（2003）*Chosen Peoples: Sacred Sources of National Identity*, Oxford University Press.

Smout, T.C.N., C. Landsman and T.M. Deving（1994）'Scottish Emigration in Seventeenth and Eighteenth Centuries', in Canny（ed.）, pp.76–112.

Mitchell, Claire and Jennifer Todd（2007）'Between the devil and the deep blue sea: Nationality, power and symbolic trade-offs among evangelical Protestants in contemporary Northern Ireland', *Nations and Nationalism*, vol.13, no. 4 , pp.637–655.

水之江有一（1994）『アイルランド――緑の国土と文学――』研究社出版。

Moloney, Ed and Andy Pollak（1986）*Paisley*, Poolbeg.

Moody, T.W.（1939）*Londonderry Plantation 1609–41*, William Mullan.

Moody, T.W., F.X. Martin and F.J. Byrne（eds. 1976）*A New History of Ireland III, Early Modern Ireland 1534–1691*, Oxford University Press.

Morgan, Hiram（1988）'The end of Gaelic Ulster: A thematic interpretation of events between 1534 and 1610', *Irish Historical Studies*, vol.26, no.101, pp.8–32.

Morrill, John（ed. 1990）*The Scottish National Covenant in its British Context*, Edinburgh University Press.

Morrow, Duncan（1995）'Church and Religion in the Ulster Crisis', in Dunn, Seamus（ed.）*Facets of the Conflict in Northern Ireland*, St. Martin's Press, pp.151–167.

———（1997）'Suffering for Righteousness' Sake?: Fundamentalist Protestantism and Ulster Politics', in Shirlow and McGovern（eds.）, pp.55–71.

村川満・袴田康裕訳（2009）『ウェストミンスター信仰告白』一麦出版社。

日本基督改革派教会大会出版委員会編（1994）『ウェストミンスター信仰基準』新教出版社。

O'Brien, Conor Cruise（1987）*God Land: Reflection on Religion and Nationalism*, Harvard University Press.

O'Ferrall, Fergus（1986）'Daniel O'Connell and Henry Cooke: The conflict of civil and religious liberty in modern Ireland', *The Irish Review*, no.1 , pp.20–27.

O'Leary, Brendan and John McGarry（1996）*The Politics of Antagonism: Understanding Northern Ireland*, Second edition, The Athlone Press.

O'Malley, Padraig（1983）*The Uncivil War: Ireland Today*, Blackstaff.

大木英夫（1966）『ピューリタニズムの倫理思想――近代化とプロテスタント倫理との関係――』新教出版社。

大西晴樹（1987）「ピューリタン革命とアイルランド」明治学院大学産業経済研究所『研究所年報』第 4 号、37–51頁。

小野功生（2006）「文明から野蛮へ――スコットランド、アイルランドとブリテン帝国の起源――」小野功生・大西晴樹編『〈帝国〉化するイギリス――一七世紀の商業社会と文化の諸相――』彩流社、131–163頁。

小野修（1981）『アイルランド紛争――民族対立の血と精神――』世界差別問題叢書10、明石書店。

Paisley, Ian（1958）*The "Fifty Nine" Revival: An Authentic History of The Great Ulster Awakening of 1859*, Martyrs Memorial Free Presbyterian Church.

———（1976）*My Father and Mother*, Martyrs Memorial Publication.

——（2008a）「アルスター・ユニオニストのナショナル・アイデンティティ（中）」明治学院大学『社会学・社会福祉学研究』第129号、139–68頁。

——（2008b）『北アイルランドのプロテスタント——歴史・紛争・アイデンティティ——』彩流社。

——（2011）「アルスター・ユニオニストのナショナル・アイデンティティ（下）」明治学院大学『社会学・社会福祉学研究』第134号、141–231頁。

松川七郎（1964）『ウィリアム・ペティ（下巻）』一橋大学経済研究叢書14、岩波書店。

松尾太郎（1980）『アイルランド問題の史的構造』論創社。

——（1994）『アイルランド民族のロマンと反逆』論創社。

松谷好明（1992）『ウェストミンスター神学者会議の成立』一麦出版社。

——（2007）『イングランド・ピューリタニズム研究』聖学院大学出版会。

McBride, Ian I.（1993）'The school of virture: Francis Huctheson, Irish Presbyterians and the Scottish Enlightenment', in Boyce, Eccleshall and Geoghegan（eds.）, pp.73–99.

——（1996）'Ulster and the British Problem', in English and Walker（eds.）, pp.1–18.

——（1997）*The Siege of Derry in Ulster Protestant Mythology*, Four Courts Press.

——（1998a）*Scripture Politics: Ulster Presbyterians and Irish Radicalism in the Late Eighteenth Century*, Clarendon Press.

——（1998b）'"The common name of Irishman": Protestantism and patriotism in eighteenth-century Ireland', in Claydon and McBride（eds.）, pp.236–261.

McCaffrey Lawrence J.（1995）*The Irish Question: Two Centuries Conflict*, University Press of Kentucky.

McKim, Donald K.（2003）*Presbyterian Beliefs: A Brief Introduction*, Geneva Press.（邦訳：ドナルド・K・マッキム著（原田浩司訳）『長老教会の信仰——はじめての人のための神学入門——』一麦出版社、2009年。）

McManners, John（ed. 1990）*The Oxford Illustrated History of Christianity*, Oxford University Press.

McMinn, Richard（1981）'Presbyterianism and Politics in Ulster, 1871–1906', *STUDIA HIBERNICA*, vol.5, no.21, pp.127–146.

——（1985）*Against the Tide: A Calendar of the papers of Rev. J. B. Armour, Irish Presbyterian Minister and Home Ruler 1869–1914*, Proni.

Miller, David W.（1978a）*Queen's Rebels: Ulster Loyalism in Historical Perspective*, Gill and Macmillan.

——（1978b）'Presbyterianism and "Modernaization" in Ulster', *Past and Present*, no.8, pp.66–80.

Mitchel, Patrick（2003）*Evangelicalism and National Identity in Ulster, 1921–1998*, Oxford University Press.

Mitchell, Claire（2006）*Religion, Identity and Politics in Northern Ireland: Boundaries of Belonging and Belief*, Ashgate.

Livingston, David N. and Ronald A. Wells (1999) *Ulster-American Religion: Episodes in the History of a Cultural Connection*, University of Notre Dam Press.

Lockington, John W. (1996) *Robert Blair of Bangor*, Presbyterian Historical Society of Ireland.

Long, S. E. (n.d.) *The Emergence of Presbyterianism in Post-Plantation Ulster*, Education Committee, The Grand Orange Lodge of Ireland.

Loughlin, James (1987) *Gladstone, Home Rule and the Ulster Question 1882–93*, Humanities Press International.

——— (1998) *The Ulster Question since 1945*, Macmillan.

Loughridge, Adam (1984) *The Covenanters in Ireland: A History of the Reformed Presbyterian Church of Ireland*, Cameron Press.

Macafee, William (1987) 'The Population of Ulster 1630–1841', Unpublished D. Phil Theses (Ctrl No. y6930332), Jordanstown, University of Ulster.

Macafee, F. and V. Morgan (1981) 'Population in Ulster, 1660–1760', in Roebuck, Peter (ed.) *Plantation to Partition: Essays in Ulster History in honour of J.L. McCracken*, Blackstaff, pp.46–63.

MacIver, Martha Abele (1987) 'Ian Paisley and the Reformed Tradition', *Political Studies*, vol.35, pp.359–378.

Maley, Willy (1998) 'The British problem in three tracts on Ireland by Spenser, Bacon and Milton', in Bradshow and Roberts (eds.), pp.159–184.

Marsden, George (1977) 'Fundamentalism as an American Phenomenon: A Comparison with English Evangelicalism', *Church History*, vol.46, pp.215–232.

松井清（1999a）「北アイルランド問題の歴史的背景――アイルランド統治法（一九二〇年）に至るまで――」『明治学院論叢』第636号、『社会学・社会福祉学研究』第106号、69–140頁。

———（1999b）「『聖金曜日の和平合意』とユニオニストの選択――北アイルランド紛争の現在（一）――」『明治学院論叢』第639号、『社会学・社会福祉学研究』第107号、1–73頁。

———（2000）「オレンジ会のパレードとドラムクリーの攻防――北アイルランド紛争の現在（二）――」『明治学院論叢』第643号、『社会学・社会福祉学研究』第108号、1–52頁。

———（2001）「『アルスター植民』と居住分離の成立――一七世紀アルスターにおけるスコットランド系入植者――」『明治学院論叢』第660号、『社会学・社会福祉学研究』第110号、57–117頁。

———（2004）「北アイルランド紛争における『宗教』の位置」慶應義塾大学法学研究会編『法学研究』第77巻第1号、341–376頁。

———（2006）「アルスター・ユニオニストのナショナル・アイデンティティ（上）」明治学院大学『社会学・社会福祉学研究』第122号、97–168頁。

Jackson, Alvin（1994）'Irish Unionism, 1905–21', in Collins, Peter（ed.）*Nationalism and Unionism: Conflict in Ireland, 1885–1921*, Institute of Irish Studies, Queen's University of Belfast, pp.35–56.

Jackson, Kenneth（1955）'The Britons in Southern Scotland', *Antiquity*, vol.29, no.114, pp.77–88.

Jordan, Glenn（2001）*Not of this World: Evangelical Protestants in Northern Ireland*, The Blackstaff Press.

Juergensmeyer, Mark K.（1993）*The New Cold War?: Religious Nationalism Confronts the Secular State*, University of California Press.（邦訳：マーク・ユルゲンスマイヤー著（安部美哉訳）『ナショナリズムの世俗性と宗教性――The New Cold War?――』玉川大学出版部、1995年。）

――― （1999）*Terror in the Mind of God: The Global Rise of Religious Violence*, University of California Press.（邦訳：マーク・ユルゲンスマイヤー著（立山良司監修、古賀林正幸・櫻井元雄訳）『グローバル時代の宗教とテロリズム』明石書店、2003年。）

勝田俊輔（2002）「名誉革命体制とアイルランド」近藤和彦編『長い18世紀のイギリス――その政治社会――』山川出版社、150–174頁。

Kidd, Colin（2002）'Conditional Britons: The Scots Covenanting Tradition and the Eighteenth century British State', *English Historical Review*, no.474, pp.1147–1176.

Kilroy, Phil（1994）*Protestant Dissent and Controversy in Ireland 1660–1714*, Cork University Press.

木村正俊・中尾正史編（2006）『スコットランド文化事典』原書房。

Kirkpatrick, Laurence（2006）*Presbyterians in Ireland: An Illustrated History*, Booklink.

小嶋潤（1988）『イギリス教会史』刀水書房。

Kyle, Richard（1984）'John Knox and Apocalyptic Thought', *The Sixteenth Century Journal*, vol.15, no. 4 , pp.449–469.

Larsen, Sidsel Saugestad（1982）'The Glorious Twelfth: a ritual expression of collective identity', in Cohen, Anthony P.（ed.）*Belonging: Identity and Social Organisation in British Rural Cultures*, Manchester University Press, pp.279–291.

Latimer, W.T.（1893）*A History of the Irish Presbyterians*, James Cleeland.

Lawrence, R.J.（1965）*The Government of Northern Ireland: Public Finance and Public Service 1921–1964*, Clarendon Press.

Lee, J.J.（1989）*Ireland 1912–1985: Politics and Society*, Cambridge University Press.

Lee, Raymond M.（1985）'Intermarriage, Conflict and Social Control in Ireland: The Decree "*Ne temere*"', *The Economic and Social Review*, vol.17, no.1, pp.11–27.

Leith, Jack（1978）*Roots and Branch: Wellington Street Presbyterian Church, Ballymena 1828–1978*, Congregational Committee of Wellington Street Presbyterian Church.

Linen Hall Library（1998）*The United Irishmen and the Government of Ireland 1791–1801*, Linen Hall Library for Exhibition.

——— (1985) *Our Irish Presbyterian Heritage*, The Publication Committee of Presbyterian Church in Ireland.
——— (1989) 'United Irishmen and Unionists: Irish Presbyterians 1791 and 1886', in Seils and Wood (eds.), pp.171–189.
——— (1996) 'The Reverend John Abernethy: The Challenge of New Light Theology to Traditional Irish Presbyterian Calvanism', in Herlihy, Kevin (ed.) *The Religion of Irish Dissent 1650–1800*, Four Courts Press, pp.100–111.
——— (2000a) *The Presbyterian Church in Ireland: A Popular History*, The Columba Press.
——— (2000b) 'Ulster Presbyterians and 1798', in Seery, James, Finlay Holmes and A.T.Q. Stewart, *Presbyterians, The United Irishmen and 1798*, Presbyterian Historical Society of Ireland, pp.15–24.
Holmes, Janice (2000) *Religious Revivals in Britain and Ireland 1859–1905*, Irish Academic Press.
堀越智（1979）『アイルランド民族運動の歴史』三省堂選書。
———（1996）『北アイルランド紛争の歴史』論創社。
飯島啓二（1962）「スコットランド長老派教会の成立に関する一考察」国際基督教大学社会科学研究所『社会科学ジャーナル』第 3 号、229–251頁。
———（1967）「国民契約の成立」（その二）『明治学院論叢』第129号『一般教育科目特集』33号、35–60頁。
———（1968a）「スコットランドとピューリタン革命」（その一）『明治学院論叢』第144号『一般教育科目特集』第37号、25–44頁。
———（1968b）「スコットランドとピューリタン革命」（その二）『明治学院論叢研究年報』『一般教育科目特集』第 4 号、33–54頁。
———（1969）「国民契約の成立」（その四）キリスト教史学会『キリスト教史学』第22集、1–21頁。
———（1970）「前期契約派の契約理念――S・A・バレルの所説によって――」『明治学院論叢』第152号『一般教育科目特集』第39号、 1 -34頁。
———（1976）『ノックスとスコットランド宗教改革』日本基督教団出版局。
———（1991）「スコットランド王国の形成」青山吉信編、121–132頁。
———（1995）「契約派革命期における一六四三―四四年臨時議会――「厳粛なる同盟と契約をめぐって――」『明治学院論叢』第566号『総合科学研究』第52号、1–30頁。
Irvine, Maurice (1991) *Northern Ireland: Faith and Faction*, Routledge.
井藤早織（2004）「ピューリタン革命期のスコットランドと合同問題――聖職者サミュエル・ラザフォードの宗教思想――」『青山史学』第22号、65–83頁。
岩井淳（1995）『千年王国を夢みた革命――一七世紀英米のピューリタン――』講談社選書メチエ51。
———（2003）「『ブリテン帝国』の成立――一六～一七世紀の帝国概念と古代ローマ――」『歴史学研究』第776号、19–30頁。

paea, vol.8 , no.1 , pp.1–22.

Gibbon, Peter（1975）*The Origins of Ulster Unionism: The Formation of Popular Protestant Politics and Ideology in Nineteenth-Century Ireland*, Manchester University Press.

Gillespie, Raymond（1985）*Colonial Ulster: The Settlement of East Ulster 1600–1641*, Cork University Press.

———（1989）'Presbyterian Revolution in Ulster', in Seils, W.J. and Diana Wood（eds.）, pp.159–170.

———（1995）'Dissenters and Nonconformists', in Herlihy, Kevin（ed.）*The Irish Dissenting Tradition 1650–1750*, Four Courts Press, pp.11–28.

Gribben, Crawford（2003）*The Irish Puritans: James Ussher and the Reformation of the Church*, Evangelical Press.

袴田康裕（2012）『信仰告白と教会――スコットランド教会史におけるウェストミンスター信仰告白――』大森講座　第27回、新教出版社。

浜林正夫（1966）『イギリス革命の思想構造』未來社。

———（1987）『イギリス宗教史』大月書店。

Hamilton, Thomas（1992）*History of Presbyterianism in Ireland*（reprinted edition）, Ambassador.

Harkness, David（1996）*Ireland in the Twentieth Century: Divided Island*, Macmillan.

Hempton, David（1990）'"For God and Ulster": Evangelical Protestantism and the Home Rule Crisis of 1886', in Robbins, Keith（ed.）*Protestant Evangelicalism: Britain, Ireland, Germany and America, c.1750–c.1950*, Essays in Honor of W.R. Ward, Basil Blackwell, pp.225–254.

———（1996）*Religion and Political Culture in Britain and Ireland: From the Glorious Revolution to the decline of empire*, Cambridge University Press.

Hempton, David and Myrtle Hill（1992）*Evangelical Protestantism in Ulster Society 1740–1890*, Routledge.

Hennessey, Thomas（1996）'Ulster Unionism and Loyalty to the Crown of the United Kingdom, 1912–74', in English and Walker（eds.）, pp.115–129.

Hesselink, I. John（1986）*On being Reformed; Distinctive Characteristics and Common Misunderstandings*, Reformed Church Press.（邦訳：I. ジョン・ヘッセリンク著（廣瀬久充訳）『改革派とは何か』教文館、1995年。）

Higgins, Gareth I. and John D. Brewer（2003）'The Roots of Sectarianism in Northern Ireland', in Hargie, Owen and David Dickson（eds.）*Researching the Troubles: Social Science Perspectives on the Northern Ireland Conflict*, Mainstream Publishing, pp.107–121.

Holmes, Finlay（1981）*Henry Cooke*, Christian Journals Limited.

———（1982）'Ulster Presbyterians and Irish Nationalism', in Mews, Stuart（ed.）*Religion and National Identity: Papers Read at the Nineteenth Summer Meeting and the Twentieth Winter Meeting of Ecclesiastical Historical Society*, The Ecclesiastical History Society, Basil Blackwell, pp.535–548.

Burrell, S.A.（1958）'The Covenant Idea as a Revolutionary Symbol: Scotland, 1596–1637', *Church History*, vol.27, no.4 , pp.338–350.

———（1964）'The Apocalyptic Vision of Early Covenanters', *The Scottish Historical Review*, vol.18, no.135, pp.1–24.

Campbell, Flann（1991）*The Dissenting Voice: Protestant Democracy in Ulster from Plantation to Partition*, The Blackstaff Press.

Canny, Nicholas（1994）'English Migration into and across the Atlantic during the Seventeenth and Eighteenth Centuries', in Canny（ed.）, pp.39–75.

Canny, Nicholas（ed. 1994）*Europeans on the Move: Studies on European Migration, 1500–1800*, Oxford University Press.

Carson, John T.（1994）*God's River in Spate: The Story of the religious awakening of Ulster in 1859*, Second edition, The Presbyterian Historical Society.

Claydon, Tony and Ian McBride（eds. 1998）*Protestantism and National Identity: Britain and Ireland, c.1650–c.1860*, Cambridge University Press.

———（1998）'The trials of the chosen peoples: Recent interpretations of protestantism and national identity in Britain and Ireland', in Claydon and McBride（eds.）, pp.3–29.

Cochrane, Feargal（1997）*Unionist Politics and the Politics of Unionism since the Anglo-Irish Agreement*, Cork University Press.

Coffey, John（1997）*Politics, Religion and the British Revolutions: The Mind of Samuel Rutherford*, Cambridge University Press.

Colley, Linda（1992）*Britons: Forging the Nation 1707–1837*, Yale University Press.（邦訳：リンダ・コリー著（川北稔監訳）『イギリス国民の誕生』名古屋大学出版会、2000年。）

Cooke, Dennis（1996）*Persecuting Zeal: A Portrait of Ian Paisley*, Brandon.

Cowan, Edward J.（1987）'The Solemn League and Covenant' in Mason, Roger A.（ed.）*Scotland and England 1286–1815*, John Donald, pp.182–202.

Cullen, L. M.（1975）'Population Trends in Seventeenth-Century Ireland', *Economic and Social Research*, vol.6 , pp.149–65.

———（1981）*The Emergence of Modern Ireland 1600–1900*, Holmes and Meier.

Dunlop, John（1995）*A Precarious Belonging: Presbyterians and the Conflict in Ireland*, Blackstaff Press.

Elliott, Marianne（1983）*Watchmen in Sion: The Protestant Idea of Liberty*, Field Day, no. 8 .

English, Richard and Graham Walker（eds. 1996）*Unionism in Modern Ireland: New Perspectives on Politics and Culture*, St. Martin's Press.

Erskine, John（1998）'The Presbyterian Church in Ireland', in Richardson（ed.）, pp.45–65.

Farrell, Michael（1976）*Northern Ireland: The Orange States*, Pluto Press.

Fawcett, Liz（2000）*Religion, Ethnicity and Social Change*, St. Martin's Press.

Gailey, Alan（1975）'The Scots Elements in North Irish Popular Culture', *Ethnologia euro-*

Boal, Frederick, W.（1982）'Segregation and Mixing: Space and Residence in Belfast', in Boal, Frederick W. and J. Neville Douglas（eds.）*Integration and Division: Geographical Perspectives on the Northern Ireland Problem*, Academic Press, pp. 249-280.

Boal, Frederick, Margaret C. Keane and David N. Livingston（1997）*Them and Us?: Attitudinal Variation Among Churchgoers in Belfast*, The Institute of Irish Studies, The Queen's University of Belfast.

Boyce, D. George, Robert Eccleshall and Vincent Geoghegan（eds. 1993）*Political Thought in Ireland Since Seventeenth Century*, Routledge.

Boyd, Andrew（1969）*Holy War in Belfast*, Anvil Books.

Bradshaw, Brendan and Peter Roberts（eds. 1998）*British Consciousness and Identity: The making of Britain, 1533–1707*, Cambridge University Press.

Brewer, John D.（1992）'Sectarianism and racism, and their parallels and differences', *Ethnic and Racial Studies*, vol.15, no.3 , pp.352–364.

Brewer, John D. and Gareth I. Higgins（1998）*Anti-Catholicism in Northern Ireland, 1600–1998*, Macmillan.

Brooke, Peter（1987）*Ulster Presbyterianism: The Historical Perspective 1610–1970*, Gill and Macmillan.

Brown, Godfrey（1981）'A Theological Interpretation of the First Subscription Controversy（1719–1728）', in Haire, J.L.M.（prefaced）*Challenge and Conflict: Essays in Irish Presbyterian History and Doctrine*, W&G Baird Ltd., pp.28–45.

Brown, Stephen F.（2002）*Protestantism: World Religions*, Facts On File.（邦訳：S・F・ブラウン著（五郎丸仁美訳）『プロテスタント――シリーズ世界の宗教――』青土社、2003年。）

Brown, Terrence（1985）*The Whole Protestant Community: the making of a historical myth*,　A Field Day pamphlet, no.7 , Field Day Theater Company.

Bruce, Steve（1986）*God Save Ulster: The Religion and Politics of Paisleyism*, Clarendon Press.

———（1994）*The Edge of the Union: The Ulster Loyalist Political Vision*, Oxford University Press.

———（1998）*Conservative Protestant Politics*, Oxford University Press.

———（2007）*Paisley: Religion and Politics in Northern Ireland*, Oxford University Press.

Buchanan, Ronald H.（1982）'The Planter and the Gael: Cultural Dimensions of the Northern Ireland Problem', in Boal and Douglas（eds.）, pp.49–73.

Buckland, Patrick（1981）*A History of Northern Ireland*, Gill & Macmillan.

Buckley, Anthony D.（1987）'The Chosen Few: biblical texts in the symbolism of an Ulster secret society', *The Irish Review*, no.2 , pp.31–40.

Burnett, David（1996）'The Modernisation of Unionism, 1892–1914?', in English and Walker（eds.）, pp.41–62.

引用・参考文献

Adair, Patrick（1866）*A True Narrative of the Rise and Progress of the Presbyterian Church in Ireland*, C. Aitchson, Belfast.

Adamson, Ian（1982）*The Identity of Ulster: The Land, the Language and the People*, Pretani Press.

Agnew, A.L. and J. McCleery（1964）*The Story of the Non-Subscribing Presbyterian Church of Ireland*, Sunday School committee of the Non-Subscribing Presbyterian Church of Ireland.

Akenson, Donald Harman（1992）*God's Peoples: Covenant and Land in South Africa, Israel, and Ulster*, Cornell University Press.

Anderson, A.C.（1965）*The Story of the Presbyterian Church in Ireland*, Bell Logan & Carswell.

青山吉信編（1991）『世界歴史体系　イギリス史１　先史〜中世』山川出版社。

Armitage, David（1997）'Making the Empire British: Scotland in the Atlantic World 1542–1707', *Past and Present*, no.155, pp.34–63.

———（2000）*The Ideological Origins of the British Empire*, Cambridge University Press.（邦訳：デイヴィッド・アーミテイジ著（平田雅博・岩井淳・大西晴樹・井藤早織訳）『帝国の誕生——ブリテン帝国のイデオロギー的起源——』日本経済評論社、2005年。）

Bailie, W.D.（1976）*The Six Mile Water Revival of 1625*, The Presbyterian Historical Society of Ireland.

Baillie, Sandra M.（2008）*Presbyterians in Ireland: Identity in the Twenty-First Century*, Palgrave.

Bairner, Allan（1986）'The Battlefield of ideas: the legitimation of political violence in Northern Ireland', *European Journal of Political Research*, no.14, pp.633–649.

Barkley, John M.（1956）*A Short History of the Presbyterian Church in Ireland*, Publication Board, Presbyterian Church in Ireland.

———（1972）*St. Enoch's Congregation 1872–1972*, printed by Century Services Ltd.

———（1981）*Francis Makemie of Ramelton: father of American Presbyterianism*, The Presbyterian Historical Society of Ireland.

Barlow, Richard B. (1985) 'The Career of John Abernethy (1680–1740): Father of Non-Subscription in Ireland and Defender of Religious Liberty', *Harvard Theological Review*, vol.78, no.3–4, pp.399–419.

Bebbington, D.W.（1979）*Evangelicalism in Modern Britain: A History from the 1730s to the 1980s*, Unwin Hyman.

――長老会　212, 245
ベンバーブの敗北　58
ホイッグ党（自由党）　157
ボイン川の戦い　90, 92
ボスウェル・ブリッジの蜂起　87

ま行

マッキャン家の事件　219, 235
惑いの年　183
三つのF　200
民主ユニオニスト党（DUP）　252, 255
民兵　126
恵みの契約 → 契約
恵みの年　183
メソディスト（メソディズム）　120, 171
燃えつきない芝（藪）　277
黙示録　73
モダニスト（近代主義者）　242, 243, 244, 246

や行

約定　74, 81
ユナイテド・アイリッシュメン　126, 134, 137, 140
――協会　127, 130, 144
――の蜂起　229
ユニオニスト　227
ユニオニズム　210, 213, 234
ユニテリアン　101, 153
予定説　14, 106

ら行

理神論　101
理性の時代　100
リバイバル（17世紀）　45, 51, 53, 177
リバイバル（1859年）　177, 181
リベラリスト（自由主義者）　242, 244, 246
レヴンヒル・ロード　250, 261
連合長老会　114
連合撤回（リピール）　158, 162, 197, 210
連合法（Act of Union）　147, 148
ローマ・カトリック教会　16, 220
ローマ教皇　16, 20, 23, 255, 264, 265
ローマ帝国（ローマ軍）　1
ロラード運動　42
ロンドンデリー　89, 263

わ行

和解令　109, 111
業の契約 → 契約

聖金曜日の和平合意　253, 257, 258, 271
聖ジャイルズ教会　60, 156
聖職者就任資格法　201, 206
聖職者推薦権　113
聖書主義　19
青年アイルランド党　197, 199, 212
世界教会協議会（WCC）　251, 266, 267, 278
全国土地同盟　197
選民　66, 73, 90
全面的堕落　15, 107
ソッツィーニ主義　101, 104, 122
ソルターズ・ホール　103

た行

第二ヴァチカン公会議　266
第二次署名論争　150
ダルリアダ王国　2, 4, 24
ダンバーの戦い　81
長老（治会長老）　17
長老会（プレスビテリ）　17, 24, 53, 55, 56, 83
直接統治　240, 252, 268
低教会派　101
ディフェンダーズ　137, 144
デリー（ロンドンデリー）の包囲　90, 92
トゥエルフス　139
同君連合（1603年）　6, 34
統合教育　159
トーリー党（保守党）　157
独立アイルランド党　197, 200
徒弟職人（アプレンティス・ボーイズ）　89, 90, 164
「トラブル」→ 北アイルランド紛争

な行

ナショナリズム（アイルランドの）　176, 197, 199, 203
ナショナル・アイデンティティ　211
日曜学校　192
——協会　192
ニュー・イングリッシュ　35
『ネイション』（雑誌）　199
ネ・テメレ令　219, 220, 235, 237
ノーザン・スター紙　128, 136, 140
ノーサンブリア王国　2

は行

パースの五箇条　36
ハーランド＆ウルフ社　193, 218
伯爵の逃亡　6
バラミナ　178
バンガー　42
——令　76, 77
——論争　101, 102, 106
反カトリック主義　20, 164, 172, 177, 194, 254, 264, 271
反キリスト　20, 37, 126, 145, 265
バンディング　64
ピープ・オディ・ボーイズ　137
ピクト人　1
非国教化（アイルランド教会の）　161, 162
非国教徒　35, 161
非識字人口　190
非署名派　111, 112, 149
——長老教会　166
フィニアン（アイルランド共和主義団）　197, 201
福音主義　119, 171–173
フランス革命　125, 126, 127
フリーメーソン　138
ブリテン人　8
ブリトン人　2, 25
プリンストン神学校　243, 245
「古い光」　112, 116, 119, 132, 136, 149
プレスコパリアン（の時代）　37
プレストンの戦い　81
文化的ナショナリズム　205, 213
文芸復興運動　205
分離教育　160, 169
分離派　113, 115, 126, 133, 148, 164
ベルファスト　163, 164, 174, 187, 196, 207, 217, 218, 260, 263
——研究会　105, 106, 108

キャメロン派　117
キャリックファーガス　46, 51, 55, 63, 83, 84, 166
旧約聖書　21
教会総会（General Assembly）　18, 165, 166, 245, 270
教会統治　17, 34
教皇至上権主義　176, 198
教皇派　160
共通祈禱書　36, 47, 60
教理問答（カテキズム）　19, 69, 265
居住分離　14
キリスト教原理主義（ファンダメンタリズム）　193, 243, 245, 246, 256
キリストの再臨　256, 261
キリンチー　44
契約　22, 28, 63, 65, 166, 227, 229
　アルスターの――（厳粛な同盟と――）（1912年）　73, 225, 227, 228, 266
　厳粛な同盟と――（1643年）　23, 48, 68, 69, 71, 117
　国民――（1638年）　63, 68, 117
　――の民　21
　――派（カヴィナンター）　22, 47, 63, 118, 249
　恵みの――　68
　業の――　68
ゲール語（ケルト語）　3, 25
ゲール体育協会　205
ゲール連盟　205
決議派　49, 75, 76
ケルト・キリスト教会　6
厳粛な同盟と契約（1643年）→ 契約
限定的贖罪　15, 16
高位聖職制（プリラシー）　23, 33, 69, 70
抗議派　49, 75, 76
高教会派　101
広教主義者　100
高等批判（聖書の）　242
合同法（Act of Union）　210
公民権運動　140, 267
コーレイン宣言　270
国王の恩賜金（Regium Donum）　88, 92, 95, 165
国王の信条（否定信条）　64
国民契約　23, 47
国民土地同盟　203

さ行

サクソン人　2
殺戮の時代　85, 88
サニングデールの合意　253
三九箇条　37
三位一体説　107, 122, 150, 153, 173
「自治はローマの支配」　207
自治連盟　197
シックス・マイル・ウォーター　45, 51, 177
シノッド　18, 84
　アルスター・――　24, 92, 113, 149
至福千年王国　66, 135, 145, 256
市民の誓約　115
市民派　115, 116
　反――　115, 116
借地権同盟　200, 212
宗教教育　159
自由長老教会　250, 252, 255, 261
宗派的排他主義　137, 264
終末論　255
主教制（エピスコパシー）　33, 34, 69
条件つきの忠誠　91
署名派　112, 149
信仰告白　19
審査法　94, 99, 127
シン・フェイン　234, 257, 258
神話　90, 96, 264
スコープス裁判　243
スコット人　2, 4
スコットランド　1, 20, 33
　――系植民請負人　8, 11
　――系入植者　9
　――自由教会　243
　――長老教会　35
ストーモント　240, 251
ストラスクライド王国　25

〈事　項〉

あ行

IRA（アイルランド共和国軍）　231, 254
アイルランド箇条（一〇四箇条）　37, 59, 61
アイルランド議会党　223
アイルランド教会（アイルランド国教会）　13, 35, 36, 40, 58, 147
アイルランド共和国軍 → IRA
アイルランド自治　143, 197, 204, 207, 209, 221
——法案　206, 211, 223
アイルランド自由国　239
アイルランド統治法　232, 239
アカデミカル・インスティテューション　148, 153
「新しい光」　112, 116, 131, 132, 136, 149
アホグビル第一長老教会　178, 180
アメリカ独立革命　125, 127
アメリカ独立宣言　126
アリウス主義　104, 107, 108, 122, 150, 152, 153, 168
アルスター義勇軍　227, 229, 231
アルスター・シノッド → シノッド
アルスター植民　7, 8, 24, 33, 35
アルスター・スコッツ（スコッチ・アイリッシュ）　10, 35, 281
——語　12
アルスターの危機　229
アルスターの契約（厳粛な同盟と契約）（1912年）→ 契約
アルスターの反乱（カトリックの反乱）（1641年）　9, 54, 229
アルスター・ユニオニスト党（UUP）　143, 223, 224, 240
アルスター・ユニオニスト評議会　224, 232
アルミニウス主義　27, 60, 106, 107, 117
アングル人　2
アングロ・アイリッシュ（協定）　35, 253, 269
アングロ・ノルマン人　4
暗黒の誓約　50, 58, 71
アントリム長老会　111, 120, 133, 152
イーグルウイング号　45, 46, 60
イースター蜂起　230, 231
イングランド系入植者　14
ウィンダム土地法　221
ウェストミンスター神学者会議　19, 54, 69
ウェストミンスター信仰告白　19, 28, 68, 78, 107, 108, 110, 116, 132, 243, 265, 266, 270
——への同意・署名　20, 109, 113, 149, 155, 164
ウェストミンスター礼拝基準　265
ウスターの戦い　81
エキュメニズム（汎キリスト教運動）　194, 251, 265, 268
エラストゥス主義　75, 102, 136
王政復古　49, 76
オレンジ会　137, 138, 185, 192
オレンジ国家　143, 217, 234
オレンジ・パレード　139, 272

か行

カーク・セッション　17, 57
改革長老派（教会）　88, 113, 117, 120, 133, 148, 166
改革派　14
会衆（各個教会）　17, 57
カトリック解放　157, 158
神の民　63, 73, 90
カルヴィニズム（カルヴァン主義）　38, 104, 113, 118
議会法　230
議会連合（Union of Parliaments）（1707年）　10
北アイルランド　233, 239
——紛争（トラブル）　240, 252, 264, 268, 276

41, 42, 48, 52, 59, 79
ベイコン，フランシス（Francis Bacon） 8
ペイズリー，イアン（Ian Paisley） 248–260, 267, 269
ペダン，アレクサンダー（Alexander Peden） 76, 134
ベビントン，D. W.（D.W. Bebbington） 172, 193
ヘボン博士（ジェイムズ・カーティス・ヘップバーン）（James Curtis Hepburn） 282, 283
ヘンダースン，アレクサンダー（Alexander Henderson） 69
ヘンプトン，デイヴィッド（David Hempton） 136, 144, 184, 194
ヘンリー八世（Henry Ⅷ） 35, 58
ホードリ，ベンジャミン（Benjamin Hoadly） 101, 102, 105, 106, 121
ホームズ，フィンレイ（Finlay Holmes） 131, 144, 155, 158

ま行

マースデン，ジョージ（George Marsden） 193, 259
マクブライド，イアン（Ian McBride） 120, 129, 131, 136, 145, 212
マケミー，フランシス（Francis Makemie） 88, 95
松尾太郎 145, 199
松谷好明 78
ミラー，デイヴィッド（David Miller） 29, 129–132, 141
ミルトン，ジョン（John Milton） 83, 94
メルヴィル，アンドルー（Andrew Melville） 23, 29, 33, 42, 283
モンク，ジョージ（George Monck） 82
モンゴメリー，ヘンリー（Henry Montgomery） 112, 151, 153, 154
モンロー，ロバート（Robert Munro） 55, 61, 63, 81

ら行

ライト，フランク（Frank Wright） 183, 195
ラザフォード，サミュエル（Samuel Rutherford） 60, 66, 67, 78
ラティマー，W. T.（W.T. Latimer） 85, 87, 142
ランディ，ロバート（Robert Lundy） 89, 251
リード，ジェイムズ・シートン（James Seaton Reid） 49, 131
リヴィングストン，ジョン（John Livingston） 40, 41, 44, 49, 52, 79
ルター，マルティン（Martin Luther） 14
レドモンド，ジョン（John Redmond） 222, 223, 229, 231
ロイド・ジョージ，デイヴィッド（David Lloyd George） 232
ロード，ウィリアム（William Laud） 47, 50, 60
ロック，ジョン（John Locke） 100, 102, 106
ロロック，ロバート（Robert Rollock） 65

ジェイムズ一世（ジェイムズ六世）（James Ⅰ） 7, 8, 23, 34, 65
ジェイムズ二世（James Ⅱ） 83, 89, 91
ジャクソン，アルヴィン（Alvin Jackson） 236
ジョーンズ，ボブ（Bob Jones Jr.） 255
シンクレア，トーマス（Thomas Sinclair） 207, 208, 225
スウィフト，ジョナサン（Jonathan Swift） 93
ステイヴリー，ウィリアム（William Staveley） 118, 123, 135
スチュアート，A. T. Q.（A.T.Q. Stewart） 129, 240
スミス，アントニー（Anthony Smith） 95
スミス，マーチン（Martin Smyth） 271, 272
聖パトリック（St. Patrick） 4, 33
ソールズベリー（Marquess of Salisbury） 204, 221

た行

ダフィ，チャールズ（Charles Duffy） 198, 200
ダンロップ，ジョン（John Dunlop） 260, 267, 278
チャールズ一世（Charles Ⅰ） 23, 54, 74
チャールズ二世（Charles Ⅱ） 82, 84
デイヴィ，アーネスト（Ernest Davey） 241, 244, 247
テイラー，ジェレミー（Jeremy Taylor） 85
トーン，ウルフ（Wolfe Tone） 128, 130, 144
ドリュー，トーマス（Thomas Drew） 185, 195, 260
トリンブル，デイヴィッド（David Trimble） 258, 262
ドレナン，ウィリアム（William Drennan） 128, 130, 149

な行

ニコルソン，ウィリアム（William Nicholson） 245, 246
ノックス，ジョン（John Knox） 21, 33, 53, 156, 283

は行

パーネル，チャールズ（Charles Parnel） 203, 213
袴田康裕 109, 122
バクスター，リチャード（Richard Baxter） 104
ハチソン，フランシス（Francis Hutcheson） 102, 106, 130
バット，アイザック（Issac Butt） 201
浜林正夫 121
ハミルトン，ジェイムズ（ハミルトン伯爵）（James Hamilton） 42, 44
ハリディ，サミュエル（Samuel Hallidy） 110, 111, 122
バリントン，ジョン S.（John Shute Barrington） 103
ハンター，ジェイムズ（James Hunter） 241, 247
ハンナ，ヒュー（Hugh Hanna） 185, 260
バンナマン，ヘンリー・キャンベル（Henry Campbell Bannerman） 222
ヒューストン，デイヴィッド（David Houston） 76, 88, 118
ファレル，マイケル（Michael Farrell） 217
ブラッドベリー，トーマス（Thomas Bradbury） 103
ブラモール，ジョン（John Bramhall） 46, 50
ブルース，ウィリアム（William Bruce） 150
ブルース，スティーヴ（Steve Bruce） 260, 261
ブルック，ピーター（Peter Brooke） 75, 77, 228
ブレア，ロバート（Robert Blair） 39,

索　引

〈人　名〉

あ行

アースキン，エビニーザ（Ebenezer Erskine）　114, 122

アーモア，J. B.（J.B. Armour）　210

アスキス，ハーバート（Herbert Asquith）　222, 223, 229, 231, 232

アッシャー，ジェイムズ（James Ussher）　37, 39, 44, 59

アバーナシ，ジョン（John Abernethy）　105, 106, 121

アリソン，フランシス（Francis Alison）　126, 282

アルミニウス，ヤーコブス（Jacobus Arminius）　16, 121

アン女王（Anne Stuart）　94

飯島啓二　29, 48, 57, 64, 94

イムリン，トーマス（Thomas Emlyn）　104, 109

ウェスリー，ジョン（John Wesley）　120, 171, 194

ウェントワース，トーマス（Thomas Wentworth）　45, 46, 50, 54, 78

ウォリストンのジョンストン（Johnston of Warriston）　69

宇田進　27, 193

エイケンソン，ドナルド（Donald Akenson）　72, 228

エクリン，ロバート（Robert Echlin）　39, 42–44

エドガー，ジョン（John Edgar）　175

オコンネル，ダニエル（Daniel O'Connel）　157, 162, 197

オニール，テレンス（Terrence O'Neill）　250–252

オレンジ公ウィリアム（ウィリアム三世）　9, 93

か行

カーソン，エドワード（Edward Carson）　224, 227, 229

カイパー，アブラハム（Abraham Kuyper）　262

カルヴァン，ジャン（Jean Calvin）　14, 20, 21, 29, 283

カレン，ポール（Paul Cullen）　169, 176, 198

ギボン，ピーター（Peter Gibbon）　131, 142, 181

キャメロン，ジョン（John Cameron）　117

キャメロン，リチャード（Richard Cameron）　249

クック，ヘンリー（Henry Cooke）　112, 150, 173, 195, 255

グラッドストン，ウィリアム（William Gladstone）　162, 204, 206, 207, 209

クレイグ，ジェイムズ（James Craig）　227, 229, 234, 240, 259

グレンディニング，ジェイムズ（James Grendinning）　51–53

クロムウェル，オリバー（Oliver Cromwell）　75, 82

クロムウェル，ヘンリー（Henry Cromwell）　83

さ行

サッチャー，マーガレット（Margaret Thatcher）　253, 269

〈著者紹介〉

松井　清（まつい　きよし）

明治学院大学社会学部教授。

1947年生まれ。慶應義塾大学大学院社会学研究科博士課程修了。東京都立大学助手、明治学院大学社会学部専任講師、同助教授を経て、1985年より現職。1986年ウォリック大学（英）客員研究員、1998年アルスター大学（英）客員教授。専門は、比較社会学。

著書・訳書に、『北アイルランドのプロテスタント——歴史・紛争・アイデンティティ』（彩流社、2008年）、『教育とマイノリティ——文化葛藤のなかのイギリスの学校』（弘文堂、1994年）、D. エメット・A. マッキンタイア編『社会学理論と哲学的分析』（共訳、弘文堂、1976年）など。

アルスター長老教会の歴史
——スコットランドからアイルランドへ

2015年３月30日　初版第１刷発行

著　者————松井　清
発行者————坂上　弘
発行所————慶應義塾大学出版会株式会社
〒108-8346　東京都港区三田2-19-30
TEL〔編集部〕03-3451-0931
〔営業部〕03-3451-3584〈ご注文〉
〔　〃　〕03-3451-6926
FAX〔営業部〕03-3451-3122
振替　00190-8-155497
http://www.keio-up.co.jp/
装　丁————鈴木　衛
印刷・製本——亜細亜印刷株式会社
カバー印刷——株式会社太平印刷社

Printed in Japan　ISBN 978-4-7664-2210-8